アジア文化のラビリンス

松枝到

大修館書店

アジア文化のラビリンス　目次

I

II

III

IV

V

アジア文化のラビリンス

I

まずは、香港から

ユーラシアの歴史を考えるとき、ここには三種類の歴史を測るモノサシがあることに気づく。つまり、古代社会が成熟するまでの時間を測るのに役立つエジプトの歴代王朝史があり、世界史が生み出されるまでの基本的尺度となるメソポタミアのさまざまな記録と中国史書の集積があるのだ。いわばユーラシアの東西両端をはさむかたちで三種類の目盛りが機能しているのである。もう少し正確にいうなら、エジプトの最初期の王朝記録は紀元前三〇〇〇年紀におよび、シュメールの都市国家の興亡からアッカド王朝、古バビロニア、ヒッタイト、アッシリア、ヘブライ諸国史からギリシア文明史までを呑み込むほどに広大なのだ。しかもその暦法はじつに正確であって、その外交記録から他の諸文明の年紀を確定することができる。エジプトが紀元前七〇〇年代にアッシリア帝国に征服され、その後も二〇〇年あまり続いた後期王国がアケメネス朝ペルシア帝国に吸収されるまで、二五〇〇年をカヴァーするものなのである。そして、一方の中国史書の重みと精細さについては、あらためて語るまでもないだろう。

このように歴史を測る時間原器を複数もっていることは驚くべき僥倖《ぎょうこう》であって、古代アジアを考えようとするときに、たえずエジプトと中国の歴史を想起することで広大な空間に基準を与えることもできるのである。たとえば紀元前一一〇〇年前後、ドーリア人が北方からギリシア地方に進出し、鉄器文明をもたらして、いわゆるドーリス式文明を展開したころ、大陸の反対側の中国では周の武王が殷《いん》の紂《ちゅう》王を滅ぼし、敗れた王の死体の首を白旗にかかげて封建制度の確立をしるしづけたことがわかるのも、エジプトの記録と司馬遷『史記』の記述とを並列することで、この時間のあらわす不可思議な一致（シンクロニシティ）が見えてくるからである。

ぼくは中国史の専門家ではないし、中国語についても漢和辞典が引ける程度の知識しかないのだが、歴史とイメージの交錯について、中国を舞台としながら少しでも語りうるとすれば、それはこうしたモノサシのおかげなのだ。もちろん十四世紀初頭、チンギス・ハーン以後の世界に向きあった学者たちが最初の世界史を構想しはじめたとき（たとえばラシード・アッディーンの『集史』やイブン＝ハルドゥーンの『歴史序説』など）、古いモノサシの意味は大きく変化し、新しい多様な尺度が生まれてきた。そこからなにを語りだすことができるのか。いまここで中国を中心とするアジアのさまざまなテキストに触れ、具体的な空間を歩くことをとおしてアジアのイメージをたどりなおしてみたいと考えたのも、この尺度の揺れ動きに身をゆだねてみようとする試みからである。

ということで、冬の香港へ行ってきた。しかし、冬とはいっても香港では海水浴をする人さえいて、かなり暖かかった。香港の緯度はインドのカルカッタ（現在のコルカタ）とほぼ同じ、北回帰線よりさらに南なのだ。その香港から、インドシナ半島をはさんで反対側を望むと、バングラデシュの都市チッタゴンがある。古くはビルマ（現在のミャンマー）に属していたが、一七六〇年に東インド会社の手に移り、一八二四年の第一次ビルマ戦争の結果、この港湾都市はイギリス領ベンガル州に編入された。その後、インドの独立、東パキスタンへの編入、パキスタン分離によるバングラデシュの独立など、この街のこうむってきた歴史には複雑なものがあり、いまもビルマ、インドとアッサムに囲まれた位置づけのなかに港を開いている。では、なぜ香港からチッタゴンを望むのか。

このチッタゴンと香港は、同じ港湾都市であるという以上に、より深い関係を歴史に秘めている。チッタゴンという地名は、十世紀にこの地に建てられた戦勝碑に見える「ティッェゴン」(Tsit Tse Gong)に由来するといわれる。のちのムガール朝時代には、イスラマーバード(「イスラームの都」の意)の名が与えられていた。いずれの時代にもベンガル＝アッサム地方の外港として栄え、カルナプリ川の河口から二〇キロあまりを遡るにもかかわらず、外洋船の接岸ができるため、つねに重要な港として注目されてきた経緯を、こうした地名がしめしている。イギリスのインド総督府は、この地の海軍に多くのインド系兵士を配属させたが、これこそがチッタゴンを香港に結びつけることになる理由となったのである。

イギリスは、一八四一年、アヘン戦争にともなって香港に上陸し、翌年、南京条約の第三条をもって香港の割譲を清国に認めさせることになる。正式な批准書の交換はさらに翌年となるが、当時の香港の人口は七四五〇人にすぎない。香港島と本土側の九龍《クーロン》とのあいだに横たわるヴィクトリア海峡は、狭いながら深く、きわめて有効な自然の港だった。当時から香港には海上民が約二〇〇〇人余りいて「蜑民《たんみん》」と呼ばれていたという。この名は卑語だけれども、香港の港湾としての意味をしるしづける存在であるにはちがいない。その後、イギリスは香港の植民地化を推し進め、アロー戦争、清仏戦争、日清戦争を経て、ついに新界の九九年租借を一八九八年に締結することになるのである。この結果、一九九七年の七月一日をもってその期限が切れるという理解になるのだけれども、この一五〇年あまりの時間を経て香港の人口は七〇〇倍に拡大し、およそ五二〇万人を数える。その九八パーセントは漢人だが、ここに一万九〇〇〇人のインド人、九〇〇〇人のパキスタン人が定住していることは、忘れてならない事実である。そして彼らの故郷は、その多くがマドラス（現在のチェンナイ）とチッタゴン（現在はバングラデシュに属する）であると伝えられているのだ。

ボンベイ（現在のムンバイー）、カルカッタと並ぶインド三大基地のひとつであるマドラスはともかくも、チッタゴンから香港へとインド系の人々が移動していったいきさつには、もちろんイギリスの植民地政策が背景にある。彼らは、イギリスが設立した香港警察の警官として送り込まれたのである。その大部分は海軍兵士であり、港湾の治安維持に精通していたことはもちろんだが、なにより民衆の直接的な反発の対象として必要とされたとの説が有力である。こうした間接統治の方法が有効であることを、イギリスはインドで十分に承知していたからだ。しかもインド系の人々は英語を話し、役人としての能力も高かったから、やがて警察官のみならず商人や官吏としても、インド系の人々が続々と香港に導入されることになったのである。また、中国革命以後、かつての外国人租界にいた多くのインド人が香港に流れてきたという事情もある。こうして香港は、バングラデシュの港湾都市と深い紐帯《ちゅうたい》をもつことになったのだ。

戦後になって、香港警察の主体は香港人（漢人）に移され、たとえば香港映画を見ていてもインド系の警察官の姿はない。現在は、その大多数が商業・金融業に従事しており、それにともなって新たなインド＝パキスタン人の流れが生まれている。ウォン・カーウァイ監督の映画『恋する惑星』や『天使の涙』を見た人なら、香港の暗黒部にうごめくインド＝パキスタン人たちの姿を鮮明に記憶されているだろう。九龍の尖沙咀《チムシャチョイ》駅のすぐ近く、弥敦道《ネイザン・ロード》に面した繁華街のただなかにある重慶大厦《チョンキン・マンション》が映画の舞台となっているのだが（『恋する惑星』の原題は『重慶森林』である）、この安宿の詰まった雑居ビルこそ、香港での一攫千金を夢見るインド系の人々の一大拠点なのだ。となれば、ここは彼らの新しい港なのだろうか。

アジアを旅するバックパッカーたちの聖地でもあったこのビルは、いまや有名になりすぎて高級になってしまったが、ともかくぼくも見に行ってきた。大きな荷を担いだインド系の人々がエレベーターに殺到し、ビルの入口にまであふれている。一階の商店にはインド雑貨と音楽が混じりあい、小さないくつもの料理屋からは、インドやネパールの香りが漂ってくる。そこから数ブロックを歩くと九龍清真寺（モスク）がそびえ、香港島にはシーク教寺院すらある。聞けば、そうした寺院の建立は二十世紀初頭のことであって、香港在住のイスラーム教徒は漢人が大多数であるとはいっても、そこを仕切っていたのはパキスタン人だった。新たに来た人々は返還後に帰国するのだろうが、何世代かを香港に生きた人々はどうするのだろうか。すでにチッタゴンには帰れまい。現在の国籍法では、彼らの子どもたちに中国国籍を取得する権利はないのだから、無国籍者を作らないためには、法を変えるか香港を出るしか選択肢はないのだけれど、見通しの立たないままに時間のみがすぎてゆく。返還後の香港を見るために、秋にはふたたび訪問する予定であって、この問題はそれまでの宿題としておきたい。

それにしても、香港には各国の観光客が群れなして訪れていた。中国返還にたいする関心もあるのだろうが、少なくとも日本人観光客の多くは買い物主体である。また香港や台湾の芸能雑誌を見ると、安室奈美恵の記事がやたら目についたし、アムラー・ファッションに身をつつんだ香港の若者もいっぱい。大きな歴史のうねりとは別に、人々の素朴な欲望を呑みこむ香港の動きもある。

（1997・4）

＊この稿については、拙文「香港・YMCA・インド人」（和光大学総合文化研究所年報『東西南北1997』に所収、ネット上にもある）をも参照されたい。

貘《バク》、鉄を食らって夢を生む

貘《バク》という動物がいる。奇蹄目バク科に属する哺乳類の総称。ウマやサイに近いといわれるが、ウシやヤギなど偶蹄目の反芻動物よりも古い形質を残す動物であるという。奇蹄目は、後ろ足の指が一本か三本で蹄《ひづめ》をもつ。つまりは奇数の指をもつ動物という意味であって、偶数の指をもつ偶蹄目と対立される。新生代の第三紀に栄えたが、第四紀に入って衰え、現代ではサハラ以南のアフリカおよび中南米、アジアにのみ分布する。草食性で長い盲腸をもつけれども、胃はひとつだけで反芻しない。ウマ・バク・サイの三科に分けられる。つまりウマを歴史的にありふれた動物と思うのは、その特性から重宝された経緯を無視するものであって、バク・サイとともに、およそ六〇万年前を全盛期として失われた動物種の残照なのである。これは原始人類（アウストラロピテクスなど）が登場した時期と近いから、ことによると奇蹄目の動物が神話的なにおいを強く残すのも、人間といれかわりに地上から姿を消していった動物たちの記憶がどこかに深くイメージとして刻みこまれているからだろうか。

一般的な事典類をさぐると、バクの項には二種類の記述があることに気づく。ひとつは実在の動物バクについてであって、たとえば「鼻と上唇が結合して長く伸び、体毛は短く、密林の水辺に棲息し、木の実などを食う」という具合である。そしてもうひとつは中国の想像上の動物としてのバクであって、そのときは「体は熊に、鼻は象に、目は犀《さい》に、尾は牛に、足は虎に似る」などと見える。「獏」は「漠」に通じ（中国語での音は、いずれも［mò］）、広すぎてつかみどころなく、ぼんやりして理解しがたいさまを連想させる。

『大漢語林』（大修館書店）に従えば「獏」は「貘」の同字であって、貘は形声字「豸＋莫」からなり、莫とは実在しないの意であるから、これはそのまま「実在しない動物・想像上の動物」という意味をあらわす文字だということになる。その説明に「①想像上の動物。歯が強く鉄などを食い、また人の夢を食って邪気をはらうという。②豹の別名」とある。白川静『字統』（平凡社）によれば、『説文解《せつもんかい》字《じ》』に「熊に似て黄黒色。蜀《しょく》中に出づ」、また『爾《じ》雅《が》』の釈獣部には「白豹なり」と見えるというから、少なくとも前漢時代にはこうした二重の意義をもっていたのだろう。また『神異経』にその名を「齧《さく》鉄《てつ》」というと述べ、鉄を食う諸伝を辟《へき》邪《じゃ》の力のたとえと見ている。

それにしても、なぜ中国の獏は鉄を食らうのか。じつはこのことについて某テレビ局から問い合わせが来たので、調べてみたのである。以前に宝船のことを書いたことがあり（「寶船」、拙著『アジア言遊記』大修館書店、に所収）、そこで南方熊楠の「夢違いの獏の札」という一文を引いて獏にも触れたことから、なにか知ってるだろうと考えたのか。おあいにくさま。そんなこと、初めて聞いた。さっそく調べると、たしかにあちこち獏が鉄を食う話がある。以下は、その調べについての若干の報告である。

まずは李《り》時《じ》珍《ちん》の『本草綱目』を見る。おおくの獏に関する記述がこの書によっているからだ。その

字義については、

陸佃《りくでん》は「皮を坐毯《ざえん》、臥褥《がにく》にするとよく瘼外の気を消耗す。故に文字は瘼に従い、その字画を省く」という。

とある。坐毯とは座布団のこと、臥褥とは夜具のことであって、貘の皮で作った寝具で寝ると温気による疫病（瘟《おん》）や湿気、邪気を避けるというのであって、白楽天の「貘屛讃序」には「貘なるものは象鼻犀目、牛尾虎足、南方山谷の中に生じ、その皮に寝《い》ぬるときは瘟を辟《さ》け、その形を図《と》すれば邪を辟く」とある。図に描くだけでも効果があるというわけで、これも『本草綱目』の別の段に見える。

郭璞《かくはく》は「熊に似て頭小さく、脚卑《ひく》く、黒白の駮文《ばくもん》で、毛は浅くして光沢がある。よく銅、鉄、および竹、骨、蛇、爬《き》を舐《ねぶ》り食らう。その骨節は強直で、中は実《みた》され髄が少ない」と述べている。

……唐の時代には多く貘を画《えが》いて屛風を作ったもので、白楽天が讃や序を書いたものもある。

というのがそれだ。郭璞は東晋の詩人・学者で、大変な博学で知られたが、一方でなかなかのオカルト好きでもあって、占筮《せんぜい》や予言の術にすぐれていたともいわれる。先の『爾雅』をはじめ『山海《せんがい》経《きょう》』や『楚辞』に注釈をほどこしたことで有名である。『神仙伝』巻九に郭璞伝があり、殺されたが甦って友人と語り、ついに水の神になったとある。その『山海経』の序に、皆がこの書を奇怪だというが、そんな異常は見る者の蒙昧であると郭璞は述べ、するどくこう断言している（『山海経』高馬三良訳、平凡社ライブラリー）。

これは怪しむべきところを怪しまないで、怪しむべきでないところを怪しむものであろう。怪しむべきところを怪しまぬときは、怪しいことがないというに近いし、怪しむべきでないものを怪しむのは、はじめから怪しむべきでなかったということであろう。だから不可なるものを然りとし、不可なるものを不可なりとすれば、道理が通らないということはない。

ぼくはこの詭弁あふるる、みごとな序文が大好きなのだけれど、郭璞の伝える貘の話も、じつに怪しいではないか。

『本草綱目』は、貘が蜀や峨眉《がび》山中にいると述べたあと、「土地の者は、よくこの獣のために鼎《かなえ》や釜を食われてしまう」とつけくわえ、「すこぶる山居の憂いをなす」とまで書いている。不思議なリアルさだ。貘も人間に捕獲され、薬にされるというが、

その歯、骨はきわめて堅く、刀斧《とうふ》や椎《つち》、鍛鐵《たんてつ》で打っても、打つ物の方がみな砕け落ちる。火にかけても焼けない。世間にはこれを取って仏の歯、仏の骨などと称して俚俗《りぞく》をたぶらかす者がある。

などとあり、北宋の人の陸佃が著した『埤雅《ひが》』から「貘の糞は刃物にも作ることができ、その刃物は

玉を切れる。貘の尿はよく鉄を溶かして水にする」との文も引く。その別名に齧鐵《げってつ》、昆吾兎《こんごと》などを挙げて、これらも銅や鉄を食うもので、やはり貘のたぐいであると述べている。また興味ぶかい記述に『唐史』からの引用があって、「吐火羅《トカラ》から大獣を献じた。高さ七尺、銅、鉄を食い、日に三百里を行く」というのだが、この「吐火羅」がまさしく中央アジアのトハラ（Tukhara）をさすとすれば、オクサス河流域の古代国家バクトリア（大夏）でもあろうか。

また、晋の王嘉《おうか》の著と伝えられる怪異異聞『拾遺集』から引いて、このような物語も記録する。

狡兎《こうと》は、昆吾の山〔中国の西方にあり、剣に適する鉄を産した〕に生ずる。形は兎のごとく、雄は黄色、雌は白色で、丹石、銅、鉄を食う。昔、呉王の武庫中の兵器がことごとくなくなったことがあって、その地を掘ってみると二匹の兎を得た。一は白色、一は黄色で、腹中は腎、膽《たん》までみな鉄であった。そこでそれを取って剣を鋳たところが、玉を切って泥を切るように鋭利だった。

さらに薬用として貘から作った膏《こう》について述べ、段成式の『酉陽雑俎《ゆうようざっそ》』から「貘膏は性の利なるもので、銅・鉄・瓦器に盛ってもことごとく透るが、ただ骨に盛るならば漏れない」と引く。以上が『本草綱目』が記す貘の項の概要だが、ここに夢を食う貘は出てこない。

小野蘭山『本草綱目啓蒙』（平凡社、東洋文庫）には、以上の文を簡略にまとめたあとに「本邦にては悪夢を食うと云伝て、節分の宝舟の画の帆に貘字を書きたるを枕下に襯《ほどこ》す。此事《このこと》唐山〔中国〕にはなき事なり」と述べ、夢を食う貘の伝説が日本独自のものであることを確認している。こうした記述は『本草紀聞』や『訓蒙図彙』でも同様であるが、なぜか『和漢三才図会』（平凡社、東洋文庫）は『本草綱目』の記述に従うばかりで、夢を食う話には言及しない。

日本では、白楽天のいわゆる『白氏文集』が早い時代から伝来しており、平安時代になると『文選』とともに学識ある者の必読書でもあった。そこに貘に関する記述があり、先に引いた文とともに『山海経』の記述として鉄と銅以外は食わない獣であるとし、さらに干南国の貘は「鉄にあらざれば食わず」とも書いているが、それに該当する文章は見いだせない。いずれかの古籍にあった文だろうが、いまはそれを詮索する余裕がない。また上古にあっては天子が貘を用いて剣を作ったともいう。いずれにせよ、日本でもこの伝はよく知られていたはずだ。

貘（『和漢三才図会』）

それにしても、なぜ貘なのか。ついにその答えはないけれども、実在するバクは東南アジアに姿を見せていたのだから、そのイメージがはるかに山を越えて飛んでいったものだろうか。

やはり奇なる蹄をもつ動物と呼びたくなってくる。鉄でも夢でも食うがいい。

（1997・5）

中国、映画を読む

今度は、春の台湾に行ってきた。台北を歩いただけだけれど、おもしろかった。今回の旅は、和光大学で開いている研究グループ「モンゴル研究会」の調査旅行である。なぜモンゴル研究のために台湾へ行くのかといえば、蔣介石政権が台湾に逃れるとき行動をともにした中国諸民族がいたという事情による。したがって台湾には蒙古族、チベット族など中央アジアに出自をもつ人々が多く居住しているし、またモンゴリア（外蒙古）との関係も深い。こうした理由から、台北に在住するモンゴル人と会い、さまざまな研究者と意見交換し、いくつかの研究機関を訪問したというわけである。その詳細については、本研究会の正規の報告書（和光大学モンゴル学術調査団『変容するモンゴル世界』新幹社）に委ねることとして、ここでは調査の合間を見て手に入れた本のことを記しておきたい。

たとえば二冊の映画研究書がある。一冊は、齊隆壬『電影符号学』（書林出版有限公司、台北、一九九二年）。もう一冊は、賈磊磊『電影語言学導論：献給電影100年』（中国電影出版社、北京、一九九六年）である（以下、中国・台湾の簡体字・繁体字は常用漢字に改めた）。つまり、いずれも映画記号学の研究書ということになるが、後者は台湾ではなく東京で買ったもの。それを簡単に比較してみたい。

齋隆壬の著作の方向ははっきりしていて、フランスのクリスチャン・メッツ（梅茲）にはじまる映画記号学への導入であり、映画と記号学との関連を解き明かしつつ、構造主義の展開とフェミニズムの重要性にふれ、現代の作品分析を試みる、という体裁である。その記述はオーソドックスなものだけれど、ぼくのように曖昧な漢文読みでしか中国語を解せないものにとってありがたいのは、頻出する術語や人名にいちいち欧文が振ってあり、巻末に「法《フランス》、英、中術語対照表」と「外文人名、片名中訳対照表」が付録としてついていることなのだ。じつは後者の賈磊磊の本も、漢字表記による人名がなかなかわからず、カンで読んでいたのだが、齋隆壬の本のおかげでおおかたを解決できたのである。もちろん、それなりに便利な辞書の存在することは知っているし、利用してもいるのだが、たとえば『歌劇紅伶』とのみ出てくれば、音楽劇の赤い俳優くらいしか想像ができなくて、頭がクルクルしてくる。これがジャン＝ジャック・ベネックス監督の『ディーバ』（一九八一年）であるとわかれば、さらりと氷解するものがあるのだ。

現代中国の芸術シーンに詳しい人には余計なお世話かもしれないが、この本からいくつかの人名・作品名を拾ってみる。同様の興味をもつ初学者も、読者には多いかと想像するからだ（中国と台湾とで訳語がつねに一致するかどうかは知らないが）。まずは術語から。

テクスト分析（analyse textuelle）：正文分析、文本分析
コード（code）：符碼、語碼
生成的（générative）：衍生

モンタージュ（montage）：蒙太奇
ポストモダン（post-moderne）：後現代
意味作用（signification）：指意
意味するもの・能記（signifiant）：符徴、能指
意味されるもの・所記（signifié）：符旨、所指
構造（structure）：結構
システム・体系（systéme）：系統

直訳もあれば意味をとった訳もあり、音をそのまま移した語もあるわけで、これは日本でも同じ事情だが、なまじ日本の学術語に縛られていると、思い切り誤解してしまいそうな術語もある。たとえば「系統」といわれれば、ついつい「série」（系、系列、セリー、シリーズ）などを連想してしまう人が多いのではないだろうか。

ついで人名と作品名。人名は音訳なわけだし、作品名も具体的な意味をとっているから、一度聞いたら忘れない。

テオドール・アドルノ：阿多諾
フレッド・アステア：亜斯坦
ロラン・バルト：巴特

ジャン・ボードリヤール：布西亜
ヴァルター・ベンヤミン：班傑明
エミール・バンヴェニスト：班維尼斯特
ジル・ドゥルーズ：徳勒茲
マルグリット・デュラス：杜哈斯
ジャン＝リュック・ゴダール：高達
ロマーン・ヤーコブソン：雅克愼
フランツ・カフカ：卡夫卡
『イワン雷帝』：恐怖伊凡
『ミスター・グッドバーを探して』：慾海花
『サイコ』：驚魂記
『曲芸団』（*Variété*）：雑技表演
『勝手にしやがれ』（*À bout de souffle*）：断了気

以上、ごく一部を挙げるにとどめるが、こうした映画や記号学に関わる術語や人名が、ごく近い世界で、しかも同じ漢字文化圏で異なる表記のまま流通している事実は、当然といえば当然なのだけれども、じつにおもしろい。

また齋隆壬は、欧米における映画研究をそのまま写し取るのではなく、きわめて巧みに中国の伝統思想を加味しているところに特徴がある。その第三編第八節で、主体性と権力の関係を論じ、映画の広告をテーマにしてテクスト分析を試みるが、ボードリヤールやフーコーの言説を引きながらも、しかし著者の関心は東方的に特殊な主体性の生産性が存在しうるか否かにある、と明言する。そして、広告のディスクールに込められた数字のシンボリズムに注目して、すぐさま『周易《しゅうえき》』を援用するのだが、かなり強引ではあるものの、新しい映画理論のロジックを生み出そうと苦闘する姿勢はよくわかる。また、こうした欧米の歴史や論理に対抗する意識が生まれてくるというのも、一方でかなり多数の思想書の翻訳が成っている事実があることも忘れてはなるまい。ロラン・バルトに関してのみ見てみれば、本書には四冊の書目が中国語訳として挙げられ、『零度のエクリチュール』や『恋愛のディスクール・断章』などの訳書のあることがわかる。

これは賈磊磊の本でも同様に確かめられ、たとえばレヴィ＝ストロースの『野性の思考』や、エルヴィン・パノフスキー『視覚芸術の意味』の中国語訳などが広く読まれているようだ。これは、ぼく自身も中国の本屋で見ているが、一九八〇年代にソシュールの『一般言語学講義』やクローチェの美学論集、あるいはロシア・フォルマリズム関連書の新訳なども出ていることがわかって、不思議な気持ちになったものだった。映画生誕一〇〇年を慶賀する書とされる賈磊磊の『電影語言学導論』は、「電影学新論叢書」の一冊として刊行されており、映画という芸術実践の領域で、心理学的・言語学的に分析をおこない、中国における映像言語学の確立を試みるものとして構想されている。だが、本書はどちらかといえば美学的な感覚が強く、二十世紀の第一哲学として、まず言語学の位置づけを確認することから論を立てている。なかで著者が注目しているのが、ジュリア・クリステヴァのいう

「テクストという生産性」（『セメイオチケ』せりか書房、に所収）であって、テクスト分析、精神分析、フェミニズムというクリステヴァの主要な姿勢を見て取ると、ただちに映画における鏡像段階の抽出を試みている。そして賈磊磊は、映画スターにたいする崇拝がフェティシズム（商品拝物教）と抜きがたい関係にあり、ここから映画と現実、映画と歴史の関係を詳しく分析することなしには、映画というテクストを正しく批評することはできないというのだ。

映画に関わる芸術理論の確立は、中国の文芸思想の広大な流れのなかにはっきりと位置づくものであって、たとえば賈磊磊も、みずからの批評性を南朝梁《りょう》（六世紀）の劉勰《りゅうきょう》『文心雕龍《ぶんしんちょうりょう》』以来の伝統を踏まえるものだという。この二冊の打ち出している姿勢は対照的なものだけれども、映画のスクリーンの前では、いずれも深く中国の歴史に向きあっている。

台北のにぎやかな街の片隅で白酒《バイチュウ》を飲みながら齋隆壬の本をとびとびに読んでいて、なんだか無性に映画を見たくなってしまった。この二冊が中国の映画論としてどんな位置にあるのか知らないけれど、ちゃんとした翻訳で読みたいなと思う。ちなみに、齋隆壬は一九五二年生まれ、パリ第三大学などで映画理論を学んだとある。

さらについでだが、『PLAYBOY』台湾版、一九九七年四月号には、侯孝賢のロングインタビューが掲載されていて、『好男好女』以降の抱負をじつにエネルギッシュに語っている。「映画が、ぼくにとってはもっとも喜びにあふれた表現なんだ」。香港の電影資料館でも感じたことだけれど、中国の映画界は、いま一番元気なのだろうなあ。今度はゆっくり映画を見よう。

（1997・6）

中国のモスク、極東のイスラーム

ふたたび旅に出ていて、今度は中国東北部に行っていた。そのルートを都市名でしめせば、瀋陽～撫順～通化～集安～丹東～大連～旅順という道筋である。遼寧省と吉林省にまたがりながら迂回し、鴨緑江《おうりょっこう》に沿うようにして遼東半島へ抜けていったわけである。山のなかの村から村へ、風景や人の生活を眺めながら移動する経験は、なかなか貴重であったと思う。この旅は、和光大学の李進熙《イジンヒ》先生（現名誉教授・考古学）の案内で高句麗の古墳群を見に行く旅であり、好太王碑、角抵塚・舞踊塚、五盔《かい》墳《ご》五号墓などを見学したが、ぼくの専門分野ではないので、ただ深く感動したことだけを伝えておいて、詳細はさまざまな研究書に譲りたい。

そんな旅のさなか、丹東の街でモスクを訪問した。いわゆる「清真寺」だけれども、繁華街のなかにあって静かなたたずまいを見せており、朝早く訪ねたのだが、とてもきれいに掃除されていた。宋國強と姜相順が編纂した『遼寧回族史略』（遼寧民族出版社）にしたがえば、遼寧省の回族（イスラームを信奉する少数民族）は人口二七万人あまりにのぼり、省の全人口の〇・六七パーセントを占めているという。遼寧省に在住する少数民族は、全人口の四・二〇パーセントであり、なかで回族は第三位になる。東北三省ではもっとも回族の比率が高く、さまざまな分野に進出しているとのことだ（一九九四年の統計）。現存しないものの、一五二三年に建立されたとの銘が確認されている錦州の清真寺が遼寧省で最初期のモスクであったというけれど、あるいは『元史』によれば十三世紀の終わりころには遼寧省にイスラーム教徒（ムスリム）が在住していたというから、その歴史は七〇〇年近くなる。瀋陽のモスクは訪れることができなかったが、これは中央アジア風のドームとミナレット（塔）をもつ壮麗なモスクであって、さまざまな西域との関係も深いものと思われる。瀋陽駅の裏には回族の料理屋の立ち並ぶ一角があり、「羊湯」「烤羊肉」（羊肉のスープや焼肉）などといった文字がおどりあがり、隣りあう朝鮮族の店から立ちのぼる匂いと混じりあって独特の雰囲気をかもしだしていた。

丹東のモスクは、いわゆるイスラーム建築とは無縁の中国風の建物だった。たぶん本来は別の用途の建物をモスクとして使っているのだろう。表門には「清真寺」と記した額があるのみだが、内門には「丹東市伊斯蘭《イスラーム》教協会」などの看板がかかり、内庭に沿ってモスクにつきものの機能をそなえた部屋が並ぶ。男女別々の沐浴室（礼拝前に手足と顔を清める）、女性用の礼拝室、一種の宗教指導者（ムッラー）の部屋などがあり、正面に礼拝堂がある、という構図である。礼拝堂も平屋根の家屋で、なかは広くて簡素な絨毯が敷き詰められているけれど、おおくの中東や中央アジアのモスクにある壁龕《へきがん》としてのミフラーブはない。ミフラーブとは、聖地メッカの方角（キブラ）をさす機能をもったアーチ状の壁のくぼみであり、その起源は明確に伝わっていないものの、イスラーム教徒なら、一目でキブラを確認し礼拝することができる。しかし丹東のモスクには、キブラの方向に漆塗りの家具のようなものがあってミフラーブであることをしめしている。もちろんこうしたことはよくあることで、イスラーム圏の飛行場などにある礼拝場は、しばしばキブラの方向を天井に張った矢印などで表現するだけでよしとすることもある。要するに、礼拝することが重要なのであって、メッカの方向さえわかればいいのだ。預言者ムハンマドが建てた最初のモスクも、住宅の中庭だった。だから、おそらくは解放後にモスクとなったものであろうこの建物も、むしろイスラーム教徒の礼拝への意識を感じ、ぼくには好ましいものに見えたのである。

もちろん中国のモスクを見たのは、今回が初めてではない。ぼくの乏しい経験でも、新たな都市を訪れればモスクを探し、入れれば入り、本を探し、情報を求めてことばの通じる人を捜す。台湾でも香港でもモスクに入ったし、イスラーム圏の中国人に話を聞いたこともある。内蒙古自治区でもいくつかモスクを見て、内蒙古自治区の首都である呼和浩特《フフホト》では、多様な民族からなるイスラーム教徒の街で買い物をした。ロシアとの国境に位置する満州里《マンチュリ》では、街はずれの民家に清真寺の文字を見て感動し、記念にイスラーム風の甘い菓子を買って食べた。北京では牛街《ニュウジェ》の胡同《フートン》が集まる路地のなか、煉瓦の壁にはさまれた道のあいだに背丈よりも小さなミナレットを模した飾りのあるモスクを見た。誰でも気にしさえすれば、中国全土にこうした風景が見いだせ、きわめて身近にイスラームが生きていることに気づくはずだ。台北では、不埒にも酔っぱらっているときにモスクを見つけ、そのまま入り込んだら、とても丁寧に対応されて機関誌を何部もくれ、住所を渡したらバックナンバーを送ってくれさえした。じつに恥ずかしいことだ。経験といえるほどのものではない。

中国は、イスラーム世界にとっての極東である。朝鮮半島と日本には、真の意味におけるイスラームの根付きがないからだ。イスラームがいつ中国に根を張ったかについては、じつはよくわからない。

記録には、六五一年（高宗永徽《えいき》二年）に大食《タージ》、すなわちアラビア人の商人が海路を通って正式に唐を来訪し、ペルシア人とともに長安はもとより、広州、泉州、杭州、揚州に居住した記録がある。このときに中国最初のモスクが建てられたのだ。この「タージ」とは、イラン人がタッイ地方に住むアラビア人をさしてタージとかタージクと呼んだことに由来する音であるといい、あるいは商人を意味するアラビア語タージルを語源とする説もあるが、唐初には「大食・大石・大寔・多氏」などの語をあてててアラビアをあらわした。唐代から宋代にかけてアラビアやペルシアの商人が陸路・海路で中国を訪れ、都市に居住するイスラーム教徒もいたことは、この時代の中国モスクの存在やアラビア人にまつわる伝説の多さなどから、容易に知れることである（唐代中国のアラビア人伝説については、石田幹之助『長安の春』講談社学術文庫、が最良の手引きとなる）。しかしそれは、かならずしもイスラームの定着を意味するものではない。モスクは、いかに壮麗だったとはいえ、イスラーム教徒居住区の施設にすぎなかった。

やはり本当のイスラームの移入にとっては、十三世紀のモンゴル族の西征と元朝の成立とが重要であり、その結果を受けて多数の西アジアの人々が中国内部に移住し、漢族やモンゴル族にもイスラームへの改宗者があらわれたのである。だから『元史』の記載も、南部の雲南省におけるイスラーム状況とともに、中国東北部におけるイスラーム化の重要な意味を語っているように思われるのだ。

中国が極東であるとしても、それは広大にして偉大な極東であった。現在の中国におけるイスラーム教徒は、およそ一七六〇万人。イスラーム教徒のなかでも、トルコ系のウイグル族、カザフ族、キルギス族、ウズベク族、タタール族、タジク族という六民族は、その大部分が新疆ウイグル自治区に居住し、また保安族、サラール族、東郷族などという少数民族は、きわめて独自の小さな文化を保持していて特殊である。中国のイスラーム教徒として最大の民族は、およその総人口が八六〇万人（一九九〇年度）といわれる回族であり、漢語を話して広く全土に散住しているが、寧夏省回族自治区、甘粛省、青海省、河南省、河北省、山東省、雲南省などには一定の民族の集中が見られる。だが、民族とはいっても人種としては漢族にほぼ同一と見る人もおおく、中国の民族学者も、イスラームの導入とともに内外の民族の混交が生じ、その結果の歴史の発展とともに形成されてきた民族と考えている（『中国民族博覧』知識出版社）。回族の古来の名称である「回回《ホイホイ》」の語は北宋の沈括《しんかつ》『夢渓筆談』などに出てくるのだが、その時点ではウイグル人〔回鶻〕のことを指していたと推測されている。その詳細は、これから機会を見て語ることにしよう（本書「回民の人類学」をも参照されたい）。文化大革命以降の中国におけるイスラームと回族の研究ははじまったばかりであり、とりわけ回族の現実的な社会的地位の研究などは、なかなか手の着けられない部分ではある。

　日本語で中国イスラームに関する書といえば、張承志『回教から見た中国』（中公新書）が入手しやすく、ここ十年前後の研究動向については、『イスラーム研究ハンドブック』（板垣雄三監修、栄光教育文化研究所）の「中国」の項（片岡一忠）に詳しい研究紹介がある。またこの数年間に、中国でも多数のイスラーム研究書・事典・人物誌が刊行されるようになってきた。目にとまれば入手しているが、カバーしきれるものでもない。丹東のモスク訪問は、こうした拡がりからいえば糸くずのような印象でしかないのだが、このイメージをどこまでたどれるものか。ゆっくり歩くしかない。

（1997・7）

氷河期は過ぎ去った、なのになぜ……

ようやく北島《ペイタオ》の小説『波動』（是永駿訳、書肆山田）を読んだ。ここに「ようやく」と書いたのは、さほど長くもない、わずか二四〇頁あまりの小説なのだが、一行一行、一語一語を確かめ、吟味し、考えあぐねて読むことを小説のことばから要求されたからだった。まさしく「顔をあげての読書」（ロラン・バルト）だったのである。一文を読んではため息をつき、一節を読み終えては空を見つめる。もの思わせる読書なのだ。

そのあらすじを書くべきだろうか。主人公は、北京からやってきた青年、楊訊《ヤンシュン》。二十二歳の謎の女性、蕭凌《シャオリン》。市革命委員会の要職にある林東平《リントンピン》。その娘、林媛媛《リンユアンユアン》。町のやくざ、白華《バイホア》。楊訊が、北京から南にある街の駅に到着する場面から、この物語ははじまる。暗い街を、青年は鞄をさげて歩いている。ふと、灯りのともった泥レンガの家が目にはいる。そこで彼は水を所望する。緊張する若い女がひとり、家にいる。その蕭凌との短い会話。伝わりあわないが、重い対話がある。秘密めいた写真、語られない人生。林東平と楊訊の対話は、静かである。林東平は楊訊の親と古い知り合いのようだ。娘の媛媛は、楊訊を「お兄さん」と呼ぶ。東平が楊訊の両親の近況をたずねる。父は外国との折衝で忙しく、それが新聞にも載っているようだ。母は近々退職するという。林東平は、楊訊の母である若虹《ルオホン》と三〇年前に出会った。区委員会拡大会議での論争、夜を徹して議論したあの暗い部屋……。そして妻は、批判闘争大会のさなか、心臓病を再発して死んだ。自分が心労をかけたのだ。楊訊は、穀物上納を批判して罪を受け、一五年の刑を受けているのだが、おそらくは政治的な理由で、一年で獄を出ている。しかし彼はみずからを「服役中」だという。また蕭凌も深い傷を受けている。文化大革命の嵐のなかで、両親は紅衛兵の批判を受けて自殺し、彼女もまた愛に裏切られた。媛媛は継母に捨てられたことがある。たまたま彼女を見つけ、それを救おうとした白華は、突然のように拘留されて幼い少女から切り離された。そして、楊訊と蕭凌が恋に落ちたとき、過去の記憶のなかに閉ざされた歯車が、嚙みはずしたまま、ふたたびゆっくりと回りだす……。

これ以上は書かないのが礼儀というものだ。まずは読者みずからに読んでほしいと思う。

では、なぜぼくは北島を読むのか。北島は、一九四九年に北京に生まれ、本名は趙振開という。高校時代に文化大革命に遭遇し、下放されて、北京から三〇〇マイル離れた建築用地で働くことになったという。そのとき、彼は詩作をはじめた。一九七〇年のことだった。そして一九七四年にこの小説『波動』を書いたのである。最初の詩集『見知らぬ海浜』をガリ版刷りで一〇〇部つくり、友人たちに配ったのが一九七八年だったというから、彼の最初の文学作品は、この小説だったということになる。だから、この小説を読まなければならない。

なにより北島の名を有名にしたのは、彼が芒克《マンクゥ》（この人にはじかに会ったことがある）などの友人らと語らって興した地下文学雑誌『今天《ジンティアン》』（「今日」の意）であり、この雑誌は一九七八年に創刊されている。この雑誌は、文化大革命の終結を迎えた当時、青年たちに熱狂的に支持され、当局からは激しい批判と弾圧があったものの、大きな詩運動のうねりをつくりだした。この間の事情については、北島自身が書いた回想「『今天』について」があり、それは『現代中国詩集』(思潮社、海外詩文庫7)に収められている。それによると、一九七八年十二月二十三日、彼らは『今天』の創刊号を大学区や人々の集まるところ数ヵ所に貼り出した。この雑誌に『波動』は連載されたのである。

それからの二年間に、九号の雑誌と四種の叢書を出したのだが、この運動は一九八〇年十二月、警察によって拠点が封鎖されて終焉を迎えた。この雑誌の発起人は、詩人の芒克、画家の黄鋭《ホワンルイ》、それに北島だった。彼らは雑誌の刊行のみならず、作品討論会、野外での詩歌朗誦会などを精力的に開催して、多くの聴衆を集め、また文学を志す若者を育てた。しかし、鄧小平が民主化運動の封鎖を開始し、西単《シータン》の「民主の壁」を禁止すると、今度は『今天』に掲載された詩が官製の雑誌に引用されて、それを「朦朧詩」と呼んで批判を開始したのである。すると、それがかえって若者たちの言語統制への反発をあおり、火に油をそそぐ結果となって、新たな詩が次々と、しかも「朦朧派＝China Mist」を自称して世に流れ出したのである。北島の『波動』が広く中国に知られたのもこの時期、一九八一年に高名な文学誌『長江』に掲載されてのことだった。

しかし一九八九年六月、天安門に銃声がとどろいた(いわゆる第二次天安門事件)。これを契機として、おおくの中国人作家が海外に流亡することとなり、北島もまたアメリカに逃れた。そうした彼らが一九九〇年にオスロで会議を開いて『今天』の復刊を決定した。現在その編集部はニューヨークにあり、そして印刷は(一九九五年に北島がこの文章を書いた時点では)香港でおこなわれている。こうした経緯のなか『波動』には英訳があらわれ、彼らの詩のおおくがさまざまな言語に訳されている。しかし、これからどうなるのか。こうした『今天』の運動とその波紋については、先の『現代中国詩集』に収められた作品や評論をお読みいただきたい。まさにいま、彼らの作品を見直すときが来ている。
北島の詩を一篇だけ、ここに引こう。「一切」である（是永駿訳）。

一切が運命
一切が煙
一切が終りのない始まり
一切がつかのまの追跡
一切の歓びにほほえみは無く
一切の苦しみに涙の跡は無く
一切の言葉はくりかえし
一切の交わりは初めての出会い
一切の愛は心の中に
一切の往事は夢の中に
一切の希望には注釈がつきまとい
一切の信仰には呻吟がつきまとう
一切の爆発はかたときの静寂をともない

一切の死は冗長なこだまをともなう

この有名な詩には、応答歌がある。舒婷《シューティン》の「これも一切です」がそれで、その一部を引く（財部鳥子訳）。

一切の大樹がみな
　嵐にへし折られるのではない、
一切の種がみな
　根を下ろす土壌を見つけられないのではない、
一切の真心がみな
　人の心の砂漠へ流失したのではない、
一切の夢がみな
　翼を折られることに甘んじたわけではない。

否、一切はみな
あなたが言うようではない！
　……（中略）……
一切の現在はみな未来を孕んでいる、

未来の一切はみな昨日から成長してきたのだ。
希望し、そしてそのために闘う。
この一切をどうぞあなたの肩の上に載せてください。

この北島と女性詩人の応答の背後に潜むもの、さまざまな感情、ゆらぎ、関係について、ぼくはまるで知ることがないけれど、『波動』に見る「憂い傷む魂のふるえ」（老広の批評文）、あるいは登場人物のさまざまな内的独白として語られる深いペシミズムは、強くこうした応答を求める叫びではないかとも考えてしまう。

やはり『現代中国詩集』に収められた詩人のひとりに顧城《クウチョン》がいる。その経歴には、こうある。「一九五六年北京生まれ。十二歳の時、父（詩人顧工《クウコン》）について山東省北部の農村へ下放。十七歳で北京に帰り、大工となる。七九年以後、詩を発表し始める。八八年出国、ニュージーランドの小島ワイヘケ島で原始的な生活を送る。九三年十月八日妻を殺害して自殺」。それ以上のことを知らないぼくとしては、ただ彼の詩の一節を口に含むだけである。

暗黒の夜が私に暗黒の眼をくれた
私はその眼で光明をさがしもとめる

（「時代の人」一九七九年、浅見洋二訳）

氷河期は過ぎ去った、なのになぜ……

彼らの魂はどこにあるのか、なにを求め、なにを語りだそうとしているのか。一九九一年のニューヨークで、北島はこう語った。「私にとって書くこととは、死への抵抗の手段なのです」(『ブラックボックス』)。

(1997・8)

＊京都の中国文藝研究会が『今天』の復刻版を一九九七年十月に刊行している。

駱駝が街にやってくる

平戸藩の藩主であった松浦静山は、一八二一年十一月十七日、甲子《きのえね》の夜、ふと思い立って随筆の筆をとった。静山六十二歳のときである。以来、彼は思いつくままに身辺のさまざまな出来事を書きつづり、正編百巻、続編百巻、三編七十八巻を数える。その多彩な内容は、藩主としてかかわった幕末の政治経済、外交事情はもとより、たまたま耳にした世間の逸話や風俗におよび、きわめて興味ぶかい資料を提供してくれる。題して『甲子夜話《かっしやわ》』(平凡社、東洋文庫、など)。

たとえば、このような話がある。房州の農夫の妻が鬼となって夫を喰い殺し、出奔して相州にわたった。小坪の光明寺あたりで人家を驚かし、墓をあばいて死者を三人も喰らい、やがて鎌倉に出没すると「今や敵《かたき》の由比ヶ浜へ寄するかと、騒乱大方ならず」。人々は門戸を閉ざし、鼓を打ち鳴らし、鐘や拍子木をたたいて追い払おうとした。しかし誰一人として退治に出る者もなく、そのうち明け方になった。そして女はどこに行ったものか、行く方知れずとなるのだが、これは大山参詣に出かけた者が当地で聞いた話だとか。「珍説なり」(正編、巻五十一、十六)。

千葉の農婦が鬼になって夫を殺したあげく、神奈川にわたって人々に恐れられたという噂だが、なかに彼女を「狂婦」と記すくだりがあり、一抹の哀れを感じさせる。丹沢山系にいだかれた聖山、大山阿夫利《あふり》神社に詣でた人が、名物の豆腐料理かなにか食べながら土地の者に話を所望したのだろうか。現在の神奈川県伊勢原あたりから見れば、千葉から来て鎌倉に消えた狂える女は、男どもの力をもって押さえ込む排除の対象ではなく、家のなかからさまざまに音を立て、ひたすら無事の退散を願うしかないマレビトではなかったか。たしかに「珍しい話」ではあるけれど、この話を聞き取り書き留めながら、静山は巷の庶民の姿勢をするどく感じ取っているように思えてならない。

もちろん藩主という要職にあるのだから、みずから軽々しく動き回るわけにはいかなかったはずだが、それだけに彼の好奇心のありようが文の端々から透けて見えてくる。

たとえば、正編の巻五十三、十九に、駱駝《らくだ》が長崎から江戸にやってくるという記述がある。これは文政の甲申の年（一八二四年）のことで、駱駝は両国橋のあたりで見せ物にされ、人々が山なして見物に訪れたと当時のさまざまな記録にも見える。この話を聞きつけた静山はこう書く。

> 此獣この四年、辛巳《しんし》六月に阿蘭陀《オランダ》の舶来にして、ハルシャ国の産と云。然れば、弟《だい》九巻に記せし去年長崎に渡来せしと云し者、是なり。これは亜剌比亜《アラビア》国中墨加《メッカ》の産と云しが孰《いづ》れなるか。又駱駝に種類ありて、此度のは独峰駝《どくほうだ》［ヒトコブラクダ］と云者なり。去れば前の造り物の駝は全くその形なり。又八巻に記せし駝は享和三年亥《がい》七月なる由。アメリカ人の舶来なれど、これは上陸せずして還さる。これ蘭山が『啓蒙』に録《しる》せる、享和三年癸亥《きがい》十月八日に長崎に来る亜墨利加《アメリカ》船に駝ありと云し者なり。その図にはかの肉鞍［駱駝のこぶ］と云者見ゆ。然れば愈々《いよいよ》種類違ふ。

今遠来の物、予も視《み》たく思へども、流石《さすが》卑賤混騒の中にも雑《まじ》はりかぬる故、儒生蒲生亮をして視せしめしに、左の記を書て呈す……云々。

簡単に注しておけば「ハルシヤ」はペルシア、「蘭山が『啓蒙』」とは小野蘭山『本草綱目啓蒙』（一八〇三年刊）のこと。明代の医学者である李時珍の博物書『本草綱目』五十二巻（一五九六年）について、蘭山みずから実地検証して解説した講義を門人が記録した書である。この静山の記述は、いくらか日時の記述に混乱があるものの、自分の記録を読み直し、あるいは『啓蒙』以下の書籍を検討して、この駱駝がどこから来たのか、どのような種類なのかとさぐる意欲に満たされている。さすがに庶民の雑踏へと踏み込むことはあきらめ、腹心の部下を見物にやるのだが、少なくとも静山の脳裏には世界地理や物産風俗の知識が正確に描かれていたことがわかる。

ここに言及された以前の『夜話』にある駱駝論議を見てみると、享和三年七月、ということは『啓蒙』の刊行された年でもあるのだが、長崎沖に外国船がやってきて、アメリカ人十二人、ジャワ人九十四人が乗っていたが、そこに駱駝がいたというのである。これは交易を求める船だったのだが、許されずに去っていった。そのときある画工が駱駝を描き、のちにその図を静山に見せたという。実見した者の報告によれば、前足は三節、爪まで毛におおわれ、背の高さは九尺、長さは三間。「これ正しく駱駝なるべし」（巻八、十四）。

またあるとき、静山は両国橋近くの路傍に看板を見つけ、それが駱駝の見せ物の広告だったので、喜んで記録している。そこで売られていたチラシには、ここにご覧にいれるのはアラビアのメッカに産する駱駝で「丈九尺五寸、長さ一丈五尺、足三つに折るる」とある。かつて長崎に来た駱駝がこれだとの宣伝に、すぐに人を見に行かせたが、それは作り物であるにすぎず「真物はやがて御当地に来るなり」という。しかし、その人の写生した図を見ると『漢書・西域伝』の記述と合わない。「肉鞍」もないし、まず本物の駱駝を見て作ったものではあるまい、と静山は判断するのだ（巻九、二十二）。人の持ち帰った写生図を見ながら、嬉々として中国書をひもとき、やがてがっかりしながら『夜話』の筆をとる静山の姿が見えるようではないか。

作り物の駱駝の写生（『甲子夜話』）

しかし本物の駱駝がやってきた。部下の蒲生が記した漢文による報告は、まず『本草綱目』を引き、そこから『西域伝』『穆天子《ぼくてんし》伝《でん》』『爾雅《じが》』の記述を孫引きしたうえで、初めて見聞の記述にはいるのである。その姿は鹿のような褐色、肩から尻までは八尺、首の長さ四尺、頭頂には二寸の長い毛が生え、背中のこぶは怒った猫のようだし（有若怒猫）、目や鼻は馬に似てなくもない。以下、こまかな観察が延々とつづくのだが、これは静山の好奇心の有りようを知る者の配慮だろう。そして静山はこの報告を書き写したうえで、さらに『本草綱目』の集解《しっかい》（解釈集）や『和名抄』（承平年間［九三一～九三八年］に成立。正式には『和名類聚抄』）『周書』を検討したうえで、こう結論している。「然れば古《いにし》へはこの独峰駝の如きは未《いまだ》知らざるなり。今世の開けたる、万里周覧ありがたき時ならずや」。なんという喜び、いまや世界は開けて、古人の知ることのなかったヒトコブラクダさえ目にすることができる。素朴な喜びとはいうまい。まさにいま蒙が啓《ひら》かれつつあるのだ。知識に飢えた幕末の知識人にとって、これは事件であったし、インターネットのヴァーチャル情報以上の衝撃だった。

さて『本草綱目』はいう。

時珍いわく、駝は馬に似て頭は羊に似る。首長く、耳は垂れ、背に二個の肉峯があって鞍の形をなす。蒼、褐、黄、紫の数色があり、鳴き声はカツと聞こえ、物を喰うには嚙みかえす［反芻する］。その性は寒に耐え熱を悪《にく》む。ゆえに夏至には毛が全部なくなる。その力はよく重きを負うもので、千斤までを負って一日に二、三百里を行く。またよく泉源、水脈、風候を知り、およそ流れが伏して水の所在が判らぬ時、駝が足で踏む場所を掘ればかならず水がある……。

寺島良安『和漢三才図会』に見る駱駝の記述（巻三十七）も、ついに『本草』の記述を出ない。『和名抄』を見ると『周書』を引いて「有肉鞍、能負重致遠者成」（肉でできたコブがあり、重い荷を負って長い旅ができる）と書くばかり。たしかにヒトコブラクダの記述はない。知られざる珍獣が街にやってきたのだ。

ちなみに、一八二一年から四二年にかけ、幕命を受けた屋代弘賢《やしろひろかた》が中心となって編纂した百科全書『古今要覧』がある。日本の故事の起源や沿革を考証し、分類して集大成しようとする試みで、弘賢が死んだために未刊の稿本しか残らなかったが、そのなかにも駱駝の記述がある。すなわち、

> 駱駝の皇朝へきたりしことは、推古天皇七年をはじめとす。そののち同天皇二十六年、齋明天皇三年、天武天皇三年なり。近世にては元禄の比《ころ》、阿蘭陀より献ぜしと、享和三年長崎まで来りしと、文政四年阿蘭陀人持ちきたりしこと凡《およそ》七度なり。推古齋明御時には、百済《くだら》国より貢献したるうへ、高麗土産ともみえたれば、三韓の地に産せしとみゆ

などとある。この推古天皇の駱駝については『日本書紀』の推古天皇七年（五九八年）の条に記述がある。すなわち「秋九月《ながづき》の癸亥《みづのとのゐ》の朔《ついたちのひ》、百済、駱駝一疋《ひとつ》貢《たてまつ》れり」とあるからで、百済の献上した「駱駝」なるものを日本に駱駝の来たはじめとするのだが、本当だとすれば、いったい天皇は静山ほどに歓喜したのだろうか。

駱駝の話は、膨大な『夜話』のなかでは小さな部分でしかないが、こうした知の喜びのあふれかえりからは、開国を目の前にする時代にあって、漢籍という博物誌の森から脱出する道を暗示する意味もあったのではなかろうか。しかし、この道はまっすぐ西洋の知にアジアを忘れる道でもあったことは、なかなかに逆説的である。

（1997・9）

中国という幻視者の鏡

先回に述べた松浦静山『甲子夜話』は、幕末における新知識の到来を反映する随筆だったが、もちろんその背後には、およそ一五〇〇年にわたる中国からの知識の移入という系譜があった。

ここで仮に一五〇〇年といったのは、応神天皇の十五年に阿直岐《あちき》が百済王によって倭国に遣わされ、皇太子である菟道稚郎子《うじのわきいらつこ》の師となり、その阿直岐の推挙があって王仁《わに》が翌年に来朝し、皇太子に典籍を教授することになるからである。そのとき王仁は『論語』と『千字文』を倭国に献上したという。

そのくだりを『日本書紀』に引く。

> 十五年の秋八月の壬戌《みずのえいぬ》の朔《ついたち》丁卯《ひのとのう》（六日）に、百済の王が阿直岐を遣わして、良馬二匹を奉った。……阿直岐は、またよく書を読んだので、〔天皇は〕太子の師となさった。ここに天皇は、阿直岐にお問いになって「あるいはお前よりもすぐれた博士がいるのか」と仰せられた。お答えして「王仁という者がおり、この人はすぐれております」と申し上げた。そこで上毛野君《かみつけのきみ》の祖である荒田別《あらたわけ》と巫別《かむなきわけ》を百済に遣わして、王仁をお召しになった。……十六年の春二月に、王仁が来朝

した。そこで太子の菟道稚郎子は王仁を師とされ、典籍を習われた。深く理解して、わからないということがなかった。いわゆる王仁は、書首《ふみのおびと》らの始祖である。

ここには典籍を教えたとあるのみで、『論語』などの名は出てこない。それが見えるのは、じつは『古事記』である。

また［天皇は］百済の国に科《おほ》せたまひて「もし賢《さか》し人あらば貢上《たてまつ》れ」とのりたまひき。かれ命を受けて貢上れる人、名は和邇吉師《わにきし》、すなはち論語十巻《とまき》、千字文一巻、幷《あ》はせて十一巻《とをまりひとまき》を、この人に付けて貢進《たてまつ》りき。

というのが『古事記』中つ巻に見える記述である。けれども、おそらく「論語うんぬん」という部分は、王仁が大和朝廷の文筆を担当する任（書首あるいは文氏《ふみし》）についたという事実から作られた伝承であって、事実ではあるまい。

小川環樹《たまき》は『千字文』（岩波文庫）の解説で、こう書いている。

我が古史の紀年を無条件に信ずれば、［王仁の来朝は］西暦二八五年、西晋の武帝の太康六年にあたる。その年は『千字文』の作者周興嗣《しゅうこうし》の死より二百六十年以上まえになる。この食いちがいは、どう考えるべきか。……しかし実は簡単なことで、わが古史の紀年が故意に初期の天皇の治世を引きのばした結果、年代の大きなくいちがいが起ったのであった。

たしかに『日本書紀』に見るかぎりでは、応神天皇の治世は西暦二七〇年から三一〇年にあたるのだが、現代の歴史家たちはこの天皇の生涯を三六二年から三九四年と考えている。太安万侶《おおのやすまろ》が『古事記』を朝廷に献上したのは七一二年のことだから、小野妹子が隋に派遣され、例の「日出づる処の天子、日没する処の天子に書を致す」という国書を送って皇帝を怒らせたという『隋書倭国伝』の記録（六〇七年）から一〇〇年以上も後のことなのである。むしろ、中国からさまざまな典籍が組織的に移入され、大陸の知識が日本列島に流れ込んできたのは、百済から仏教の伝来した五三八年あたりに置くべきだろうか。

もちろん個別的には、より古代から中国の知識の影響が認められる。たとえば弥生時代の遺跡からは水銀朱を使用した痕跡がいくつも発見されているのだが（たとえば兵庫県の田能《たのう》遺跡）、これは中国の技術を導入しないと実現できない顔料である。となれば、最大限に深くさかのぼって紀元前五世紀には中国とのネットワークの存在が想定されるだろう。「呉越同舟」の故事が生まれたころである。また文字ということに限定するなら、埼玉県の稲荷山古墳から発見された鉄剣に百十五文字が刻まれていることが注目される。この剣は、およそ四七一年のものと考えられるので、後漢から得たという倭奴国王の金印（五七年）など、明らかに渡来の文物を除けば、五世紀後半あたりが文書による知識の到来しはじめる時期だろうと思える。

つまりこの一〇〇〇年、前五世紀から後五世紀という時間こそが、中国大陸から知の宝庫を移入するための準備期間といえるのではないか。こうした書物の伝来にこだわってしまうのも、じつは学問体系として日本に入ってきた書物群のはじめは「本草」ではなかったか、という空想があるからである。

同じ『日本書紀』の推古十年十月の条に、百済の僧である観勒《かんろく》が来朝し、天皇に「暦本および天文地理書ならびに遁甲方術書を貢る」とある。これは六〇二年のことだが、この「方術書」こそ本草学の書ではないかと考えられるからだ。すなわち陶弘景《とうこうけい》が著したという『神農本草経集注《しんのうほんぞうきょうしっちゅう》』が世に伝わるのは梁《りょう》が五〇二年に興ってからなのだが、唐の高宗の代になって『集注』を増修しようという動きがはじまり、やがて『新修本草』として集大成されている。これらの本草書は、すでに天平時代には日本に伝わっており、七八七年（延暦六年）には公式に学ぶべき医学書と規定されているのだから（『続《しょく》日本紀』巻三十九）、このとき日本の知識はユーラシアの彼方にまで通底したことになるのである。その具体的な証拠としては、正倉院文物の存在を指摘すれば足りるだろう。

いささか遠回りをしているが、かの『甲子夜話』の著者にとっては、やはり『古事記』の伝える『論語』の伝来から一五〇〇年なのである。いまここで確認したように、静山の時代は、弥生時代からおよそ二〇〇〇年、公式に『集注』が認識される『続日本紀』の記述からは一〇〇〇年あまり後となるけれど、静山は、やはり親しく『集注』を引き、オランダやアメリカから伝わる文物や珍獣を判定しようとしていたのだ（先回の記述を参照されたい）。

静山からもう少しさかのぼると、西川如見《じょけん》という天文学者・地理学者がいて、深く中国の学問を学んだうえで、数々の書物を著している。なかに『華夷通商考』という著書があり、一七〇九年（宝永六年）に刊行されている。ということは元禄の世が終わり、たとえば新井白石が幕府に登用された年である。鎖国令が発布されて七〇年、長崎に清などの商館はあったものの、誰もが簡単に外国の情報に触れうる時代ではない。だから如見の記述も、すべて中国の書物によっている。その凡例には「外国の国号文字ならびに土産の名、夷語多し。唐人各国の字韻を仮用して翻訳す。故に定字なし。これらことごとく委記すること能《あた》はず」とある。また如見は、日本に来る中国人は中国音をもって各国の事情を語るけれど、中国語も南北ではまったく異なっていて、なかなか通じがたい。まして日本にそれを伝えようというのだから、日本の音韻でしめそうと思う、とも述べている。ここに一例を引こう（岩波文庫版によるが、いくらか表記を変える）。

回回国《フイフイ》（唐土の西の極《きわまり》より凡《およそ》八百余里）

唐土の西北、韃靼《だったん》の西なり。撒馬兒罕《サマルチャン》そのほか属類の大国多し。学文一流ありて礼を好むとぞ。暦学などもこれ有りて、その造制の暦、中華に入って用いられし事あり。回回暦これなり。唐暦と大きに同じくして少しく異なるところあり。今代も唐より往来ありという。土産　玉石、牛、羊馬　このほか畜類多き国なり。ただしこの国の人、豕《いのこ》を食する事なき故に豕無《いのこなし》という。

撒馬兒罕《サマルチャン》とはサマルカンド。したがって十六世紀以降の情報だとして、この回回国の位置はボハラ＝ハン国にあたるが、いずれにせよ中央アジアのイスラームに関する珍しい記録である。アッバース朝に発達したイスラーム暦法（これについては次回にふれる）が中国に入っていることや、豚食の禁止など、当時の日本人はどのような想像をしたのだろうか。

じつは、これに数年を遅れて刊行される寺島良安『和漢三才図会』にも「回回」の記述があり（巻第十四）、その内容はより詳しい。すなわち『大明一統志』（一四六一年）にしたがって默徳那《メジナ》国こそ回回の祖国であるとし、そこでは

> 最初に国王の謨罕驀徳《モハメッド》が出たが彼は神霊を受け大徳を有した。……隋の開皇年中（五八一〜六〇〇年）に、その国の撒哈撒阿的幹葛思《サハサアドワッカス》というものが初めて中国に来て、その教えを伝えた。……民俗は殺を重んじ、豚肉は食べず、斎戒して天を拝する。

などと記す。

しかし如見の簡略な記述の方が、より具体的に見えてしまうのは、一四六一年に成立した中国の勅撰地誌にしたがわず（如見は当然『大明一統志』を見ていたろう）、むしろ中国に最新の情報を求めて正確を期した節があるからだ。二五〇年前の「回回の祖国」という記述に満足することなく、回回国そのものを求めているのだ。その末尾に「右のほか夷《えびす》の諸国、日本には往来これ無しとはいえども、紅毛天竺《オランダ・インド》あるいは唐人の説話《せわ》聞き伝うる処をもってこれを記すものなり。世界万国ことごとくは識《し》ることあたわず、ただその大略のみ」と書く如見は、はるか中国の彼方を漢文テクストに見た幻視者だったのである。

（1997・10）

あわれ、人の世の旅隊《キャラバン》は過ぎて行くよ

セルジューク朝ペルシアに生きた詩人のオマル・ハイヤーム（ʿUmar Khayyām, 1048–1131）は、その代表作『ルバイヤート』をもって、いまや世界に愛される詩人の一人となっている。この『ルバイヤート』（*Rubāʿīyāt*）という題は、古来よりペルシアに伝わる民謡形式から生まれた四行詩ルバーイイ（*rubāʿī*）の複数形である。つまりは「四行詩集」ということだが、ここにその一句を引く。

幾山川を越えて来たこの旅路であった。
どこの地平のはてまでもめぐりめぐった。
だが、向こうから誰一人来るのに会わず、
道はただ行く道、帰る旅人を見なかった。

この詩は、岩波文庫版（小川亮作訳）の「万物流転」の章に収められる第四十九歌である。
オマル・ハイヤームは、哲学者、数学者、天文学者としても知られる当代の大知識人であり、医学や科学の造詣も深かった。わずか二十六歳でスルタン、マリク・シャーの宮廷に登用され、多くの科学書を著したばかりか、新たな暦法を提案して採用され、それがマリキー暦あるいはジャラーリー暦と呼ばれるものである。この暦法こそ、西洋では十六世紀に成立するグレゴリオ暦をはるかに先取りするものだった。ここから、ペルシアの新年祭（ノウルーズ）の歴史を描いた美しい書物『新春の書《ノウルーズ・ナーメ》』も、ハイヤームの著作と考えられている。このノウルーズは、古くはゾロアスター教に由来する祭礼らしく、年末年始の祭礼が集中する時期となるのだが、これぞまさしくオマル・ハイヤームにふさわしい書という気もしてくる。

この人物は、またペルシアにおける文芸復興期の中核をなす詩人でもあった。すなわち、最近の歴史学が「アッバース革命」とか「十二世紀ルネサンス」とか呼んでいるペルシア＝アラビア複合文化の誕生であって、イタリア・ルネサンスの先駆ともいうべき知的運動であった。このときアラビア語に収斂していた初期イスラーム文化の世界に、ペルシア語をとおして、ギリシア、ペルシア、インドなどの文化遺産が急速に流入し、それとともにイスラーム教徒間の徹底した差別撤廃、多様な民族の登用と国際ネットワークの整備を図ることによって、ためにバグダードは当時の世界知識の殿堂となった。そして、その中核にオマル・ハイヤームが座りこんでいるのである。

しかし、この詩集に収められた詩の数々を読むと、こうした輝かしい学問上の業績とはうらはらな、世の無常観に打たれながら寂しく道を歩む孤独な旅人のイメージに驚いてしまう。十九世紀末にイギリスの詩人フィッツジェラルドが『ルバイヤート』を翻訳したとき、たちまち人々はその無常観に共鳴し、また人の世のはかなさを感じて、大変な反響を生んだという。日本でも蒲原有明《かんばらありあけ》がこの詩集を訳出し（一九〇八年）、以後『ルバイヤート』の邦訳の試みは数十を数える。もちろんのこと、現代のイランでも誰もがハイヤームの詩を暗唱し、ときに涙にくれると聞く。現世にたいして唯物論的な現実主義をつらぬき、しかも厳格な天上の約束（イスラーム）よりも目前の一杯の酒を愛したところなど、彼の作がしばしば中国の飲酒詩と対比される所以《ゆえん》でもある。しかしハイヤームの現実主義は独特で、だから彼の詩が「超脱的な西行の歌などとは異なり、李白の詩に近く、しかもそれよりもっと近代的な性格を附している」（小川「解説」）と評される理由となっている。近代の西欧に熱狂的に受け入れられたわけもそこにあるだろうか。

さて、このようにハイヤームの経歴にいささか触れてきたけれども、それは先に引用した詩を読んだとき、すぐに念頭に浮かんだ別の詩があったからである。それが陳子昂《ちんすごう》の「登幽州臺歌」にほかならない。まずはその歌を引く。

前不見古人　　前に古人を見ず、
後不見來者　　後に来者を見ず。
念天地之悠悠　　天地の悠々たるを念《おも》い、
獨愴然而涕下　　独《ひと》り愴然として涕下《なみだ》る。

現代語に訳すなら「わたしの前に古人はいない。わたしの後につづいて来る者もない。つらつら天地の悠久なるを念い、ただひとりここに立って、愴然たる思いに覚えず涙がはふり落ちる」（『中国名詩選』岩波文庫、中巻）。あらためて指摘するまでもあるまい。なんという類似だろうか。

　この歌を残した陳子昂（六六一〜七〇二年）は、字《あざな》は伯玉、梓《し》州射洪《しゃきょう》（いまの四川省射洪県）の人であるという。豪富の家に生まれ、任侠の気風をもち、学問をあざけって年十八にして字も知らなかったが、後に悔いて猛烈に勉学し、二十四歳にして進士に及第して、右拾遺《ゆうしゅうい》（天子のいさめ役）に任ぜられた。権力や官位を恐れることがなく、しばしば高官を直接にいさめることがあったが容れられることがなく、ついに官を辞して帰郷した。父の死後、県令の段簡《だんかん》が彼の相続した莫大な財産をねらって讒言《ざんげん》したため、獄に入れられて憤死したと伝えられる。子昂はおだやかな容貌をしていたが、性格は激しく、金銭を軽んじて信義に篤かったと記録にある。

　さてこの歌題にある幽州台とは、北京の北にあった高楼のことで、薊北楼《けいほくろう》ともいう。陳子昂は萬歳通天元年（六九六年）に契丹《きったん》へと遠征した。しかし戦い方に疑問があって上官を批判したが聞き入れられず、子昂はこの楼に登って涙を流し、悲憤慷慨しながらこの歌を詠じたという。

　彼は「黄老易象」（黄帝・老子・易経）を愛したと伝えられるが、たとえば「古人の糟魄《そうはく》」（荘子）といった成句を思い浮かべては考えすぎだろうか。すなわち「昔の聖賢の言語や著書として今日に伝わっているものは、聖賢の真精神ではなく、そのかすである。真精神は言語や文章に伝えることはできない」（『大漢語林』大修館書店）ものなのだから、いまや古人の精神を受けとめる者がなければ古人はいないというに等しく、後の時代（来者）にも期待はできない、なんと自分は孤独なのだろうか、と。

　この詩を仏訳しているフランソワ・チェンは、この前と後との対立について「中国人は、大いなる人間の血統のなかへと自分自身を直感的に位置づけ、はるか前方に先を行く人々を見、はるか後方の来るべき人々を導く存在として自分自身を見る」と注している（François Cheng, *L'écriture poétique chinoise*, éd. du Seuil）。しかし子昂は、それが見えないというのだ。後に李白は「古人今人流水のごとし」（「把酒問月詩」）と歌った。昔の人も今の人も、みなたえまなく流れる水のように死に去って、ふたたび帰らない、というわけか。これも強い諦念である。

これ以上の詩の解釈は措く。ぼくのなしうることではない。いまは、陳子昂とオマル・ハイヤームのあいだに横たわっている四〇〇年あまりの時間を埋めてみたい。

小川亮作は、ペルシアのルバーイイは起承転結の表現形式と押韻形式（*aaba*）において、中国の絶句体に似る、と書いている。だからといってインド亜大陸をはさんだこの二大文明が同根の詩形式をもつなどと強弁する気はさらさらなく、ましてハイヤームが子昂を引用したなど、論外である。さらには、この二人のもつ世界観は遠く離れていて、まっすぐ古代ギリシアの哲学と老荘思想とを向きあわせても詮ないことであろう。中央アジアのタラス河畔において唐とアッバース朝イスラームとが対峙したのも、はるか七五一年のことなのだから、あまりにも二人からは遠い。つながりがあるのは、旅する孤独な心には、道の前にも後にも人がいない、その哀しみだけである。さまざまに学問を修め、また人生の辛酸を知る詩人だけが、この路上の孤独をイメージとしてありありと見ることができた。一人は激しく具体的な悲憤の果てに、一人は静かな永い瞑想の果てに。

なるほど、ここに一人のアラビア商人を想定し、中国に渡ってこの国の詩を愛し、たとえば愛唱する一編をペルシア語などに訳して祖国に伝える、そんな可能性のないわけでもない。桑原隲蔵《じつぞう》『蒲寿《ほじゅ》庚《こう》の事蹟』（平凡社、東洋文庫）などといった通商史研究にあたれば、唐にも宋にも学識ある人のアラビアとの往来が無数にあったとわかるのだから。

だが、結局ぼくのいいたいことは、この潜在する可能性の指摘までであって、その立証では決してない。むしろ、こうした詩的感興の類似の発見、文化も時代も超えて人の心に響くイメージがあり、それをいま、この現代にあって縒《よ》りあわせてみる自分のいることの不思議を思っているのである。それで十分ではあるまいか。

この永遠の旅路を人はただ歩み去るばかり、
帰ってきて謎をあかしてくれる人はない。
気をつけてこのはたごや［現世］に忘れものをするな。
出ていったが最後、二度と再び帰っては来れない。

（『ルバイヤート』四六）

（1997・11）

九龍城に、ようこそ

たとえば香港あたりにあるらしい「龍城路《ロンガオルー》」という通りをご存じだろうか。

もし機会があって、薄汚れた扉や門を抜けて龍城路を訪れたなら、ほとんど誰でもが、まず瓶を売る禿頭の男と語りあうことになるだろう。その男はあなたに言う。「おまえは陽の世界から送り込まれたのか？　奥に行くんだろうな。奥じゃ鬼律《グイリー》どもがうろついているぞ。邪気が物にとりついて生まれた物の怪《もののけ》だ」と。振り返ってみると、背後には門があるけれど、鍵がかかっていて戻れない。ここは「フロント」に出る通路だという。瓶の店の左手から少し先に進むと、左に沙角《シャールー》へ通ずる入口があり、さらにシャッターの閉まった鏡屋「家品城」の前に立つことになるだろう。鏡屋の前で左手を見ると、昔の赤い円筒形をした郵便ポストのようなものがあり、その向こうにはゼンマイ屋が裸電球をともした露店を開いている。「鏡屋が、奥に行ったまま帰ってこない」と彼は言う。「この街の奥には胡同《フートン》と呼ばれる場所がある。もともとは路地という意味だったらしいが、そこは建物がでたらめに建っていて、気の流れを乱しているんだ。鏡屋はそれを直しに行ったんだ」。また道を進むと、ネジを売る男から「よそ者は歓迎されない」といわれ、道をとって返して左に抜け、階段を下りると、古靴を売るオヤジから皮肉を聞かされるはずである。店先から右に折れると、路地の突き当たりに錠前屋が店を出していて「鏡屋は胡同の奥にある八卦《はっけ》鏡のゆがみを直しに奥へ行った」と教えてくれる。道を戻って古靴屋の店先をまがると「南洋平」という屋号をもつ海老剝《む》き屋があるのだが、店には誰もいない。右側に重慶花園への入口が見えるものの、ここにも鍵がかかっている……。

さて物の怪とはおだやかでないが、これはテレビゲーム『Kowloon's Gate〜九龍風水傳』（ソニー・ミュージックエンタテインメント）の導入部をスケッチしたものである。これ以上デテイルを書き込むことはこれからゲームをしようという人に失礼なのでやめておくが、その風景はまさしく香港の九龍《クンロン》城《ガイ》をモデルとしたものにほかならない。もちろん現実の九龍城にこんな魔界が潜んでいたとは思えないし、まして魑魅魍魎《ちみもうりょう》の跋扈《ばっこ》する空間であったわけでもなかろうが、しかしこうした空想を生かすには、九龍城は打ってつけの場所でもあった。そしてこのゲームにはちょっとしたブックレットがついているのだが、それをよく読んでみると、かなり現実の九龍城および香港的世界を実地に調査していることがわかる。現実の写真やデジタルビデオの映像を活用していることは画面の隅々の処理から見えてくるし、また香港人のスタッフや現地のコーディネーターが補佐していることもわかる。そしてブックレットには、簡略ながら九龍城の歴史がきちんと書かれているのだけれども、なかに人略、こんな文章がある。

> 香港に住む人々にとって、もはや九龍城は過去の汚点でしかない。取り壊される前の九龍城の姿は、例えるなら〝巨大な廃棄物の固まり〟。バラックと細い通路からなる迷路のような空間だっ

た。そこは「陽光さえ射し込まず、昼間でも薄暗い。天井や壁は、計画性のない電線や水道管がわりのゴムホースが臓物のように走る。滴り落ちる汚水、放置されたガラクタ、処理されないゴミ……。臓物のような空間すべてから異臭が放たれる」。そしてここから都市伝説が生まれた。というわけである。いささか嫌悪感を強調しすぎているような気もするが、そう感じた人も多いことは確かだろう。

いくらか正確にいうなら、九龍城という問題は、イギリスが一八九八年五月に租借した山東半島の威海衛が価値に乏しいと判断し、これにたいしてフランスが同じ年の四月に広州湾を租借していることに刺激されもして、九龍半島全体の租借を要求したことにはじまる。これを中国側、清朝の李鴻《りこう》章《しょう》全権は拒否し、とくに九龍城の管轄権に固執したのだが、九龍半島の租借についてはついに屈して、いわゆる「香港境界拡張専門協約」(展拓香港界址専條)を締結して新界の九十九年租借がおこなわれたのである。これが一八九八年六月九日のことである。清朝の城塞であった当時の九龍城は、もともとは丘に這い登る城壁と数棟の二層程度の建物による純粋な砦であったようで、二十世紀初頭の写真をいくつか見ると、平地の畑と丘陵が接する場所に設置された軍事施設以上のものではない。たとえば外務省通商局が編纂した『香港事情』(一九一七年、啓成社)という本にある写真などからは、それがよくわかる。

さてイギリスは一八九九年まで待って、下関条約(馬関条約)四周年にあたる四月十七日に九龍半島接収の儀式をおこなおうとしたのだが、そのとき民衆の反乱が起きたのである。イギリスはこれを翌日には武力鎮圧し、清朝の煽動による抵抗と称して九龍城も支配下に置いてしまったから、いわばこのときから九龍城の政治的位置づけは宙に浮いてしまったわけである。たとえば中嶋嶺雄『[新版]香港』(時事通信社)も、同じ『香港事情』からと思われる写真を掲載し、同書から「曾《かつ》て支那領なりし時代には稍《やや》繁華なりし處なるも千八百九十八年英領となりて以来全く衰微し目下は小城壁の一部と不潔なる支那家屋の一群昔日の面影を留むるのみ」との文章を引きながら、すでに当時から九龍城がスラム化していることを指摘している。

なお、こうした外務省の調査はのちの一九四一年における香港占領を暗示するものであって、このとき日本軍は啓徳空港拡張のために九龍城の大半を取り壊し、清朝の城壁は消えていったのだろう。しかし、九龍城が今日に知られるように本格的なスラムへと変貌するのは、第二次世界大戦が終わってからのことである。これも中嶋の『香港』によるなら、一九四八年には九龍城を香港政庁が区画整理しようとしたところ住民暴動が起こり、これを蔣介石が激しく批判したばかりか、広東、上海での反英暴動も誘発し、計画は中止された。以後、こうした計画がもちあがるたびに中国・台湾からの政治干渉がおこり、九龍城は政治上の空白地帯、警察力のおよばない無法地帯となっていったのである。こうした「なんでもあり」空間をさして、いかなる権力からも自由な地上最後の空間だと見る向きもあるが、それが九龍城を一種の幻想空間とする力でもあるのだろう。

その建築としての無秩序ぶりをつぶさに見たいと思うのなら、九龍城探検隊『大図解 九龍城』(岩波書店)を見るにしくはない。すさまじいの一語に尽きる。これはもう見ていただければよい。一九九三年に解体され、地上から消え去った実物の九龍城については、解体直前にテレビが入ったり現地旅行社のツアーがあったりで、それなりに光が当てられたが、だからこそ、その記憶はますます空想の九龍城を増幅させ、上に記したような歴史からは飛びすさってゆくだろう。魔界だって呑み込むにちがいない。

さてゲームの九龍城、デジタル的に構築された空想の九龍城は、だから「汚れ」が気持ちいいとまで人の感覚を反転させてゆく。すでに現実からは消えてしまった「危険で汚い空間」がコンピュータによる仮想空間としてよみがえるとき、それがゲームにとってはなによりもリアルで必要な環境になってゆくというのである。とてもぼくには、そうした「汚れ」が地上から消えたなどと脳天気なことはいえないし、世界にはまだまだすごい場所があることも承知しているのだが、ゲーム・デザイナーが街のデザインテーマを「アジア・ゴシック」と呼び、香港に乱立する広東語の看板やイルミネーションの洪水に「すさまじいまでの刹那主義」を読みとり、過剰さゆえの欠如感、記号のインフレーションを指摘していることは正しいと思う。

このゲームの冒頭で指示されるプレイヤーの使命は「九龍城に潜入して四神獣の見立てをおこない、陰界に風水を起こす」というものである。なぜなら「陰界にあるべき九龍城が、あろうことかこの世界に姿をあらわした」からなのであって、したがってゲームのなかの九龍市街は「風水なきまま、摂理さえ欠いている」空間となっているのだ。しかし、それは現実の都市そのものの実相ではないか。プレイヤーをゲームに誘いながら、香港最高風水会議の愛萍《アイピン》は「小さな問題は、かならず大きな摂理へとつながっているはず」とつぶやく。ならば、現実はすぐそこにあるはずだ。けっして街は消えていない。踏み込むべき場所は、すぐそこにある。

（1997・12）

＊その後に刊行された九龍城に関する書物には、グレッグ・ジラード、イアン・ランボット『九龍城探訪』（イースト・プレス）、宮本隆司『九龍城砦』（平凡社）、中村晋太郎『最期の九龍城砦　完全版』（新風舎）などがある。

絵を学ばんと、半島へ

天章周文《てんしょうしゅうぶん》という人がいる。もとは京都の相国寺に属する臨済宗の禅僧であり、やがて寺社の都官《つうかん》の役（経済関係の最高位）となり、応永三十年（一四二三年）、入鮮使とともに朝鮮に渡ったけれども、翌年には帰国する。そのとき周文は、すぐれた水墨画の専門家となっており、帰国後まもなく寺を退いて、その後はいずれの仏寺に入ることもなく画家としての一生を送ったという。人物については詳しい資料が残っていないものの、のちに足利幕府のお抱え絵師となった宗湛《そうたん》が「周文の例に倣って」幕府に仕えたと述べたともいわれ、そこから周文は、唐絵作家として幕府の絵師となった嚆矢であろうと考えられている。正史に彼に関する記載が残るのは嘉吉三年（一四四三年）が最後であって、その後の消息は不明である。また真筆の確認も推定の域を出ないが、中国の模倣にとどまっていた水墨画を日本風に変成しなおした功績を周文に求める見解には異論がなく、そこから周文こそ日本水墨画を成立させた人物であると今に伝えているわけである。

それにしてもこの時期は、中国では明が北京に遷都したものの、北方のモンゴルとの闘争に明け暮れていた成祖永楽帝が遠征中に死亡するというときである。鄭和《ていわ》の南海遠征などによる広大な版図への眺望も宮廷内の抗争によってついえ去り、やがて海外との交渉も禁ぜられるにいたった。すでに十四世紀の後半には「ティムール帝国がモンゴル帝国の再興の旗をかかげ、草原帝国の復興をめざしたのに対し、明帝国は、中国から〈胡風〉（海外文化）を排して伝統的な〈中華帝国〉を再建し、東アジア世界をユーラシアの大ネットワークから切り離そうとしていた」（宮崎正勝『鄭和の南海大遠征』中公新書）。その後、一五〇五年に鄭和の最初の航海があり、やがて来貢する国も三十数ヵ国をかぞえるにいたり、明の造船技術も世界第一の規模を誇ったものの、それがふたたび海禁政策へと回帰してしまうのである。したがって明は朝貢船以外の外国船の交通を原則として容認することがなく、室町幕府の遣明船も、この形式にならっていた。遣隋使・遣唐使の時代からはるかな時を超え、足利義満が明との国交を開いた一四〇一年以来、この国交政策は途絶えることがなかったとはいえ、それはきわめて細い線にすぎなかった。

しかし室町時代の美術の流れを見るかぎり、そのイメージの中心は禅宗美術であり、そのなかにたゆたっている唐物趣味である。もちろん系譜として見れば、鎌倉時代から南北朝時代にかけて流入してきた宋元画がベースになっているけれども、むしろこの時期は唐時代の影響を脱して日本独自の画風を開いたことから、それまでの唐絵という語を排して「漢画」と呼び、とくに南宋の様式をとりいれて狩野派にまで連なる一大流派を築いていくのである。とはいうものの、どうして周文は中国ではなく朝鮮に渡ったのか。この周文に教えを受けた雪舟は、応仁元年（一四六七年）の遣明船に陪乗し、三年間を北京に学んで多彩な画法を身につけている。おそらくは彼の地でアジア最先端の文化を満喫しながら、めざましい絵画の冒険を夢見たことだろう。日本では応仁の乱がはじまり、世は戦国時代になだれこもうというときだったが、一方の明では稀代の地誌である『大明一統志』が完成しており、誤謬が多いとはいうものの、みずからの世界図をはるか彼方にまで見通していた。この距離感を、雪舟はおおいに楽しんだにちがいない。ならば、彼の師である周文は、どうして万難を排し、明の地をめざさなかったのだろうか。

残念ながら、その理由は知るよしもない。あるいは推測しうるのかもしれないが、ここで詮索しきれるものでもない。ぼくとしては、はたして周文は次善の策として朝鮮へ渡ったのか、その理解に疑いの目を向けたいのである。

日本にとり、明が当時のもっとも強大な隣国であったことはいうまでもないが、それ以上に大きな文化的影響を直接に投げ込んできていた世界は、なにより朝鮮半島ではなかったか。この半島にあって、高麗を滅ぼして新たな国を建てた李成桂《イソンケ》はみずから太祖と号し、一三九二年、その王朝にはじめて「朝鮮」の名を与えた。以来、日本の侵略・併合によって地上から消滅させられる二十世紀初頭まで、五〇〇年の長きにわたって李氏朝鮮の王朝が栄えた。この王朝は、建国当時こそ内外に国を危うくする事態が続き、清朝中国への臣服を余儀なくさせられる時代もあったけれど、王朝の全期を通じて朱子学の理念にもとづく文治主義を貫き、グーテンベルクにはるか先だって活字を鋳造したり、まったく新たな文字体系である諺文《オンモン》（ハングル）を制定するなど、文化史的にはきわめて特異な位置を占める国家を形成していたのである。もちろん貴族的な文人重視の体制は深刻な階級差別を生んだし、近代にいたって列強各国の植民地化をこうむり、いまなお南北分断の悲哀を舐めざるをえない事態にあることは、歴史の教えるとおりのことである。

だからといって、李氏朝鮮のはぐくんだ文化の異常なまでの高さを無視していいということではあるまい。それを日本は仰ぎ見ていたのだし、だからこそ豊臣秀吉は、いわゆる「文禄・慶長の役」（これを朝鮮では「壬申倭乱《イムジンウェラン》」、中国では「万暦朝鮮役」と歴史的に呼ぶ。一五九二／九八年）を、あえて開始したのではなかったか。しばしばこの戦争（侵略）を、俗に日本では「やきもの戦争」と呼ぶのも、この戦争が文化の略奪をめざし、日本に足りない文化の技術者（陶工、織職人）の連行が主要な目的のひとつとして銘記されていたからである（拙著『アジア言遊記』大修館書店、を参照されたい）。

周文から数えて一七〇年以上も後のことではないか。一人の画僧が渡朝してから二世紀近い時を経て、なおも文化を求めて双方の国家を傾けるほどの戦争を朝鮮にしかけ、無数の兵士・民衆の死や悲惨を踏みにじって日本に陶芸の技術が導入されたのである。ここに壬申倭乱の意味を云々する余裕はないけれど、ひとり周文という僧侶が朝鮮に渡り、絵画を学んで日本に新たなイメージ世界を開いたという事実は、はっきり経験の場としての朝鮮を彼みずからが選び取ったのではないかという可能性を暗示するはずである。

たとえば『古事記』を、さらには『日本書紀』などを見ればよい。新しい文化はみな朝鮮半島からやってきている。ぼく個人の予想からいえば、中国のインターナショナルな経験と感覚は、朝鮮文化の豊かなフィルターを通さなければ日本のなかに定着しえなかったのではないか。半島の文化人たちは、ただの媒介者ではない。その世界は日本と中国の「あいだ」ではない。少なくとも中世の日本にとっては、李氏朝鮮こそ本当の教師だったのである。幼い日本の文化にとっての規範であった。そのことを、いずれはアジアという大きなスパンで語ってみたいと思う。

こうしたことを書き連ねたのは、ひとつの希有な美術展に触発されてのことだ。それは山口県立美術館で開かれた『高麗・李朝の仏教美術展』という「地味な」展覧会のことであって（一九九七年十月より開催）、ことさら「地味」と書いたのは、この展覧会が東京や大阪には行かないであろうこと、仮に大都市で開催されたとしても一般に知られないであろうことを思ったからである。そこに展示されているのは、誰でもが見すごすようなありふれた仏画であり、とくにハングルが見えている数点については朝鮮半島の制作とわかるものの、その他の展示物は、仏教美術の専門家以外には、それが高麗から李氏朝鮮時代にかけて制作された彼の地での作であると知ることのできない、きわめて微妙な作品が並んでいるからである。そして事実、こうした作例に列する多数の作品が、いまもなお「国宝」とかなんとか、いまさら朝鮮の作品であるといいだせないものが日本の各地に多数あることを思い出させるからである。

あれこれ理由があって一息に述べきれないのだが、この展覧会の意味するところは大きいと思う。この文章が掲載されるころには展覧会も終わっているはずで残念至極だけれど、関心のある方は一度なりとも山口に足を運んで、そこから各在所に動いていただきたい（山口県立美術館に行けば、きわめて貴重な本展のカタログが入手できるだろう）。

さて雪舟は日本に帰国してのち、現在の山口を中心に居住しながら各地を放浪し、その生涯を終えたという。どうして山口なのだろうか。その居住の意識には、明に留学したからこそ知っている朝鮮との距離感が響いているのではあるまいか。中国のみを見つめて、朝鮮を忘れてはならない。

（1998・1）

Dichtung und Wahrheit

田中克己が詩篇「西康省」を書きあげたのは、その死後に編まれた潮流社版『田中克己詩集』の年譜（長島康博作成）にしたがえば、一九三四年（昭和九年）の三月、克己二十三歳の春であり、それは「一夜に成る」ものだったという。その詩は四連に分かたれる一三八行、いまは地上に存在しない中国の省を歌う。

西康省は、チベット高原と四川盆地とにはさまれる空間に設置された省で、一九二八年に省都を康定に置いて定められたが、一九五五年に廃止された。わずか二十八年間を記された地名である。康定の旧名は打《だ》箭《せん》炉《ろ》、古来よりチベット民族の住まう地であって、その名の由来は諸葛亮すなわち孔明が、ここに箭（矢）の製造所を建てたという故事による。もちろんこれは伝説にすぎず、元の時代を迎えるまでは中国の影響圏の外にあったと思われる。元代に入ってこの地に土司《どし》が置かれた記録があり、土司とは地方の酋長に与えられた官職で、それまでの慣習にしたがった自治を許す制度でもあったから、この清代までつづく制度のなかで、康定は、ゆるやかに地方の民俗を守って残ってきた都市であろうと想像がつく。その位置関係からもわかるように、この都市はチベット＝四川間の交通の要路となり、明代には茶馬貿易（いわゆる西南シルクロード）の交易場として栄えたという。だが、ということはアヘン戦争（一八四〇年）によって顕在化する茶の利権をめぐる闘争と、その結果として生ずる中国の植民地化への傾斜は、この遠隔の地にも激しい風となって吹きよせてきたことだろう。こうして康定は、一九〇八年に府となり、一三年には県となった。つまりは中国が疲弊するのと反比例するように、貿易にかかわるこの地方は拡大していったのだ。そうして西康省の設立とともにこの都市が省都となったわけである。ならば、どうして田中克己は「西康省」を詩に歌おうと考えたのだろうか。

田中克己が詩への情熱に駆られたきっかけは、なにより十七歳にして大阪高等学校文科乙類に合格し、親元を離れての寮生活に入ったことが重要である。年譜には「同級には後のコギト同人となる主要メンバーが揃った」とある。すなわち一九三二年（昭和七年）三月に創刊され、およそ十年間の困難な時代を走り抜けた文芸誌『コギト』の面々が、このクラスに顔を揃えていたのだ（廃刊は一九四四年）。この偉容をして「ロマンティック学級」と呼ぶ人もいるわけだが、すでに田中克己は詩の創作ノートを作りはじめ、やがて一九三〇年、先輩から『璞人《ぼくじん》』という短歌雑誌を引き継いで誌名を『炫火《かぎろひ》』と改め、それを田中は湯原冬美とともに編集した。湯原とは、すなわち保田與重郎《やすだよじゅうろう》である。こうして田中は少しずつ詩を書きはじめたのだが、同じ年の十一月、保田與重郎と竹内好《よしみ》を中心とした大阪高等学校ストライキ事件が起こり、その批判精神にあふれる若い行動は失敗に終わったものの、かえって同人たちの結束が固まったという。とくに田中が保田の影響を受けてアララギ派の詩歌や中野重治の著述に親しんだことなどは、のちの『コギト』への底流をなすものだろうか。翌年、田中は東京帝国大学の東洋史学科に入学、たとえば朝鮮史・満州史の権威であった池内宏などの講義に列している。そして彼は左翼文献を読みあさるが、それはこの年に勃発した満州事変と無縁の意識ではあるまい。

そして三二年、旧『炫火』同人を結集して『コギト』がスタートした。発行人は肥下恒夫《ひげ》、編集には田中克己、保田與重郎、肥下があたり、やがて伊藤佐喜雄、伊東静雄、中島栄次郎、小高根《こだかね》二郎などの参加も見て、日本ロマン主義文学の代表的な文芸誌となってゆく経緯は、ここにあらためていうまでもない(『四季』や『日本浪漫派』の同人も寄稿した)。ドイツ・ロマン派、とりわけシュレーゲル、ヘルダーリンの影響のもと、マルクス主義文学解体後の新たな文学世界を求め、大きく民族的な古典美へと傾斜してゆく彼らの文学運動は、その意味ではきわめて時代的な焦燥と見あう流れだったといえるだろう。田中は北園克衛《かつえ》と親交を結ぶことでモダニズムにも接近していったが、やがて台湾を旅行して資料を収集し、卒業論文として「清初の支那沿海」を書きあげた。おそらく、次第に『コギト』とは距離を置きはじめていたのだろうか。このとき彼は一息に「西康省」を書きあげているわけだが、やがて新聞社への入社に失敗、失意のもとでノヴァーリスの遺稿小説の翻訳をはじめ、それが二六年に『青い花』として上梓された。田中は「日本浪漫派」の旗揚げに誘われることもなく、堀辰雄の『四季』などに依頼された詩稿を書きつづるかたわら、手書きによる「田中克己遺稿集」をひそかに準備していたという。

いまここで、以後の田中克己の活動を細かく追うことはしない。ドイツ文学と中国文学に精通する希有な学者詩人としての生涯であったが、一九九二年に没した。その西洋と東洋の詩的邂逅という風情は、第一詩集『西康省』(一九三八年刊)の簡潔な詩句からもみなぎっている。

しかし、ならばなぜ西康省なのか。詩の冒頭にいう。

鴉瀧江《あろうこう》とブラマプトラ河との間に挾まれ
海拔一萬二千尺の高原
そこから二世紀には羌《きょう》族が降りて來
七世紀には吐谷渾《とよくこん》
十世紀から西夏の國が出來
帛《きぬ》と幣《たから》とが馬で送り入れられた
忽必烈《フビライ》は此の地を坊主に與へ
達賴喇嘛《ダライラマ》がそれ以後山や谷を領した。

このような地誌から書き起こし、民族、宗教、植生や土地の生業の数々、あるいは生活経済の数字を数えあげる。詩としては、いささか風変わりではなかろうか。この詩の末尾には「一九二九年に書かれた陳重爲氏の『西康問題』（上海中華書局發行、史地叢書）に負ふ所が多い」とあり、この地の歴史や経済の現状をつぶさに参照したであろうことが想像される。そして彼の地の統計を得てのち、西康省の人々の財産は計りうるかと述べてから、なんと

英人韋爾氏は一九二一年これをなし

彼らの土地は一二九、七〇〇、〇〇〇、〇〇〇、〇〇〇、〇〇〇億元
彼らの森林は一八〇、〇〇〇、〇〇〇、〇〇〇、〇〇〇億元
就中《なかんずく》大きいのは石油と金と胴で
石油は七二〇二五（〇を十七此《こ》の下にくつつける―億元）
金は二一五九〇（同右）、銅は三四五二〇（同右）
故に彼等は今は貧乏であるが
何時か金持になるに違ひない。

と書くのである。さらに支配層の税の収奪率、地税や鴉片《アヘン》からくる利益率などを百分率でしめし（たとえば「喇嘛の収入は祈禱から來るので、長壽祈禱で10％、幸福を祈つて10％、／失ひ物を當てるので15％、厄落しで同上……」といった具合）、兵役の現状を述べるにいたる。これが最初の八十一行。

そして次の連の二十九行では、さまざまな土俗と法律の関係、あるいは地方独特の病気の存在を語り、あるいは現代の律法に抗する民族の意識を語りだそうと試みているのだが（「併《しか》し彼らは刑を受けることを恥辱とせぬ／彼らは十人の中九人が罪を犯し、一人で一年に五回の刑を受ける者がある」）、そののちようやく詩人がみずからの姿をあらわすのである。一種の詩的フィクションのなかに。

千九百三十……年　僕は二十二歳で南京の大學に居り
僕の思索は専《もっぱ》ら感傷に妨げられた

その頃イギリスの帝國主義は西藏《チベット》を侵し
ソヴィエートの社會主義は蒙古や支那土耳基斯坦《チャイニーズトルキスタン》を侵してゐた

そこで「僕」は孫文の三民主義にしたがって西康省を建設すべきことを「良心に命ぜられた」。そして「それは専ら兩大國の侵入の防壁となるべきものであつた」。ここから「僕」は省政府を組織し、政治機構を、経済組織を、社会の隅々までの保安と教育とを「僕の計畫では下から持つて來られる筈であつた」。妄想にも似た十九行と見える。
そして最終の九行がつづく。

その頃日本が滿州に出兵し
大學生達は軟弱外交を攻撃して蔣主席に抗議に出かけた
そして大學生達は髮の毛をもつてふりまはされ靴で踏みにじられた

ここにきて初めて、二十二歳の「僕」は中国人の一学徒ではないかと見えてくる。そして大学生たちは戦地に送ると脅かされ、叫ぶことをやめ、あるいは叫び方を変えた。

僕の建設計畫は愈々《いよいよ》熟したが
それはもう遠い西康省よりも近い西康省に向けられたのだつた

自分達のまはりは凡《すべ》てが西康省であるから

これが最終の三行である。するとこのとき「僕」はひとりの中国学徒なのかもしれないが、この叫び、まわりすべてが西康省と化してしまったという自覚は、より広く共有すべき自覚として響きだすのである。いまこの詩の主張を批判することはたやすいが、時代のなかに送り返して考えてみなくてはならない。竹内好の一九四〇年の日記に、次の微妙なくだりを読むことができる（『竹内好全集』筑摩書房、第十五巻）。

田中克己からも先日あいたいと云ってきた。今は『コギト』に対し頗《すこぶ》る平静な気持で居るから、逢っても平静に話が出来るだろう。素直にあいたい気持でいる。

この詩のエピグラフとして、本稿の表題としたドイツ文が掲げられている。「詩と真実」（ゲーテ）の意である。

（1988・2）

もうひとりの悟空

いまさら悟空という人物が誰であるかを語りはじめる必要はないだろうし、もしも『ドラゴンボール』の悟空とまちがえる人がいるにしても、やがては嫌でも孫悟空を知るにちがいない。ぼくが生まれてはじめてみたアニメ映画は『悟空の大冒険』であったし、たしか最初に買ってもらったマンガ本も少年画報社の『孫悟空』ではなかったか。さらに悟空をめぐる詳細を知りたければ、中野美代子氏の数々の著作『孫悟空の誕生』『西遊記の秘密』(いずれも岩波現代文庫)あるいは『孫悟空はサルかな?』(日本文芸社)などを読まれるべきだし、なにより中野氏の手になる珠のごとき『西遊記』の原典訳を手に取られたい(岩波文庫)。と書いてみても、本誌の読者にして『西遊記』に触れたことのない人が存在するものかどうか。いわずもがな。

さて、ここで触れようとする悟空は、サルでもなければ雲に乗って空駆ける超人でもない。むしろ大地を這うようにして困難な道を踏み、病いを得ては死に瀕する生身の人間なのである。ここに、いまひとつの「西遊記」をたどってみよう。

ときは大唐貞元《じょうげん》の時代である。ということは紀元七八五年から八〇五年、いまから一二〇〇年ほど昔ということになるが、ここに仏典「仏説十力経」の漢訳が成ったのである。十力とは仏に存する十種の智力（*bata*）の意で、それを列挙するなら、道理と非道理を見分ける力、業《ごう》と果報を知る力、もろもろの禅定《ぜんじょう》〔瞑想して真理を観る法〕を知る力、衆生《しゅじょう》の機根《きこん》〔修行する能力〕の優劣を知る力、衆生の望みを知る力、衆生の本性を知る力、衆生が地獄や涅槃《ねはん》にいたる原因を知る力、自他の過去世を思い起こす力、この世で死んで来世に生まれることを知る力、煩悩を断じた境地とそこにいたる道を知る力、この十種である。ここにいう悟空とは、この仏典をインドから将来し、貞元年間の大蔵経（貞元蔵経）に「廻向輪経《えこうりんきょう》」「十地経《じゅうじきょう》」とともに新訳・編入した実在の人物にほかならない。しかも、この経典で高名なのは、その経典そのものよりも悟空の行跡を伝える序文であって、これが「悟空入《にゅう》竺《じく》記」として世に知られるものである（『大正新脩大蔵経』紀行篇に収める）。シルヴァン・レヴィとシャヴァンヌによる仏訳（一八九五年）から西欧にも高名である。

その序文はこうはじまっている。

ここに収める経典は、天子の住まわれる都の章敬寺の沙門《さもん》である悟空、本名を法界という者が罽《けい》賓《ひん》に使いをしたとき、インド中部にいたって得たものである。

ここにいう罽賓とは、当時の中国地誌に習っていえば、北インドの迦濕彌羅《カシミラ》國、いまにいうカシュミールである。その風土は「周囲七千余、四境山を負う」というものであって、また、一説には現在のアフガニスタンに近いとする人もいるが、いずれにせよ中央アジアの奥深く、ガンダーラ王国の名残をとどめる聖地であった。

つづいて悟空の人となりが語られる。その要点を記すと、

悟空は、もともと京兆（長安）は雲陽の人である。その郷は青龍と号し、里は嚮義《きょうぎ》といった。俗姓は車氏、字《あざな》は奉朝という。後魏の拓抜《たくばつ》の末裔であると伝えられている。その生年は開元十九年（七三一年）であった。生まれながらにして聡明であり、書籍や古跡を尊んだ。家では親孝行であり、国にたいしては忠義を篤くした。玄宗皇帝のとき（在位七一二〜七五六年）、唐はおおいに栄えてさまざまな国が臣下となり、周辺の夷人国も頭を垂れた（八表称臣、四夷欽化）。このとき罽賓国から唐に使いがあり、その首長である薩波達幹《サッバダカン》と三蔵舎利越魔《シュリヴァルマン》がやってきた。ついに天寶九載庚寅の年（七五〇年）、宮廷に参内し、和を求めて唐からの使者を望むのであった。翌年になって皇帝は使いを立てる決意をし、張韜光《ちょうとうこう》らに勅して四十人あまりの使節団をおこし、なかに悟空も含まれたのである。そして安西路を通って疎勒国（カシュガル）にいたり、パミールの山塊を越え、三年の行程を経て、ついに十二載癸巳（七五三年）二月二十一日、ようやく乾陀羅《ガンダーラ》国に到着したのである。

このように悟空は仏教僧としてではなく、下級官吏としてインドに向かう一行に加わったのである。

こうして悟空、というよりは、まだ一介の若い役人たる車奉朝としてなのだろうが、彼は初めて見る異国の風景に酔いしれたことだろう。王に接見し、無事につとめを果たした一行は帰国の途につく

のだが、しかし悟空はこの旅先で重い病いを得ることになってしまった。なかなか病いは癒えず、ついに使者の一行がガンダーラを去るときにも起きあがることのできないまま、一人この地に残ることとなった（奉朝當爲重患。纏綿不堪勝致。留寄健駄邏國。中使歸朝後漸痊平）。しかし奉朝は、この不運を一種の仏縁と見たのだろうか。病いが癒えたときを得て彼は仏教への帰依を決心し、三蔵舎利越魔の教えのもとで剃髪、出家したのである。西暦にいう七五七年、彼は二十七歳になっていた。こうして彼は師によってサンスクリット語の法号を得た。いわく達摩駄都《ダルマダートゥ》（Dharmadhātu）であって、これを漢語に訳して「法界」というわけである。本名となす所以《ゆえん》である。

それ以来四十年を悟空はインド遍歴に費やした。その旅の詳細をたどる余裕はないが、インド各地の学問寺をたずね、言語を学び経典を学んで、各地の聖所を巡歴して歩いた道筋は、おおよそインド全土に広がるものと思われる。まずはカシュミールとガンダーラに約二年を滞在し、そこから中部インドに向かって巡礼してナーランダー寺にいたり、玄奘《げんじょう》も学んだこの高名な学問寺で悟空は三年をすごしている。ここで彼はサンスクリット語を深め、多くの経典に接したのだろう。さらにここから各地を巡礼して、ふたたび舎利越魔のもとに帰っている。やがて彼は師に帰国の許しを願い、このとき三蔵から「梵本十地経」「廻向輪経」「十力経」を授けられた。また師は彼に仏舎利［釈迦の遺骨］一牙も与えている。東方に仏教を伝えよとの意志であろう。

こうして得た経典を携えて、悟空はまず海路をめざした。しかし海は荒れ、彼の行く手を阻んだ。そこで悟空は道を北方にとることとし、トハラ国などを経由しながら中国をめざした。いまにいうシルクロードのルートである。そしてふたたびカシュガルにたどりつくまで三年という月日を要した。

そうしてホータンを越えて、ようやくかつて踏んだ道である安西路に合流するのである。

歴史上、中国から西域に仏典を求めて旅した僧は数おおく、その系譜からいえば悟空は最後の入竺僧であったともいえる。三世紀の中葉に朱士行《しゅしこう》という人物や祖先を月氏にもつ帰化人の竺法護《じくほうご》(Dharmarakṣa) が西域を遍歴し、おおくの仏典を入手して翻訳しているが、彼らの活動範囲は西域にとどまる。

記録上で初めて西域を越え、パミールの険阻な山越えをしてインドにいたった人物は、まさしく法顕《ほっけん》である。彼は六十四歳となった隆安三年(三九九年)、仏典の不備であることを嘆いて弟子たちとともにインドに出発したのだが、ついに中国に帰り着いたのは法顕ただ一人、十三年四ヵ月の後のことである。この旅のあらましは『法顕伝』(長澤和俊訳、平凡社、東洋文庫)に詳しいが、なんともすさまじい旅である。後に法顕はこの旅について「いま顧みて経過した処を尋ねてみると、思わず心は動き汗が流れる」と語っている。よくまあ苛酷な旅をしたものよ。

以後、かなりの僧がインドをめざしたが、ついに六二八年、玄奘が国禁を犯してインドに旅立って往復十八年にわたる求法の旅をなしとげたとき、中国仏教の大綱は成ったのである(『大唐大慈恩寺三蔵法師伝』〈慧立《えりゅう》/彦悰《げんそう》『玄奘三蔵』長澤和俊訳、講談社学術文庫〉および『大唐西域記』〈水谷真成訳、平凡社、東洋文庫〉を参照されたい)。この稀有な旅と『西遊記』の関係などいまさらいうことでもないが、悟空の旅が玄奘が帰国してからさらに百年の後にはじまっていることは、ここに確認しておこう。

悟空が最初に海路をめざしたのは、法顕が海路で帰国したことや、義浄や慧超《えちょう》といった近年の入竺僧が海路でインドに渡っていることを知っていたからだろうが、それにしてもあらためて危険な陸路に方向転換するという決意は、インド世界を熟知していたはずの悟空にとって大変な意味をもっていたのではないか。だからようやく安西城に入ったとき、悟空はようやく中国の香りを感じ取って深い感慨を得たはずである。

この城塞都市の西門の外に蓮花寺という寺があり、そこにいた亀茲《クチャ》国の僧である勿提提犀魚《（音訳不明）》が「十力経」の訳出を悟空に求め、そこで一年をかけてこの経典を訳し、また現地の僧に願って他の持参の経典の訳出もおこなっている。そしていよいよウイグル・ルートに足を運んだとき、中国の中使である段明秀と邂逅し、貞元六年（七九〇年）二月、ついに悟空は長安へと帰り着いた。彼は勅を受けて仏舎利と訳した経を朝廷に納め、長安の章敬寺に入って、ここで初めて悟空の名を朝廷から賜ったのである。だから彼の旅は法界の名でおこなわれたのだが、その生涯は悟空の名で記録されることになる。朝廷の記録には「安西路を来た無名の僧に悟空という者あり。年六十、旧名を法界という」と伝える。

こうして「もうひとりの悟空」も中国に帰還したのだが、彼が帰国を願ったその理由は、すでにない両親の菩提を弔うことにあった。悟空は朝廷に経典を納めるとすぐさま雲陽に帰り、それ以後、彼に関する記録は存在せず、その没年も不明である。

（1998・3）

II

古代の門を犬が駆け抜ける

また旅をして、ベルリンを歩いていた。なぜかベルリンは初めてなのだが、ぼくの本来の主題のひとつである古代オリエント美術の重要なポイント、ペルガモン美術館を訪れることが大きな目的だった。なるほど、すごいところだった。ペルガモンとは、小アジア西部にあった古代ヘレニズム都市の名で、かつてのミュシア地方に存在した王国の名でもある。すなわちアレクサンドロス大王が没してのち、その莫大な遺産を委譲されたアッタロス家がセレウコス朝から独立し、この地に王国をかまえたのである（前二八三～前一三三年）。この王国は科学と芸術を振興したことで知られ、都市計画のみごとさと、アレクサンドリア図書館と並び称された大図書館の存在が有名である。その都市の遺構は、いまもトルコのベルガマに見ることができるが、その中心にあるべきゼウス大祭壇がトルコにはない。ベルガマには何度も訪れていて、遺跡をつぶさに歩いているのだが、ゼウス神殿のあるべき場所に立つと、ああ、この神殿はベルリンにあるのだなあと何度も思ったことである。この地は長くドイツ考古学調査団が発掘しており、一八七九年にコンツェらがトラヤヌス神殿を掘り出し、一九三〇年代にかけて持続的な調査がおこなわれ、デメーテール神殿、セラピス神殿、アゴラ（広場）や劇場なども見いだされた。いまベルガマの街の高みに立って古代都市の全貌を眺めれば、二二〇〇年前の大都市の大きさを実感できるだろう。

このユーラシアの西の果てに大都市が興隆していたころ、中国では孟子や屈原の時代であり、周が秦にほろぼされている。すでにアレクサンドロスはインドまで駆け抜けているが、まだ東西は本格的な邂逅を見るにいたっていない。とはいうものの、バクトリア王のメナンドロスが仏教僧のナーガセーナと哲学問答をおこなったのは前二世紀のことだから（『那先比丘経《なせんびくきょう》』）、すでに東西の両雄はお互いの存在を熟知していたにはちがいない。

またペルガモン美術館には、やはり小アジアの地中海に面した古代都市、ミレトスの市場門も移築されている。マイアンドロス河の河口にあったこの都市は、複雑に蛇行する河の流れを受けた深い入り江の丘に立っていた（この河の名からギリシア雷文 meander の名称が生まれている）。いまこそ入り江は干上がって平野となっているけれど、その平野を海に見立てて脳裏にエーゲの深い青を流し込むと、ミレトスこそが古代ギリシア哲学発祥の地であると実感できたものである。すなわちタレス、アナクシマンドロス、アナクシメネスという万物の根源をピュシス（自然変化の原理）に求めた一元論的自然哲学の生まれた場所がこの都市なのである。

この地は紀元前四九四年、ペルシア軍との有名な陸海の闘いを経て破壊されるのだが——この戦争は十数年もつづいた——空想の青い海を見ながら遺跡をそぞろ歩いていると、同じ道を歩いて自然の哲理について考えをこらした哲学者たちのことを思うと同時に、はるか東洋の古代哲学者がやはり世界の意味を追究して深い真理に達していたことを思いださないわけにはいかなかった。彼らギリシア哲学の創造者たちは、まさしく仏陀や孔子の同時代人だからである。

ペルガモン美術館に再建されているミレトスの門は、きわめて簡素にして壮大であり、門の向こう側に開かれていたはずの市場のにぎやかさがしのばれる。ヘロドトスもまた、ミレトスは「イオニアの華と謳われた」と書いている（『歴史』第五巻）。静かな美術館で地中海の大門を見上げていると、これがユーラシアに開かれた門と見えてくるのは、ただの妄想ではあるまい。

さてベルリンで、日本でいうなら新宿か渋谷か、若者が集まる巨大な繁華街であり、風俗産業の拠点でもある動物園駅（ツォー駅）の周辺に足を向けると、じつに種々さまざまな人々が群れ集っていた。ここは、かつてはストリートチルドレンや不法滞在者たちのたまり場、あるいは麻薬と暴力とセックスの街として悪名をとどろかしていた街なのだが（たとえば『クリスチーネ・F』という映画を見られたい）、冬のせいだったかもしれないけれど、さほどの喧噪は感じなかった。ここで交差点の中心に立つ一軒の中華料理店「揚子江」に入ってみた。ベルリンに数々ある高級中華料理店とは違って、いくらか大衆的な感じの店で、入口の階段はセックスショップのウィンドーのあいだにある。街を見おろす窓辺の席に陣取って酢豚（メニューには「古老肉、Schweinefleisch mit süß-saurer Sauce」とあったが、甘酸っぱいソースの付いた豚肉、というほどの意味）などを食べてみたのだが、ここには箸がなく、ナイフとフォークで食べさせられたのには苦笑した。要求すればあったのかもしれないが、まずはこれも経験である。味については語るまい。パリとは違うなあ。

いやいや、なにもベルリンの中華料理について書こうというのではない。たとえば一九二五年の十月二十日、ベルリンのドイツ座でクラブントの戯曲『白墨の輪』がマックス・ラインハルトの演出によって上演され、大変な大当たりとなったのだが、これは元代の雑劇である李行道《りこうどう》の『灰闌記《かいらんき》』を翻案したものであって、日本では大岡〔越前〕裁きの物語として知られるものだった。すなわち、ある婦人が財産目当てに夫を殺し、相続権を得るために妾の子を自分の子であると偽って裁判に訴えるというものである。そこで判事は石灰で一画を区切り、そこに子を立たせ、妻と妾に子を引き寄せたものを勝訴とすると宣言する。しかし、実の母である妾は子の傷つくことを恐れて引かなかったため、これを見て判事は子の本当の母を察するのである。青木正兒《まさる》によれば、この裁判法は西洋でもソロモンの故事にあるので「歐州人が特に此劇に興味を覺えて譯本が出來たものかと想像される」（「元人雑劇序説」）というのだが、クラブントが中国や日本の物語をとくに取りあげたのは「社会の底辺に住む人間の世界のペーソスを歌ったのであって、単なるエキゾチズムではない」（平井正『ベルリン』第二巻、せりか書房）。では、ベルリンは中国になにを見たのか。

中国共産党の設立が一九二一年であり、そして魯迅が『阿Q正伝』を発表したのも、孫文が広州に中華民国政府を樹立するのもこの年だが、やがて二五年に五・三〇事件が起こり、孫文が没して蔣介石が国民革命軍の司令官となるのも二五年である。こうした事態に、当時のベルリンは素早く反応していたのだ。そして王国維が自殺し、武漢政府の崩壊する二七年になると、その動きを後押ししていたイギリスを中心とする列強勢力にいち早く批判を浴びせ、ドイツ共産党はベルリンのメーデーで「中国革命を支援するために結集せよ！　中国の殺人鬼のために一兵も、一丁の鉄砲も送るな！」とのスローガンを掲げた。そして革命レビュー『警報――ハンブルク――上海』が共産青年同盟によって上演されたのである。これが後に『中国から手を引け！』と題されて公刊されるのだが、ここで公園の入口にかの有名な注意書き「犬と支那人、入るべからず」(CHINESEN und HUNDEN/EINTRITT VERBOTEN) があらわれる（原文は犬と中国人の語順が逆）。この題字は劇の最後で「犬と資本家、入るべからず」と書き換えられることになるのだが、この「犬と支那人」という文字は、その起源こそはっきりしないものの、中国を植民地化しようとする日本を含めた列強勢力の姿勢と意識を、のちのちまで象徴化するメッセージとなった。

あるいは、二十世紀初頭の上海を舞台に描かれたブルース・リーの映画『ドラゴン怒りの鉄拳』（原題『精武門』、一九七二年、香港）の一場面を見られたい。主人公が公園に入ろうとすると門番のインド人に制止され、入口の看板をよく見ろといわれる。まさしくそこには「NO DOGS AND CHINESE ALLOWED／内入得不人華《ママ》與狗」とあるのだが、しかしイギリス婦人の連れた犬は平気で公園に入ってゆく。どういうことかとリーが聞くと「あの犬はお前とは種類が違うのだ」と門番は答える。そして日本人に、四つん這いになれば連れていってやろうと言われて、リーは日本人を叩きのめしたあげく看板を蹴り割ってしまう。そうして彼は、日本の官憲に追われる身となるのだ。ここではあえて「支那」の語を使った次第だが、一九二〇年代のドイツがいかに中国に注目していたか、その片鱗をベルリンの街角に、酢豚の向こう側に求めてみたのである。

いまドイツ各地でベルトルト・ブレヒトの生誕百年を期した催しがいくつも開かれ、さまざまな研究書の刊行やポケット版全集の改訂もおこなわれているが、そのブレヒトに『コーカサスの白墨の輪』（一九四四年）という作品のあることは、ここで思い出しておいてもいいだろう。

かつてミルチャ・エリアーデは、孫文の革命こそが西洋史にアジアが流入するモメントであり、その契機こそ「ヨーロッパ人だけが〈歴史をつくる〉唯一の民族ではもはやなくなるとき」(『イメージとシンボル』前田耕作訳、せりか書房)であったと指摘している。公園への入場を制限されていた中国人が立ちあがろうとするとき、それは博物館に封印された過去の記憶としての歴史ではなく、みずからの歴史の再創造がいきいきと開始されるときなのだろう。古代ギリシアの哲学者たちは、その門にどのような語を掲げたことだろうか。開かれた門には、開かれた意識こそふさわしい。

犬であれ人であれ、この門をくぐり、我にものをこそ語れ!

(1998・4)

山水画革命

中国の絵画といえば、まず多くの人々は山水画を思い浮かべるはずだ。とはいえ、あらためて山水画とはなにかと問われれば、なかなか答えを見いだしにくいところがある。美術辞典などの定義によれば「山岳と河水の自然風景を主題とする東洋画の一部門」、あるいは人物画と花鳥画とともに東洋画の三大部門をなすとか、『詩経』以来の自然風景を題材とする山水文学と対をなすともされてきた。ならば、その自然とはなにか。もちろん古代中国のいう自然とは現代の自然観とはほど遠く、たとえばギリシアにいう「ピュシス」以来の自然観、理性＝法（ノモス）の対概念としての自然とは対極にあるといって過言ではない。たとえばマイケル・サリヴァンは『中国山水画の誕生』（中野美代子・杉野目康子訳、青土社）のなかで、その自然観の意味を端的にこう表現している（「まえがき」）。

中国の山水画家は、ただたんに自然の外観や目に見える姿を描写しているのではなく、自然に内在する生命と、自然を支配する調和をも描写しているのである。それゆえ、その作品はある意味で象徴的である。しかし、ヨーロッパのギリシア・ローマ時代の風景画が象徴的であるというのとは、意味を異にしている。中国山水画の場合は、詩的隠喩や神話的隠喩がほとんど使われていないために、もっとひろい、もっと曖昧な意味において象徴的なのである。つまり、中国の山水画は、岩や木、あるいは山や川ということばをとおして語られた、中国人の人生観そのものにほかならない。

いわば論理的に構築された世界観、記号の体系に再配備できるような象徴空間ではなく、それじたいが生命を呑みこみ吐き出していくような運動体、体系にとらわれることのない、変幻自在でアナーキーな象徴そのものであるということなのだ。サリヴァンのいう人生観という語は、これを宇宙観と読み替えてもいいだろう。

また、しばしば山水の世界は神仙思想と結びつけられるが、なかに五代の梁《りょう》の荊浩《けいこう》（字《あざな》は浩然《こうぜん》）の選になる山水画論として『筆法記』という奇妙なテキストが伝わっている。宋代にはいると『山水訣《けつ》』とか『山水受筆法』の題でしばしば画論に引用されるものだが、全体は物語めいた対話形式で書かれている。偽書との説もあるけれど、その当否はともかく、おおまかな内容は以下のようなものである。

河南・河北から山西省にまたがる大山脈である太行山の南麓に渓谷があり、荊浩はここに隠棲してわずかな田畑を耕しながら自然と交わるように生活していた。そこから彼は洪谷子《こうこくし》と号したのだが、山に登り、岩場を廻り、老いたる松や急流の瀬音と対話し、数万にのぼる絵を描いては真に迫ろうと試みていた。あるとき山中でひとりの老人と出会い、問われるがままに自分の生活の理想を述べた。すると老人は「あなたは筆法というものをご存じか」と語りかけた。野人としか見えない老人に筆法を問われて、荊浩は侮《あなど》ったのだろう。それから老人の語るところを聞いて、深く恥じるところがあった。老人はこう語ったのだ。

叟《おきな》曰く……夫《そ》れ、画に六要《りくよう》あり。一に曰く気、二に曰く韻、三に曰く思、四に曰く景、五に曰く筆、六に曰く墨なりと。［荊浩の］曰く、画は華なり。但《た》だ似《じ》を貴《とうと》びて真を得《う》。豈《あ》にこれ撓《みだ》れんやと。叟曰く、然《しか》らず。画は画なり。物象を度《はか》りて其の真を取る。物の華は其の華を取り、物の実は其の実を取る。華を執《と》りて実と為すべからず。若《も》し術を知らずんば、いやしくも似にして可なり。真を図《えが》くこと及ぶべからずと。

いわずもがなの注釈をしておくなら、ここに見えている語の「画」と「華」は同音［huà］であって、この両語の対比は中国でしばしばおこなわれているが（やはり同音の語である「話」も忘れてはならない）、この「華」は外観、すなわち直接的＝経験的、視覚的＝触覚的な事物イメージといえるだろう。だから「似」を、そのまま「似ていること」ととらえれば、とりあえず荊浩の対話はこう解釈できる。

老人のいう六要の規定にたいし、荊浩はいう。「絵画の対象とは世界の外観にほかならないのだから、事物や風景を忠実に写生することで真理を獲得できるはずだ。どうしてこの姿勢の乱れることがあるだろうか」。しかし老人はこういった。「それはちがう、絵画は絵画なのだ。世界の物事をおしはかって真理をつかむべきである。事物の外観についてはその外観を判断しても、本質については本質についての判断があるものだ。外観をとらえて本質だと見誤ってはならない。だから絵画の技法と思想に精通していない人だと、ただ外観をとらえて、それで充分だと考えてしまいがちだ。そんな人に真実を描くことなどできようはずもない」。この文章は、そんなふうに読めるだろうか。

　ぼくのように西欧絵画の研究から出発した者にとって興味ぶかいのは、荊浩の意見が、どこかプラトンの批判したミメーシス（模倣）と類似していることである。プラトンは『国家』のなかで、人間はイデアの不完全な写しにすぎない現象世界を前にしているのに、さらに不完全な写しとして世界をとらえようとする芸術（絵画）は、イデアから二重に遠ざかっているではないかと批判したのだ。しかし荊浩の出会った老人は、見えるがままの世界（華）と本質的な世界像（実）との隔たりを認識すべきだと説き、その隔たりを架橋するものこそが筆法という「技術」の意味であると語っているかに見える。プラトンの議論が直列的なイデアとの距離を測っているのにたいして、荊浩の老人は世界の二重構造を連絡するまなざしを暗示している。ここでプラトンとの類似をいってみたのは、現象世界（あるいは「自然」といってもいいが）と向きあう人間という普遍的な人間像にたいして、その向きあいになんらかの姿勢を見出そうとする思想（あるいは「文化」といってもいいが）の差異の大きさを浮きたたせたいと考えたからである。

　さて、この『筆法記』にこめられた思想をめぐって、新藤武弘は「有筆有墨論」の存在を強調している（『山水画とは何か』福武書店）。有筆有墨とは、古来からの伝統である筆の線を中心とする画法に加えて水墨のぼかしを活用する技法であって、これは九世紀中唐の「前衛的な絵画表現」であったという。荊浩は「筆」については八世紀前半の画家である呉道子《ごどうし》を意識し、速度のある自由闊達な筆づかいを用いたらしい。また「墨」については、天台の隠者として知られた項容《こうよう》に学んだというが、さらにその淵源は王墨《おうぼく》という画家にさかのぼる。王墨の技法は「潑墨《はつぼく》」と呼ばれるもので、伝説的な話だけれども、王墨が酒に酔って画面に墨を潑《そそ》ぎ、大声でわめきながら筆や手でその墨をひろげてゆくと山や雲のイメージがあらわれ、それが「あたかも神巧のごとく、俯瞰しても墨で汚した迹《あと》が見えない」といわれた。張彦遠《ちょうげんえん》『歴代名画記』に引かれる王墨（王黙）の逸話には「酔後以頭髻取墨。抵於絹畫」とあるから、酔っぱらったあげくに髷《まげ》ごと頭を墨につっこんで絵を描いたらしい。現代美術の技法やらカンフー映画の酔拳などを連想させる話だが、潑墨は現代の俳画などでも多用されているから、そのはじまりとしてはおもしろい。いずれにせよ、荊浩はこの筆と墨の思想を重ねあわせて発展させたといわれるのである。

またさらに、荊浩は老人の口を借りながら、絵画思想の中核に「気」を導入していることが重要である。先の「画の六要」を展開して、老人はこういっている。

気は心筆に随《したが》ひて運《めぐ》り、象を取ること惑《まど》はず。韻は跡を隠し形を立て、儀を備ふること俗ならず。思は大要を删撥《さんぱつ》して、想を形物に凝《こら》す。景は制度時因、妙を捜《さぐ》り真を創《はじ》む。筆は法則に依ると雖《いえど》も、運転変通し、質ならず形ならず、飛ぶが如く動くが如し。墨は高低暈淡《うんたん》、品物浅深、文彩自然にして、筆に因《よ》るに非ざるに似たり。

気についていえば、心は筆の動くがままにまかせて、その描きだす形に迷いはない。つまりは内なる精神と大自然の理法を一致させることに向いてゆけば、気はおのずとめぐって形をとらえながら、物象の本質に沿って余分を削りおとし（刪撥し）、自由な表現を獲得することができる。気の視覚的なイメージ（気象）をとらえることも、こうした姿勢から可能となるのだ、それが荊浩の提案である。いま荊浩の作品といわれるものに「匡廬図《きょうろ》」（台北、故宮博物院）と「雪景山水図」（カンザス、ネルソン・ギャラリー）が残るけれど、それが真筆であるかどうかはわからない。しかし荊浩の名を冠して伝わった画論の存在は強く影響をもたらして、現代にいたるまで山水画の象徴性を意味づけているのである。こうした絵画思想の転換を仙人のような老人に語らせる発想には一定の文学思想からの影響が考えられるが（藤野岩友『巫系《ふけい》文学論』大学書房）、また一方に「書画同源」という古来からの思想が響きあっていることも重要だろう（『歴代名画記』の冒頭にある「画の源流を叙《の》ぶ」を見られたい）。十世紀前半におこなわれた荊浩の改革を現代に見直すことは、画論としてばかりか世界観の転換として思想史的に興味ぶかいのではなかろうか。

なお『筆法記』については、今関壽磨編『東洋畫論集成』上巻（講談社）などを、『歴代名画記』については岩波文庫版および平凡社、東洋文庫版などを参照した。

（1998・5）

平安時代に辞書を求む

大庭脩《おおばおさむ》の『漢籍輸入の文化史』（研文出版）を読んで、じつにさまざまな発見があった。文字どおり日本に輸入された漢籍の歩みを追う本書は、ひとつの時代のなかで周知である対象ほど、つづく時代のまなざしからは見えなくなるものだと述べ、禁止の対象になった書籍こそ同時代に記録されるけれども、ありふれた書目、常識的な文献はあたりまえすぎて記録に残ることが少なく、かえって後々からは謎となるものだと主張している。柳田國男による民俗学の提唱や今和次郎の考現学、あるいは社会史の思想などが、対象こそ異なれ大庭と類似の視点をもっているが、文献学・書誌学レヴェルでの作業は開始されたばかりのようだ。

本書は『古事記』および『日本書紀』に見える王仁《わに》（『古事記』は和邇吉師《わにきし》）の伝説、小野妹子や初期の留学生たちのおこなった漢籍の将来や、吉備真備《きびのまきび》や山上憶良の読んでいた漢籍について考証することからはじめられている。とくに憶良については、『万葉集』に採られた彼の歌からその読書背景をさぐる研究がすでにあり、憶良が歌を詠むさいに参照した漢籍名が明らかになっているという。それはもっぱら当時の中国の俗書であるらしく、たとえば淫靡《いんび》な戯作小説である張文成『遊仙窟』（漆山又四郎訳、岩波文庫）とか、人相判断の書である『鬼谷《きこく》先生相人書』とかであるらしい（鬼谷先生とは鬼谷子のことで、本名は王詡《おうく》、占いの算命学の開祖）。こうした俗書の参照を、学者たちはしばしば憶良の教養のなさとして非難してきたようだが、大庭はそんな学者たちの態度を批判してこう書いている。

［憶良の］沈痾《ちんあ》自哀文に出てくる書物が多くは敦煌《とんこう》石室で発見されるという事実が大切な意味を持っていると思う。敦煌石室の文献は、ある意味で唐代の世界の断面を見せており、文献に残され、描かれた世界ではなく、活きた当時の社会をパックして今日まで、偶然に残ったものである。だから、敦煌石室の文献は唐代の普通の書の状況を示しているのであって、山上憶良の持っている書籍がそれと合致するのは、憶良が入唐《にっとう》して唐の普通の書籍を入手し読書していたと考えるべきであろう。

通俗的な読書から、はじめて憶良は、するどい生活感をもって人間味あふれる作品を残せたのではないか。たしかに大宝二年（七〇二年）、第七回遣唐使の一員として中国に渡った憶良は大いなるエリートであったが、中国における三年間（一説には五年間）を象牙の塔でのみ過ごしてはいなかったのである。憶良ならではのことではあるが、俗塵のなかから玉石の生ずる好例といえるだろう。

そうした次第で、きわめて早い時代から、日本は多種多様な漢籍を享受していたと想像することができる。文字としての漢字がいつごろ日本に入り、音の体系と和語の記述への応用がどのように整備されていったかについては、じつに多彩な異説があるし、今後の考古学的発掘によって解明される部分も多いことだろうから、いまそれを論ずることはしない。けれども『魏志倭人伝』は日本の記述を「漢のとき朝見する者あり、今、使訳通ずるところ三十国」と書き出しているから、後漢の末としても二二〇年、弥生時代から古墳時代への移行期にあたるし、卑弥呼に関わる記述もほぼこの時期にあたる。この時期すでに中国に向かって王に謁見し、いずれの国の側かはわからないが通訳（使訳）もいたというのだから、なんらかのかたちで言語は通じていたわけである。ともかくも魏の都の洛陽まで旅したのだから、倭の使者が文字の群れに無縁であったはずがない。さらには六六三年におきた白《はく》村江《すきのえ》の戦いのおり、日本の捕虜となった二人の中国人、続守言《しょくしゅげん》と薩弘恪《さつこうかく》がのちに最初の音《おん》博士となるが、彼らの伝えたであろう中国語と音の関係が、やがて七一二年に成立した『古事記』の表記法に少なからぬ影響を与えていたとも考えられるはずだ。小野妹子から百年あまりを数えて、深く両国の言語は通じ、すでに多くの書籍が海を渡っているにちがいない。

もちろん本書の眼目は近世の漢籍輸入にあるし、この点についてのさらなる詳細は、大庭脩『江戸時代における唐船持渡書《もちわたししょ》の研究』（関西大学出版部）および『江戸時代における中国文化受容の研究』（同朋舎出版）を見ていただきたい。ぼくが発見したのは、もう少し別な点にある。それは宇多天皇の勅によって藤原佐世《すけよ》が撰した平安初期の漢籍目録、『日本國見在《げんざい》書目録』のことである。

この目録の成立は寛平三年（八九一年）ころ、当時の日本にあった漢籍を網羅分類するもので、書目の総数一万六七九〇巻、四〇部門一五七九部に分類する。それぞれに書名・巻数・著者名が記され、若干の和書が混じるものの、日本最古の漢籍目録とされている。別名に『本朝見在書目録』および『外典書籍目録』がある。多くの図書を収蔵していたことで知られる嵯峨天皇伝領の冷然院が貞観十七年（八七五年）に焼失しているが、従来はこの火災を機に残存する漢籍の目録化が思い立たれたと考えられてきた。本目録には序跋がないために、これら諸説があったのだが、その後の研究では日本国内にある漢籍の総目録を打ち立てようという積極的な試みであったとの理解が深まっているという。

さて、大庭はさまざまな先行する研究からこの目録の内容を吟味し、分類法を検討してこう述べている。

四〇の分類の中で最も多く書籍数があるのは、医方家百六十五家、それについで小学家百五十八家、これにほとんど均衡するのが五行家の百五十六家となっている。医方家、小学家、五行家がいわば御三家で、圧倒的に多く、三家合計四百七十九家は見在書目所収書の三分の一に当る。当時の日本がどういう書籍に興味を持っていたかがわかるのである。……小学類は簡単にいえば辞書の類である。

ちなみに医方は医術、小学は教養科目、五行はいわゆる五行説に関わる書目だが、『目録』五行家に付された注には「呪禁《じゅごん》。符印。五行。六壬。雷公。太一易《たいいつえき》。遁甲《とんこう》。式相。仙術」とあり、道教的な呪術法に関する書目も多いことから一種のオカルト本が収集されていたともいえ、弓削《ゆげ》の道鏡や、時代はくだるが安倍晴明《あべのせいめい》のことなどを思い出す。

なぜ平安の知識人は中国の辞書類を熱狂的に収集したのだろうか。大庭によれば、辞書という表現は仮のもので、現代の中国の書誌分類からいうと経部小学類と子部類書類に入る二種類のものが混じりあい、さらなる下位分類が必要であるという。その分類を簡単に列挙すれば、小学類には、字解のための文字典、韻字・発音から文字を整理する字引、熟語や句の意味を解説する字引、初学者に文字を教える訓蒙書が含まれ、一方の類書は事物を類別して編んだ書目であり、いわば百科事典のようなものといえる。もちろん平安の人々が漢籍を読もうというとき、こうした辞書は必須の導きだったろうし、音を知り、意味を尋ね、文化的背景にまで踏み込もうとする知識人の意欲のあらわれであったともいえる。

一方、大庭は『日本書紀』の記述に関する小島憲之の研究を引き、『日本書紀』の記述の背景には八十余種にのぼる漢籍が想像されるが、その引用は原典から直接なされたのではなく、唐初にあらわれた一種の百科事典『藝文類聚《げいもんるいじゅう》』からの引用だろうという。「八十余種の書籍が日本に輸入されていなかったという事を言っているのではなく、そういう便利な類書を利用したのだと考えられた」のである。奈良時代のはじめ以来、このように辞書を活用する法が日本の「読書界の標準」であるとするなら、平安期の辞書収集にも影響を残すのではないか。

さて大庭は、目録には外国語の字典も含まれ、唐のもつ国際性が日本にも伝来していたという。そしてあげられている例に、驚いてしまった。ここで『続群書類従』第三〇輯《しゅう》下、巻第八百八十四『日本國見在書目錄』から、大庭の引用に該当する部分を前後から引く。出典は、現在の国会図書館所蔵の写本で古典保存会本と校合したテキストだとの説明がある。すなわち、

字様一巻。ヽヽヽ。ヽヽヽ。東臺ヽヽヽ。干祿ヽヽヽ。波斯國ヽヽヽ。隷字决疑正字賦一巻。突厥語一巻。詩經十八巻。詩品三巻。詩評六巻。

なんと、さまざまな字体をしめす書目のなかに「ペルシア（波斯）国の字体一巻」とあり、また隷書体にかんする辞書をはさんで「突厥語一巻」が存在するのである。これに『詩経』がつづくのは詩や文章の作法書としてであるというが、いずれにしても、どのような関心から平安人がペルシア語や中国北方の騎馬遊牧民の言語たる突厥語（チュルク語族）に関する書物を手に取っていたのだろうか。ペルシアについていうなら、天平八年（七三六年）に帰国した第九回遣唐使の船に「波斯《ペルシア》人李密翳《りみつえい》」が乗船していたことは有名だし、より多くペルシアとの交流があったという研究も多数ある。『目録』の成立した当時は、ゾロアスター教を奉ずるササン朝ペルシアが滅んで三〇〇年あまり、同時代的にはイスラーム＝ペルシア文芸復興をはたしたアッバース朝の最盛期である。ペルシア人が関わっているとすれば、いずれの時代にも関与の可能性がある。したがって、この書物は中国でいつ、どのように成立したのか、いつ日本に輸入されたのか、さてどのような内容だったのか、興味は尽きない。いつか現物が発見されないものだろうか。

（1998・6）

＊『日本国見在書目録―宮内庁書陵部所蔵室生寺本』（名著刊行会）も出版されている。これは現存する唯一の写本だが、残念ながら抄写である。

聖像の起源を尋ぬれば

新井白石の「聖像考」(『新井白石全集』第六巻、国書刊行会) を読んでいて、あらためて白石の博識ぶりに驚くとともに、その視点のおそろしく柔軟なことに気づかされた。全集版でわずか三頁余にすぎない小文だが、その冒頭を見てみよう。

まず「先聖を祭るに像を設《もうけ》る事其始《そのはじめ》を知らず」と書きだす「聖像考」(ルビ・句読点は引用者) は、はじめに漢代の画像、すなわち蜀《しょく》の文翁(「漢の人」とあるが未詳) の祀った画像が聖像の最古の例のひとつであるといい、のちに晋の顧愷之《こがいし》、唐の王摩詰《おうまきつ》の描いた聖像が高名であるとつづく。顧愷之(三四四~四〇八年頃) は東晋の画家であり、きわめて天才肌の画家として知られ、張彦遠《ちょうげんえん》『歴代名画記』(平凡社、東洋文庫) 巻五にも「形勢を伝写して妙絶ならざるなし。劉義慶《りゅうぎけい》の『世説〈新語〉』にいう、〈謝安、長康に謂《い》いて曰く、卿の画は生人より以来、未《いま》だ有らざるなり〉」とあり、最高の評価が与えられている。彼の才能を評して世に「三絶」という。「画絶・才絶・痴絶」(ずばぬけてみごとな画才、ずばぬけた知恵のはたらき、ずばぬけたしれもの) の意であるが、自分の絵を盗まれていながら「絵があまりに素晴らしいので、神仙に姿を変えて飛び去ったのだろう」などというあたりに「うつけ」

として愛された節がある。また王摩詰、すなわち王維（七〇一～七六一年）については、ここであらためて注釈する必要はないだろう。仏教に深く傾倒するとともに、画派としての「南宗」の祖とされ、「詩中画、画中詩」の理想を旨とする文人画の端緒を開いたと考えられている。まず画像があった、ということだろう。

つづいて白石は「塑像を設けられし事何《いず》れの比《ころ》にや始りぬらん」と問い、「土を以て作れるのみを塑と云ふにはあらず木を彫せしをも云ふよし『品字箋』に出づ」と注釈している。これはなかなか重要なことで、もちろんのこと「塑」（sù）には「土」が含まれるから、基本的には土を削る意味をもつが、音符の「朔《さく》」（＝削る／遡る）にはモノの塊から人の形にさかのぼって到達する工程が暗示されていて、古くは「ひとがた」を作る行為を広く指したものだろうか。殷《いん》代の帝武乙《ていぶいつ》が偶人を作って天神にかたどったとの話が残るが（司馬遷『史記』殷本紀第三）、からくり人形の話としては『列子』湯《とう》問《もん》篇に周の穆《ぼく》王が偃師《えんし》という工人の機械人形を見た話が残っている。偃師はひとりの俳優を連れて穆王に謁見し、俳優は楽曲にあわせてみごとに踊るのだが、やがて彼は王の侍女にまばたきして色目をつかったので王が怒り、俳優を切ろうとする。あわてて偃師は俳優を分解して王にしめすと、その体は「すべて革と木をつなぎあわせて膠《にかわ》や漆でくっつけ、白・黒・赤・青の色づけをして作ったものである」。内臓から骨格、髪や歯もみな作り物だったので、王は感嘆して「人間の技術はついに造化と功を同じくした」というのだ。この話が本当なら紀元前十世紀のことになるのだが、どうやらこれは六朝の漢訳仏典『生経《しょうきょう》』のエピソードからなったもののようで、竺法護《じくほうご》の訳になるこの仏典は三世紀の後半ころに伝えられている。だが、いずれにしても中国が古代に「ひとがた」の起源を求めていたことは確かであって、さまざまな俑人《ようじん》の例からも歴史の深みを感じさせる。

白石は塑像のはじまりについて、周の成王、孔子、越王勾践《こうせん》などにまつわる諸説を引き、みなこれ「周の代の事にて侍《はべ》る」と書くが、聖像として祀ったものかどうかは疑わしいと考える。紀元前一二一年、漢の武帝の時、霍去病《かくきょへい》が匈奴を制圧して高さ丈余の金人を得、帝はこれを宮殿に安置して焼香礼拝したとの伝があるが（『魏書』釈老志）、これについて白石は「是則《これすなわち》佛像の中國に入りし始《はじめ》なり。其代にはいまだ佛の教など云事は中國にきこえざりしかば唯《ただ》天を祭れる處の金人とは云へるなりと申せし人も侍り」と書いて、仏教初伝とする説と反論とを引く。現代の仏教学では、この金人は西域天神の金銅像だったろうと考えるが、白石はこうした中国への仏教初伝について典籍を博捜したらしく、本来の仏教の興隆は晋宋の間であったろうと書き、正確な情報を得ていたことが想像される。

さて白石は、中国の仏像の造像についておもしろいことを書いている（後段の細字は白石による注記）。


佛國の人は、もとより西方の戎狄《じゅうてき》なれば其形陋《いや》しくて、中國の人其像を見て敬ふ心生ぜず。晋の載顒《さいぎょう》と云し人、其意の巧《たくみ》を盡《つく》して多くの佛像を造り出せり。是を造る始、我身は帳《とばり》の中に隱れ居《おり》て、其造れる像を來り見る人のよしあしと云詞《ことば》を聞て、其云ところに隨《したがい》て改め作りしほどに、拾年がほどを經て其巧を綜へき。かくてぞ今の世に傳ふる所の佛菩薩等の像は、端嚴の相とは成りたるなり。『尙書故實』に出づ。今、我國に來れる紅夷の人は、彼《かの》佛國の地方に近き人なり。其髮擧《あが》り、たけ長く、鼻高く、眼すさまじきを見て、佛國の人の形を思ひやるべし。又嵯峨の釋迦の像は、梁の武王の代に西方より來れる栴檀《せんだん》の像を移せるなり。鼻高く、眼すさまじくして、尋常の像に似ず。是等の事を思ふに、『尙書故實』

の說、疑ふべからず。今も西蕃の地より來れる佛像は、其形あやしき由《よし》、『圖繪寶鑑』にも見ゆ。

つまり、インドは野蛮な国なので、人の姿も醜く、中国の人にはインド人の相を写した仏像には敬う心が生まれなかったというのである。白石は『尚書』(『書経』)からこの故事を引くのだが、さすが『西洋紀聞』の筆者、具体的に実見した西洋人の容貌を描写し、その姿を仏像の顔相に投射しようとするのだ。実証的というべきか。

さて、ここにいう「嵯峨の釋迦の像」とは、現在の京都市右京区にある清涼寺の釈迦如来像のことであろう。これは平安中期の永延元年(九八七年)、東大寺の僧であった奝然《ちょうねん》が北宋から将来した仏像で(彼は遣唐使として中国に渡っていた)、きわめてインド風の形相を伝えており、俗に「三国仏来」とか「生身《しょうじん》の釈迦」などと称され、独特の信仰を集めてその模像もおおく、日本美術史では総称して清涼寺式釈迦という。独特の衣文《えもん》や縄状に巻く頭髪などに特徴があるが、これはもともと釈尊の在世中に仏教を保護したヴァンサ国の優塡王《うでんおう》(ウダヤナ)が仏陀の姿を栴檀に刻ませたとの故事にもとづくもので、八世紀の中国には広く流布しており、清涼寺の釈迦像もその模刻であると考えられている。

しかし、ここであらためて確認しておかなければならないのは、新井白石がこの文を書きだすにあたっては「先聖を祭るに像を設る事」を問題にしているのであり、先聖とは孔子のことにほかならないからである。『礼記《らいき》』にいう先聖には周公または孔子の意味があるけれど、先聖殿といえば孔子を祀る建物のことで、大成殿ともいう。もともとは先聖先師といって学校に祀られ、舜・禹《う》・湯王・文王を先聖、周公または孔子を先師とする習わしだったが、明代の世宗の嘉靖九年（一五三〇年）に先聖先師を孔子ひとりとすることとなった。したがって白石が問う聖像とは孔子像のことでなければならない。仏教の例を引くのは、その塑像の導入が明らかであるためであって、仏像の伝来が孔子像の創造にかかわるかどうかを問うているのだ。だから白石は、先に引いた文につづけて「彼此《かれこれ》を併《あわ》せ考るに先聖を祭るに塑像を用ゆることは必ずしも佛教中國へ入りしより始れりとも思はれず、唯《ただ》彼の文翁の畫像を祭し事の如く漢の代よりや始まりぬらん」と推測するのである。

しかし中国の正史を通覧しても、例は見えながら確定はしがたいので、むしろ逆の事例を引こうとする。すなわち「一毛一髮も肖《に》ざる所ある時は、既《すで》に其人にあらず」という考え方や「泥人銅人を造れる者は一門誅《ちゅう》せられき」という北史の説を引き、たとえ先聖の像を描き、あるいは造像した例があるとしても、それは非礼にあたる場合があるというのだ。古代中国のイコノクラスム（偶像破壊）だろうか。いずれにしても、唐の玄宗の開元八年（七二〇年）に塑像の制があらわれたと思われ、明代にいたるまで先聖を祭る儀はこの制にしたがっていたと白石は見ている。

ここまで、論の前段のみを見ながら白石の「聖像論」をたどってみたが、これだけでも、のちにフランスの百科全書派と比較されることになる彼の博識ぶりが見えてくるだろう。また白石の詩人としての名声は李氏朝鮮から清朝中国にまで知れ渡っていたが、政治家として白石が幕府に参与したのは、宝永・正徳年間のわずか八年間であるにすぎない。その生涯六十八年（一六五七〜一七二五年）から見ると短いものだが、その間に、対朝鮮外交の大改革をおこない、長崎貿易の緊縮制限、金銀貨の改良などを推進しているのである。

ぼくが白石の著作を読みはじめたのも、もともとは朝鮮外交の問題や、とりわけ同時代の傑出した朝鮮学者である雨森芳洲《あめのもりほうしゅう》（一六六八〜一七五五年）とのかかわりを知りたかったからである。木下順庵の高弟として、新井白石、室鳩巣《むろきゅうそう》、祇園南海、榊原篁洲《こうしゅう》とともに「木門の五先生」と称された芳洲は、中国語・朝鮮語をよくし、方言にも精通していて朝鮮通信使を驚嘆させたと伝えられている（申維翰《シンユハン》『海游録』姜在彦《カンジェオン》訳、平凡社、東洋文庫）。その芳洲が白石と死を賭した論争をおこなうのは外交文書における将軍の呼称をめぐってのことだったが、芳洲もまた白石に劣らぬ博学の人であった。いまこそ彼らを読み直す必要があるはずだ。

（1998・7）

回民の人類学

やっとこさ、デュク・グラドネイ『中国のイスラーム教徒』(Duc C. Gladney, *Muslim Chinese. Ethnic Nationalism in the People's Republic*, Harvard University Press, 1991/1996) の新版を手に入れた。デュク・グラドネイは、ハワイ大学のアジア研究・人類学の教授であり、ワシントン大学で学位を得ている。彼は十七歳の時、大陸からの難民に英語を教えるという職を得て香港に渡り、普通話《マンダリン》を学ぶとともに汕頭《スワトウ》のことばを話す家庭に住み込み、広東語が有力な街の隅々を歩き回るという経験を積んだ。ここで強く中国社会の複雑さと多様性に影響されて、グラドネイは中国を深く研究したいという意欲にかられ、人類学の学位を取ってから北京大学に留学した。さらにさまざまな奨学金を得て中国の現地調査を開始し、延べ六年間にわたって中国各地を訪れている。その一方でグラドネイは、イスタンブールのボスポラス大学でも研究活動をおこない、中国および内陸アジアにおけるトルコ系民族の調査をするほか、カザフスタン、キルギスタン、ウズベキスタン、エジプトなどにも調査の足を伸ばし、近年は「チベット自治区と四川省におけるチベット人調査」というプロジェクトを社会科学者との合同で開始しているという (Duc C. Gladney, *Ethnic Identity in China*, Harcourt Brace College Publishers,

1998などによる)。でも、なぜ「やっとこさ」なのか。

ここで入手したというのは、いまも急速に動いている中国社会の現状にあわせて五年ぶりに改訂された第二版であって、初版の三八頁にわたる参考文献表にさらなる八頁がくわえられている。『イスラーム研究ハンドブック』(栄光教育文化研究所)の中国研究の項目を見てみても、中田吉信「回回民族に関する文献」(『現代イスラームの総合的研究』中間報告2、アジア経済研究所、一九七〇年)とともにグラドネイの本書(一九九一年版)が特記されているから、この最新の参考文献表は、ロシア語文献にはほとんど触れていないにしても、中国イスラーム文献に関するもっとも信頼しうる資料のひとつといえるだろう。

しかし、もちろんグラドネイの主著である『中国のイスラーム教徒』の重要さは、この参考文献表ばかりにあるのではない。『ハンドブック』が指摘するように、この労作が意義ぶかいのは、その「フィールドワーク」の徹底ぶりにこそあるのである。

グラドネイは、さまざまに階層をなす中国語の世界を博捜し、あらかじめ多言語的な実践を要求する中国イスラーム世界に問題を見いだした。じつは、人類学的研究に限らないのだけれども、中国イスラームの研究における中国人以外の実地研究はきわめて少ない、というのが現状だったからである。なぜか。それは人民中国政府やその関係筋の無数の声明にもかかわらず、中国のムスリムたち、とりわけ「回民」と呼ばれる、形質上は漢民族であるにもかかわらず宗教上の信条や風習によって主要民族とは「別種の」民族として扱われている人々については、有形無形の弾圧の歴史しか見いだせないからである。ここで「有形無形の」と書くのは、基本的に中国政府はイスラームを排除しない姿勢をとっているからだし、対少数民族として一種の優遇政策さえとるのだが、しかし民衆の心情からいえば、いまだに回民あるいは宗教の存在に違和感を感じていることがそこここに見て取れるからである。現地についてのごく限られた経験しかないぼくとしては、かすかな「感じ」しか語りえないのだが、ごく近年まで中国ムスリムの人類学的なフィールドワークが困難であった事実は、表面的な政治的障壁ばかりが研究をさえぎっていたわけではないことを思わせる。だからこそ、グラドネイの作業が重要なのである。

本文およそ三四〇頁を擁する本書をここで要約することは困難だし、その用語の数々は訳しがたいものもおおく、その主題である「民族意識」(nationality/nationalism) についていえば、たちまちネイションやらナショナリズムという語彙についての議論を喚起してしまうという、その一事をもってこの困難さを理解してもらうしかない。ここでは、「ネイション」とはなんであるのか、それを国家や民族のアイデンティティなどと結びつける「ネイション＝ステート」という近年の概念とどのような関係をもつのかについては、詳しく述べる余裕をもたない。グラドネイは「回族の問題は、今日の人類学研究にとってのもうひとつの論点を喚起している。すなわち、回族の拡散した多様性にあふれる本質からして、どうしてひとりの人間が伝統的なフィールドワークをもって研究できるものだろうか、という問題点である。さらに付け加えれば、外国人が中国の〈ネイション＝ステート〉を調査することのさまざまな限界が確固として現前しているために、こうした研究がやりがいのあるものなのか、可能であるのかさえ、あいかわらず問われ続けているのである」とまで書いている（第二章、強調は引用者)。

かつてベネディクト・アンダーソンが提唱したように「文化的共同体」としてのナショナリズムは、文化の共同性が設定する境界によって、他の共同体とみずからを明確に区別するという作用をもつ。したがってその共同体を内部から見れば、そこで機能するナショナリズムは、階級、エスニシティ、ジェンダーの差異を超える運命共同体という意識を表象することになるだろう（アンダーソン『想像の共同体』白石さや・白石隆訳、リブロポート。また増補改訂版がNTT出版にある）。だからあえて「民族意識」という訳語をnationalismに与えてみたのだが、グラドネイもまた中国語の「民族」（*minzu*）をnationality/ethnic groupと訳している。もちろん本書は中国回族の人類学的研究なのだが、その背景には世界の新たな社会状況、一枚岩の国家イデオロギーの崩壊とモザイク状の多彩な民族意識の発揚が存在している。一個の少数民族の問題では、もはやない。本書の初版と改訂版とのあいだに横たわる五年という年月の重みは、想像以上のものではないだろうか。

ところで、ぼく個人の関心としては、第四章に論じられている北京の牛街《ニュウジェ》におけるエスニック・アイデンティティの問題に注目したい。数年前、初めて北京を訪れたとき、スケジュールの間隙を縫ってわずか三時間ほど牛街に走り、ひとり胡同《フートン》から胡同へとさまよったことがある。中心にある中国イスラーム協会本部の建物は、記録によれば一九五七年に創建されているのだが、じつに立派な建物である。しかし横道にそれていくと、路地のあちこちには小さなイスラーム集会所が見え、清真料理（イスラーム料理）の看板を出す傾きかかった店舗も見えた。大小さまざまなモスクには人々が集っていて、ムスリムに見えなくもないぼくに手を振ってくれたりする。そんな牛街については、中国人のみならず革命以前の西洋人による見聞もおおく残っていて、それはもっぱら風俗への興味が主だったものだが、以前からこの街が気になっていた。

グラドネイは、牛街の歴史についてひとつの伝説から語りはじめている。すなわち、牛街にムスリムが集まりはじめたのは、九九六年、西域からカダル派聖人の子孫のデ・ワ・モ・ディンという「篩海」(*shai-hai*)がやってきてからである、と伝説は語る。この「篩海」はアラビア語で「長老」をあらわすシャイフから来ており、カタカナで表記した名前は漢字表記されたアラビア名だろう(格瓦黙定?)。この長老は、あるとき不思議な夢を見て三人の息子を得た。長男は善悪を見分ける力をもっていたが、わけもなく家を出て帰ってこなかった。次男は他人の心を読む力をもち、三男は鳥のことばを語ることができた。残った息子たちは、やがてイマーム(集団礼拝の指導者)となり、国王の許しを得て北京の東に東寺モスクを、南に牛街モスクを建て、その墓がいまも牛街にあるという(王寿傑「牛街回民生活談」一九三〇年、グラドネイの英訳した引用による)。まさに一〇〇〇年ほど前の話ということだが、牛街の礼拝寺モスクは九一六年ころの創建になるというから、五代から宋代にかけて北京のイスラーム街が成立した可能性が高いように思われる。

しかし現在の牛街は、こうしたアラビア起源譚の存在にもかかわらず、民族と宗教のアイデンティティが試練にかけられる街でもある。今日ほど多民族国家が多様な問題に直面している時代はなかったが、それはもちろん現代のコミュニケーション手段の多様化とも無関係ではない。まさに電子的なイスラーム・ネットワークが登場し、他の民族・宗教のネットワークと交錯している。さまざまな情報のすばやい伝達は、民族＝宗教意識を高めると同時に固有の共同体感覚を希薄にもする。中国のイスラーム教徒のさしだす問題は、そのまま世界各地の民族問題に通底するだろう。グラドネイが中国周辺の民族問題へと研究の視角を広げているのも、問題の拡散というよりは、世界が牛街と化しているという事実による。

民族のアイデンティティがいまこそ強く問われるべきことを、本書は、はっきりとさし示している。

（1998・8）

＊最近届いた台湾の冊子『中國回教』（中華民国九十五年五月）に、牛街の新しいモスクが完成したとの写真が掲載されていた。行ってみたいものである。

あかきくちびる懐古

会津八一『自註鹿鳴集』中の「南京新唱」に、「法華寺温室懐古」として次の三首が連なって出ている。

ししむら　は　ほね　も　あらはに　とろろぎて
　ながるる　うみ　を　すひ　に　けらし　も

からふろ　の　ゆげ　たち　まよふ　ゆか　の　うへ　に
　うみ　に　あきたる　あかき　くちびる

からふろ　の　ゆげ　の　おぼろ　に　ししむら　を
　ひと　に　すはせし　ほとけ　あやしも

八一の自註を引いておくなら、「光明皇后は仏に誓ひて大願を起し、一所の浴室を建て、千人に浴を施し、自《みずか》らその垢《あか》を流して功徳を積まんとせしに、九百九十九人を経て、千人目に至りしに、全身疥《かい》癩《らい》を以て被《おお》はれ、臭気近づき難きものにて、あまつさへ、口を以てその膿《うみ》汁を吸ひ取らむことを乞ふ。皇后意を決してこれをなし終りし時、その者忽《たちま》ち全身に大光明を放ち、自ら阿閦如来《あしゅくにょらい》なるよしを告げて昇天し去りしよし、『南都巡礼記』『元亨釈書《げんこうしゃくしょ》』その他にも見ゆ」とある。すなわち光明皇后がもうもうたる湯気のなかで、病いに溶けかかる肉体の膿をくちびるでじかに吸い取る情景であって、なんとも奇怪にしてふつふつとエロチックなイメージである。

光明皇后とは、名を安宿媛《あすかべひめ》といい、父は藤原不比等《ふひと》、母は県犬養橘《あがたいぬかいのたちばなの》三千代《みちよ》である。別名を光《こう》明子《みょうし》。聖武天皇が皇太子のころ、十六歳でその妃となった。子をもうけたが、幼くして没し、天皇の別の夫人である県犬養広刀自《ひろとじ》に親王が誕生したため、藤原氏は皇位を狙える位置の皇后という地位に着目して光明子を皇后に押し上げようとし、反対の立場をとると予想された長屋王《ながやのおう》を討った。ひそかに左道（秘密宗教）を学び、国家転覆をはかったと密告し、自殺に追い込んだわけだが、天武天皇の孫にあたる長屋王は『懐風藻』にその作品を残している。なかなかに血なまぐさい政権闘争だったわけだが、こうして光明子は臣下出身としては初の皇后となる。七二九年（天平元年）のことであった。しかし、その一方、光明皇后は篤く仏教を奉じて、多くの仏教施設をおこし、写経事業をひろく推し進めてもいる。国分寺の造営、奈良の大仏として知られる盧舎那仏《るしゃなぶつ》の造顕、東大寺の建立などの大事業をなすとともに、悲田院や施薬院、つまり貧しい民に施しをおこない薬を与える救済施設を設置してもいる。

さて『元亨釈書』によれば、こうした数々の事業をおこなった後、それなりに皇后は満足していたのだが、そんな彼女にあるとき怪異な現象が降りかかってきたのである。「一夕《せき》、閤裏《こうり》空中に声あって曰く。后《きさき》、誇るなかれや。妙なる觸《しょく》を宣明《せんみょう》し、浴室に澣濯《かんたく》して、その功を言うべからず。后、怪《あや》しみ喜ぶ」（原文は漢文）。ある夜、宮殿の上空から声が聞こえ、皇后に命令が下った。けがれ（觸）ある者を浴室で洗い清めて、それを人に語ってはならない、というのである。それを聞いて喜びを感じた皇后は、温室（浴室）を建てて貴賤を問わずに沐浴させ、みずから千人の垢を落とすことを誓ったのである。周囲の人々はこれをはばかり怪しんだが、誰も皇后の決意を翻させることはできなかった。そして……

すでにして九百九十九人を終わりて、最後に一人あり。あまねく体に疥癩《かいらい》あり、臭気、室に充《み》つ。后、垢を去りがたし。また、みずから思うて言えらく。いま、千の数に満つらんとす、あに、これを避くるべきや。忍んで背を拭《ぬぐ》う。病人の言う。我、悪病を受け、この瘡《そう》を患《わずら》いて久し。たまたま良医あって教えて曰く、人をもって膿を吸わしめれば、かならず除き癒えるを得んと、しかして世上に深く悲しむはなく、ゆえに我は沈痼《ちんこ》ここに至る。いま后は、無遮《むしゃ》・悲済《ひさい》をおこない、またはなはだこれを貴ぶ。願わくば后、意あらんか。后やむをえず瘡を吸い膿を吐き、頂きから踵《かかと》にいたり、みなあまねし。后は病人に語って曰く。我、汝の瘡を吸う、慎みて人に語るなかれ。時において病人、大光明を放ち、告白す。后、阿閦仏の垢を去り、また慎みて人に語るなかれと。后は驚き、しかしてこれを見る。妙相にして端厳、光耀馥郁《こうようふくいく》たり、忽然として見えず。后の驚喜は無量たり。その地に就《つ》いて伽藍《がらん》を構え、阿閦寺と号す。

（『元亨釈書』第十八　願雑十之三　尼女四、読み下しは引用者）

これで千人目なのだと自分に言い聞かせ、耐えて背中を流しはじめた皇后に、この病人は言う。医者に聞いたところでは、わたしの膿を人の口で吸わせれば治るそうだ。しかし世の中にはそんなことをしてくれる人のあろうはずもなく、長患《わずら》い（沈痼）もここまできてしまった。皇后はへだてなく人々を供養し布施して、餓鬼にも供物を施してこられた（無遮・悲済）。どうですか、膿を吸ってはくれませんか。やむをえず皇后は病人の頭のてっぺんから踵にいたるまでの膿を吸い、これを人に言ってはなりませんよと告げた。するとたちまち病人は大いなる光を放ち、自分は阿閦仏だというのである。驚いてその仏を見ると、その姿は一瞬神々しい姿を覗かせて、たちまち消えてしまう。皇后は驚喜して、その地に寺を建立した。

あえて意を汲めば、こういう内容だろう。それにしても、どうしてこういうイメージが生ずるのだろうか。これは、いわゆる捨身《しゃしん》の一種ともいえる。捨身とは、仏に供養するため、あるいは他者を救うためにわが身を捨てて布施することであり、たとえば『法華経』の薬王菩薩本事品にある一切衆生喜見菩薩《きけん》（サルヴァサットヴァ＝ブリヤダルシャナ）の焼身供養が前者の例であり、『金光明最勝王経』の捨身品にある薩埵《さった》太子の捨身飼虎譚が後者の例となるだろう。『法華経』では、自分の肉体を捨てることによって仏に供養しなければならないと感じた喜見菩薩が、十二年のあいださまざまな香料や香油を食したのち、油に浸した衣服をまとって自分自身に点火したのである。その肉体は一二〇〇年のあいだ燃えつづけたという。また餓死しかけた七匹の子虎と母虎を救うため、わが身を投げて虎に喰らわしたという薩埵太子の物語は、さまざまな経典や玄奘《げんじょう》『大唐西域記』さらには『三宝絵詞』などにも引用され、あるいは本生図として敦煌《とんこう》・莫高窟《ばっこうくつ》やキジル千仏洞の壁画、とくに法隆寺にある玉虫厨子《ずし》の台座漆絵の図像として有名である。またここから『ジャータカ』(本生譚=釈迦の前世物語集)にある尸毘《しび》王の前生譚なども連想される。この尸毘王とは、釈尊が過去生において王として生まれていたときの名であるが、バラモンに両目を乞われて自分の目をえぐって与えたとか(南伝)、鷹に追われた鳩を救うために、鳩の肉と同じ量の自分の肉を切り取って鷹に与えた(北伝)などというものである。いずれも帝釈天《たいしゃくてん》(インドラ)がバラモンや鷹に変化して王を試したわけだが、こうした物語が中国経由で日本に伝わって、光明皇后の物語にも反映してはいないだろうか。

また阿閦とは *Akṣobhya* の音写であり、東方に所在する大乗仏であるとされる。『法華経』では前生を大通智勝如来の十六王子の一人とするが、密教の金剛界曼荼羅では五智如来(五仏)の一とし、中心に大日如来をおいたうえで、西方に阿弥陀如来、南方に宝生如来、北方に不空成就如来(あるいは釈迦如来)、そして東方に阿閦如来(あるいは薬師如来)をおいて構成する。とくに日本では薬師如来との習合が顕著に見られるのだが、仏教世界の東端という意識が働き、阿弥陀如来とともに重要な位置づけをもっていた。本来、法華寺は真言律宗の尼寺であり、もともとは藤原不比等の旧邸とも光明皇后が自宅を総国分尼寺にしたものとも伝えられる。現在の建築は室町時代に再建されたものだが、この尼寺に阿閦菩薩を召還することは、光明皇后がみずからの地位を確固たる皇后位として確立するためにも意味のあったことではないだろうか。本尊の十一面観音も、光明皇后の面影を写したものであるとの伝説が残っている。

会津八一は、皇后がこの寺を国分尼寺とし「法華滅罪の寺」と位置づけたことを評して「この上代に於ける一女人として、その意気の雄邁なるに感ぜざるを得ず」と書く。彼が深く愛した寺であった。だからこそ、この歌であるのだろう。

さて、八一の歌であるが、それをくだくだしく解釈することは控えておこう。浴室になびく湯気の白さのなか、膿を吸いつくした「あかきくちびる」が床のうえにあるという光景には、藤原氏の覇権闘争も皇后自身の権力も消え果てて、一個のエロスを秘めた肉体があるばかりなのだ。

（1998・9）

＊さらに詳しい記述が、拙著『奪われぬ声に耳傾けて』（書肆山田）にある。

なぜ「哲學」なのか

いわゆるエイズの正式名称は「後天性免疫不全症候群」である。これを中国語では「獲得性免疫缺陥綜合症」というらしい。エイズという名称は、英語での表記の Acquired Immunodeficiency Syndrome の頭文字をとって「AIDS」というわけだが、これがフランス語となると Syndrome d'Immunodéficience Acquisé の頭文字から「SIDA」という。語順が逆転しているわけである。ところが、これがロシア語の表記では Синдром Приобретённого Иммунодефицита であって、意味は同じだけれども、その略語は「СПИД」となる。これをロシア語風に発音すれば「スピート」になるが（語尾の子音が無音化するため）、単純にアルファベットに置き換えれば「SPID」なので、英語の「スピード」という語感が反映しているのではないか。いわゆる科学用語・学術用語は一定の国際規則のもとに訳されるため、味気なかろうがなんだろうが一定の語彙を活用しているわけだが、略語にあってはお国柄が出てくる。ラテン語の辞書にあたると、小アジア南部にあったパンピュリアの港町にシーダ（Sida）の名があったというが、どのような語感をフランス人は感ずるのだろうか。いま正確なことを忘れたけれど、確か中国でもエイズの略語は「愛滋《アイズ》」とかいうのではなかったか。もちろんシャレを考えている場合ではないのだが、エイズという名前が流通しはじめた当初には感染条件などについてずいぶんと誤った流言がとびかい、メディアもそれを助長しているように感じたもので、安易に英語の略語を借用してしたり顔をするところなどに、ある種の言語感覚の皮相さを思ってしまうのだ（最近ではテレビ報道などでも「エイズ」ではなく「HIV」Human Immunodeficiency Virus＝ヒト免疫不全ウィルスというようになった）。まして日米の新防衛協力指針、いわゆる新ガイドラインの「周辺事態」などという奇怪な言語を眼にすると、世の中には何事かを語りたくないための造語法というものもあるということに思いいたる。いわば「言わんとすること」(vouloire-dire)の対極というべきだが、こうした語を編みだす思考の持ち主たちには、詩や哲学が言語と格闘しているさまなどは愚の骨頂に見えるのだろう。考えるとグッタリする。

かつて西周《にしあまね》（一八二九〜九七年）がオランダ留学で学びとった西洋のphilosophyを日本に導入しようとしたとき、その訳語を「哲學」と決したのだが、それはどういう意識からだったのか。もちろんphilosophyはギリシア語の*philos*（愛すること）と*sophos*（智慧）とを組み合わせた語であって、「智慧を愛すること」が原義である。しかし「哲」とは「あきらか・さとい・かしこい」の意であり、中国にも哲王、哲彦《てつげん》、哲夫などの用例に事欠かない。あるいは孔子は死の数日前に「哲人それ萎《や》まんか」と詠ったという。この字を神明に通じる人もしくはシャーマニックな力の意味と見る説もあるが、この文字のできあがりからいえば「折＋口」であり、音符の「折」は「からみあう複雑な状態を分離する」という意味であるという。つまりは「口＝ことば」をもって道理を明らかにする人のことであり、思考の言語を用いれば哲人であり、神のことばを借りれば巫覡《ふげき》（シャーマンのこと。女を巫といい、男を覗というう）なのだろう。西周は、一種の哲学的エンサイクロペディアの企てである「百學連鎖」の構想のなかで、最初はこれを「希哲學」と訳した。すなわち「哲人たらんことを希《こいねが》う学」という意味になるだろうが、やがてそこから、なぜか「希」がとれて「哲學」となるのである（京都の育英社における一八七〇年の講義）。

もちろん西周は *philos* の語感を熟知していたにちがいなく、だからこそ「希＝こいねがう」の語があったのかもしれないが、たとえば希学でも愛知学でもなく「哲學」を選び取ってゆくのは、やはり漢籍の世界に通暁していた西周ならではの判断だろうか。

あるいは「哲」に含まれる「斤」は斧の象形で、はっきりと物事をしめす明晰さを暗示する。さらには「折＝ばらばらになった草木」であり、からまりあう藪を鋭利な斧で伐採するようなイメージである。なぜか「ぼくの前に道はない、ぼくの後ろに道はできる」（高村光太郎「道程」）の句を連想してしまうけれど、当時の日本の状況と日本最初の哲学者たる西周の決意からすれば、この語の選択は納得がいく。智慧を愛するためには、懐に斧を忍ばせなくてはならない。一三〇年前の京都におこした私塾で、四十歳の西周は未知の世界への扉を押し開こうとしていたのだ。そして彼は有能なる日本官僚の嚆矢でもあった……。

哲学のほかにも西周は、主観、客観、理性、悟性、現象、帰納、演繹などといった語を産みだしている。いずれも今日の日本でいまだに活用される哲学用語であり、日常語のなかに溶けこもうとするかの語もある。いかにもわかりにくい語もみえるが、たとえば演繹を英語でいうなら deductive inference であって、その語のままに訳すなら「推理に基づく判断」あるいは「推論の結果」となるだろうか。これを西周の用語にしたがうなら「演繹的推理」となる。「演」は「延ばす・おしひろげる」であり、一方の「繹」は「糸口を引き出す・たずねる」の意になる。たとえば「繹理」の語があって、「根本の理をたずねきわめる」を意味する。ここから「演繹」とは「問題の糸口をたぐり寄せ、きわめる」と理解できるだろう。すなわち、現代哲学の定義からいえば、いくつかの前提をもとにしながら論理形式にのみ頼って結論を導き出すこと、一般的な命題から特殊な命題を、抽象的な命題から具体的な命題を、経験に頼らず論理によって導き出すことが演繹だが、よく文字をたずねれば、そのニュアンスがほの見えてくる。もちろん、だからこの訳語でよろしいといっているわけではないし、いま哲学を学びだそうとする者にとってこうした語彙が障害となっていることを知らないわけではない。ここで言わんとしていることは、ある語の成り立ちと背景、そして新たな表現を求めて格闘する先哲の姿なのである。

たとえば森鷗外が「機能」の語を作り、あるいは中江兆民が「象徴」の語を編みだしたのも、みなこうした格闘の結果ではなかったか。いずれも西欧文献を翻訳する過程で産みだされた語彙であるけれども、背景に中国の文字の世界が見えてくる。たとえば中江兆民は、ウージェーヌ・ヴェロンの著書『美学』を訳すにあたって「象徴」を見いだすのだが、この翻訳は文部省に委託されたものであり、一八八三〜四年に刊行されている。しかし当時のフランスはロダン、ドラクロワ、クールベ、マネなど印象派が登場する時代であり、文学者でいうならバルザック、フローベール、ゾラなどの自然主義があらわれる時期でもあって、このヴェロンの『美学』も、いわば反アカデミズムの美学が台頭する状況を反映した激烈な文章である。その訳文の冒頭は、こういうものだ。

凡《およそ》百學術ノ中ニ就テ、其最モ理學幽奥説ノ披弄スル所ト爲ル者ハ、美學ノ一科ニ過グル莫《な》シ、希臘《ギリシア》プラトンヨリ以テ方今博士院《アカデミー》ノ論説ニ至ルマデ、此學ヲ講ズル事極テ密ナリト雖《いえど》モ、之ヲ綜《す》ブルニ皆高遠幽晦謬巧錯雜ノ弊ヲ免レズ、屋下ニ屋ヲ架シ、其底止スル所ヲ知ル可《べか》ラズ、……凡《およ》ソ此等ノ言ハ皆臆構妄架ノ説ニシテ、藝術ノ實施ニ於テ害有リテ益無キ者ナリ、便《すなわ》チ余ノ是書有ルハ、正ニ此等有害無益ノ論ヲ糾彈シテ、美學ヲシテ眞ノ逕路ニ就カシメント欲スルガ爲ナリ

これは『明治文學全集』（筑摩書房）の第七十九巻として刊行された『明治藝術・文學論集』による引用だが、なかなかにポレミックな論ではないか。

　この同じ巻には西周の「美妙學説」があり、この論は明治期初頭、天皇への御前進講として講じられたものである。研究者によってこの進講のおこなわれた年代の想定に幅があるものの、明治五年から十年、いずれにせよ一八七〇年代の記述であると考えられている。そのなかで西周は aesthetics に「美妙學」という訳語を与え、それを「哲學ノ一種ニ美妙學《エッセチクス》ト云アリ是所謂《いわゆる》美術《ハインアート》ト相通シテ其元理ヲ窮ムル者ナリ」と定義している。しかし彼の著した日本最初の哲学書『百一新論』（一八六八年ころ）では「善美學《エスゼチック》」と書き、先にふれた「百學連鎖」では「佳趣論」の語をもって aesthetics をしめそうとする。このように「美」もまた日本への導入に苦しんだ。のちに森鷗外は、有名な「審美論」を『柵草子《しがらみ》』のなかで五回にわたって掲載しているが（一八九二～三年）、これはエードゥアルト・フォン・ハルトマンの『美学』を抄訳したもので、外山正一、大西祝《はじめ》、大塚保治などとの論争を経た

系譜にあらわれている。この aesthetics もギリシア語の *aisthanomai*（知覚すること）に由来するが、大きく立派な羊というイメージから生まれた「美」という漢語との距離は微妙だろう。東西の芸術論が本格的に彼我のへだたりを測りだすには、もう少し時間が必要だったのである。

新しい概念や表現を異なる言語に移すこと、その困難さを学ばなくてはならない。本当に必要な「言わんとすること」を見いだす作業は、そう簡単なことではない。

（1998・10）

薫りたつアジア

ぼくには意味なくお香をたく趣味はないが、それでもかなりの種類のお香を収集している。半分は資料として、半分は実用として。日本の線香は家にない。仏壇がないからだが、ほとんど法事にもいかず、墓参りにもご無沙汰であり、必要がないといえばそれまでのことか。では、どのような線香を手元にもっているかといえば、イスラームのお香、道教の線香にラマ教のお香。もちろん仏教のお香の数々。それに乳香やら栴檀《せんだん》やらなんやら。つまりは古代から使われてきたさまざまな香料のコレクションである。それに若干の香水。たとえばパキスタンのバザールで買ったジャスミンのエッセンスなどである。香りということからいえばバラの花びらでできた香り豊かなロザリオ。これはイタリア、アッシジの修道院で作っているもの。あるいはさまざまな国のたばこ、香辛料のたぐいにいたるまで、それぞれに記憶を喚起してやまない多様な香りを放ちつづけている。

嗅覚はきわめて微妙な感覚で、人間はさまざまな香りを判断しながらも、それを特定したり調合したりするためには特別な訓練が必要である。慣れた匂い、慣れない匂い、知らない匂い、記憶を揺さぶる匂い。匂いは繊細にして重層的な情報であり、食べられるか食べられないか、腐っているか腐っていないか、さまざまな場面で匂いを嗅ぐ行為は重要な意味をもっているのだけれど、意外と香りの意味を本質的に語っている文章は見あたらないものである。

昭和十七年に東洋堂から刊行された山田憲太郎『東亞香料史』(復刻、同朋舎)は、その後に数々の香料史研究を展開する氏の処女作であり、香料をめぐる東西交渉史の嚆矢といえる労作である。そこに古代の香料についての記述を求めると、素朴にして広大な香料の世界が見えてくる。すなわち、

香料は上古人類文化の黎明期より世界の三大文化地域であつた東亞、印度、泰西《ヨーロッパ》に使用したのであつたが、今日のやうに精油や人造香料を中心とするものでなく熱帶アヂャ[アジア]に產した天然の植物動物性香料をそのまま粉末調合して焚き、草花樹皮根莖等の香氣を動物性脂肪・植物性油脂に吸收させて香膏を作り、アルコール類其他の液體(例へば溫湯)に投じて香氣を感じ、スパイス類を調味に用ひ、そして諸香料は藥用に亦《また》あるものは染料(丁香《ていこう》・梔子《くちなし》)に使用した。香料の種類も今日以上複雜混交し、現在香料として用ひないものでも香料の中に入れてゐた。

とあり、古代香料を原料の組成から分類し、以下のような項目を立てて列挙している(引用は要約)。

(イ)薔薇、素馨《ジャスミン》、茉莉《まつり》、鬱金《うこん》などの花、梔子の実
(ロ)青木香、零陵香、甘松香、芸香《うんこう》などの葉・茎・根
(ハ)乳香、没薬《もつやく》、安息香、ダマルなどの樹脂香料

（ニ）樹幹の一部に凝集する樹脂、たとえば沈香《じんこう》
（ホ）幹枝を利用するもの、たとえば白檀《びゃくだん》などの檀香
（ヘ）樹木の結晶体を利用するもの、たとえば龍脳
（ト）胡椒、丁香、肉桂などの花蕾《つぼみ》・実・樹皮・根茎
（チ）麝香《じゃこう》、龍涎香《りゅうぜんこう》などの動物性香料
（リ）甲殻類（甲香）、硫黄

ちなみに、ここにいう丁香の蕾《つぼみ》を干したものが丁子《ちょうじ》（クローブ）であり、はじめはイスラーム商人がこれをヨーロッパにもたらしたのだが、のちに欧米列強が丁子や肉荳蔲《にくずく》（ナツメグ）の権益をめぐって激しく争い、そこからインドネシアのモルッカ諸島は「香料列島」の異名をもつことになる。しかし、それはまた後の世の物語である。

ともかく香料に関わる記述を探ると、ヘロドトスの『歴史』にはすでに多彩な記録が見られるし、あるいは聖書を見ると、バルサム、プドラク、楓子香《ふうしこう》、没薬、蘇合香《そごうこう》、乳香などが見えてくる。たとえば「出エジプト記」には、ヤハウェがモーセに命じて祭儀のための香料を集めさせる場面が数々あり、「君は最上の香料をとれ。凝固させた没薬五〇〇シェケル、香ばしい肉桂をその半分、二五〇シェケル、香ばしいしょうぶ二五〇シェケル、桂のつぼみ五〇〇シェケル、それにオリーブの油一ヒン。君はそれを香油作りがまぜあわせてつくる仕方に従って聖なる注油の油につくれ」などとあり、すでに香油を配合する職人のいたこと、祭儀に用いる香料には厳格な配合法のあったことなどがわかる。

また「列王記」にあるシバの女王がソロモン王を訪れるくだりには、女王がラクダにバルサム油を載せてきたことを特記していて「これほど多くのバルサム油は二度と入ってこなかった」とあり、古代の香料交易の重要さを思わせる。またすでに紹介した『法華経』の喜見菩薩《きけん》の故事やヴェーダ文典などから見れば、古代インドには多彩な儀礼用の香料があったと見られるし、馬王堆《まおうたい》漢墓からは副葬品として花椒、肉桂、香茅《こうぼう》、生姜などが出土したと報告されている。さらにさかのぼるなら、エジプトに出土した紀元前十六世紀のパピュルス文書にはコリアンダー、キャラウェイ、サフラン、胡麻など香辛料についての記載が見られるといい、メソポタミアにおける樹脂香料の使用は、なんと紀元前三〇〇〇年の昔にまで確認できるという。そもそも香料とは、焚香《ふんこう》（incense）、化粧用香料（perfume）、香辛料（spice）に大別されるが、その歴史は人類史にぴったり重なるのではないか。

手元にある線香を見直してみると、パキスタン製の線香が数種類あり、バラ、白檀などが残っていたが、火をつけるまでもなく強い香りがたち、たちまちさまざまなことを思いだす。チュニジアのモスクのなかの香り、ギリシアの教会堂の香雲、モンゴルのラマ寺の香木、インドのヒンドゥー寺院にたちこめる薫香、タイの巨大な涅槃《ねはん》像に捧げた蓮の花と線香……。どこにもさまざまな香りがあり、神々へと奉献された芳香の供物があった。思うに、焚香の風習は、火にかけられた香りがまっすぐ上空へとたなびき、人の視界のはるか高みにある神へと届くことを願う思いの反映ではないだろうか。たとえば樹木崇拝や聖なる柱への礼拝にも似て、人の住まう地平《ホリゾント》と垂直に交差する力線を求めようとするとき、動物供犠や燔祭《はんさい》の煙の立ちのぼりと同じように、焚香の上昇する香りは天空に向けた真摯なメッセージであったのだろう。

東アジアにおける香炉《こうろ》の使用も宗教儀礼にはじまり、インドから中国に仏教が伝来したときには、戦国時代から漢代におこった博山炉《はくざんろ》を利用した。インド古代には、香を薫《くん》じ、香油を身体に塗って汚臭を除く習俗（塗香《ずこう》）があったが、これが仏教で香（*gandha*）をもって供養をおこなう儀礼化に進んだものである（「香奠《こうでん》」の語にその名残が見える）。神々の酒であるソーマ酒を守り、女性に神秘的な力をおよぼす半神のガンダルヴァは、やがて薬神として知られるようになるが、その神名の漢訳に、音訳としての乾闥婆《けんだっぱ》とともに香神《こうじん》、食香《じきこう》があることは、そうした薫香の特権化とかかわるものだろうか。また沐浴のために香草を煮沸した湯を香湯《こうとう》といい、菖蒲や栴檀など三十二種あると『金光明経《こんこうみょうきょう》』にあるが、現在では丁子のみを用いるようである。

日本では飛鳥時代に柄香炉《えごうろ》が伝わり、博山炉も法隆寺にあったと推定されているが、平安時代になると日本にも中国経由で五文字の種字（サンスクリット文字の聖音）を透かした紇哩字《きりく》香炉や菊形香炉があらわれ、やがて鎌倉時代には朝鮮高麗の金山寺香炉が伝わるようになった。正倉院には麝香、沈香、全浅香、黄熟香などが残るが、織田信長がその香木の一部をむりやり切りとったなどの話は、香料への執着をしめす事例として興味ぶかい。『魏志倭人伝』に「薑《きょう》・橘《きつ》・椒《しょう》・蘘荷《じょうか》あるも、以て滋味となすを知らず」とある。それぞれ「しょうが・たちばな・さんしょう・みょうが」で、それを倭人が味わわないと注するわけだが、それは逆に大陸ではこれら香辛料が常識であったことの証明だろう。日本が香辛料や香料を学びとるまでには、さほど時間はかからなかったはずだ。『万葉集』に見える橘を詠んだ歌が七十数首にのぼることがその証明となる。遣唐使の時代になると、あとは一気呵成。香料交易で財をなしたイスラーム商人がおおく唐代中国にいたことは桑原隲蔵《じつぞう》『蒲寿庚《ほじゅこう》の事蹟』（平凡社、東洋文庫）などを参照されたい。

バンコックで刊行されているジャン＝レオ・デュガの写真集『香』(Jean-Léo Dugast, *Incense*, Post Books, 1994) を見ていて、香港の文武廟で出くわした螺旋状の線香が、ヴェトナムやマレーシア、台湾など東南アジアに広く分布するものであること、また龍の頭や人物像をかたどった巨大な柱状の焚香もあることなどを知った。南アジアの道観やシャーマンの祭祀場に大きな焚香の柱を見たことはあったが、それが現在もじつに広く生きている事実には驚かされてしまう。本書の序文でジョン・ホスキンは、アジアを訪れた最初期のヨーロッパの旅行者はアジアの豊かな焚香の様子に驚き、仏教寺院を「香の館」、僧侶を「薫る王」と表現したと述べている。あるいは中国語の香閣などからの連想か。また中国語には香刹《こうさつ》、香台、香埠《こうふ》、香界といった仏寺・仏殿の異名が残る。しかしいずれにせよ異国の旅人の眼には、アジアは香料の国であり、乳香・没薬を産した幸福のアラビアに並ぶ芳香の世界と見えたことだろう。マルコ・ポーロにせよ、フランシスコ・ザビエルにせよ……。

（1998・11）

ネコの名づけをめぐって

わが家には「猫」と「虎」という名をもつネコがいた。長くわが家の王妃・皇子であったが、メスの「猫」は昨年の夏に世を去り、その息子である「虎」も、この夏の終わりに病いをえて、ずいぶんとがんばったが神様に連れていかれてしまった。「猫」の一歳ころの子だったから、母と同じ年齢で生涯を終えたことになる。今年はトラ年だったし、その意味では年男でもあったから、少しばかり悔やむところがある。積みあげられた本の迷路のあいだで生きたことは、ネコとして幸福なのか不幸なのか、ぼくには知るよしもないが、人間の側からいえば、少しすまないような気もする。

この二匹の名は「マオ」と「フー」と読む。フーが生まれてから二歳になるあたりまで撮っていたヴィデオを編集し、「Fou de Mao」と題した。フランス語で「ネコ狂い」と読めなくもない。もちろんこの題には「マオのフー」という意味がかけてある。もう十年も前のことだ。そのころ雑誌に書いたことだが、この名前のことを中国からの留学生に話したら、彼がいうには「フーちゃんにも子どもができたら、今度はロンですね」。それは中国語の「龍」なのか、それとも麻雀でつかう「ロン」なのか。あるいは口三味線で第一弦、第二弦、第三弦の音をそれぞれトン、テン、チンであらわし、それらの弦を撥《ばち》ですくう音をロン、レン、ノンでしめす習わしがあるが、まさかそれではあるまいな。いま思い返せば、もちろん彼が言ったロンは「龍」(lóng)のことにちがいないのだが、現代中国語の辞書を引くと同音の「攏」(lǒng)には「引き寄せる、惹きつける、なでつける」などの意味がある。ちょっとネコっぽいかな。

岡本正文編『支那聲音字彙』(文求堂)の改訂増補第三十七版を引いてみると「LUNG」の項に「龍」が見えている。ウェード式にしたがっているからで、その理由を例言は「同氏ノ記法ハ最モ簡明的實ナルヲ以テナリ」と述べている。ただし「ウエード氏ハ撥音ノ種類ヲ分ツテ四百二十トナセルヱ其中不必要ト認ムルモノ十九種ヲ削除シ都《すべ》テ四百零一種ヲ得タリ是レ編者カ從來ノ經驗ニ徴《といあわ》シテ取捨シタルモノナリ」とも書いている。この取捨選択が、今日の中国学から見ればどう判断できるのか知りたいところである。

ちなみにフランスの中国学者であるアンリ・マスペロの『道教と中国の諸宗教』(Henri Maspero, *Le Taoïsme et les religions chinoises*, Gallimard, 1971)の末尾には、おそらく本書の編者マクス・カルテンマールの加えた音声表記アルファベットの比較対照表が付されている。これはパリ高等研究院中国語学センターの作成した表をもとに、拼音《ピンイン》字母とウェード式表記、それにフランス式の中国音表記法(E.F.E.O.)を対比するものである。たとえば拼音で「zhan」と綴る音はウェード式で「chang」、フランス式では「tchan」となる。一方、拼音で「chang」と綴る音はウェード式で「ch'ang」、そしてフランス式では「tch'ang」となる。さらに拼音の「jiu」にはウェード式の「chiu」が対応するが、フランス式にはなんと「kieou, tsieou, kiou, tsiou」と四種類もの綴りが存在する。辞書ごとに例外があるらしいのだが、まぎらわしいこと、おびただしい。そんな次第で、フランス語で書かれた中国関係書を読もうとするときには、この表が手放せない。

ところで興味ぶかいのは、この表に採用されている拼音の総数が、ちょうど四〇一音になることである。けれども拼音の「me」と「ne」には後二者の対応する音表記がなく、また拼音の「dei」と「eng」にはウェード式の「tei」と「êng」が対応するが、フランス式には欠けている。したがってこの表ではウェード式の総数が三九九音、フランス式は三九七音しかないことになる。この差異の理由もぼくにはわからないが、『大漢語林』(大修館書店)にある「仮名表記による中国語音一覧」での拼音とウェード式の対応表では、総数四一五の音が取りあげられ、拼音とウェード式は全対応しているから(「mê」と「nê」など)、この二音の表記が欠落していることにはどのような考えが反映しているのだろうか。いずれにしても本来のウェード式が拾いあげた数には足らないわけで、『支那聲音字彙』の音数とマスペロ本の表の音数との一致は偶然なのだろうか。ちなみにコンパクト版の各社の漢和辞典を見ても、この種の表があるにせよ音の数は微妙に揺れていて、たとえば『新字源』(角川書店)では四〇六音が載っている。しつこくなってしまったけれども、どなたかにお教えいただきたいことである。

さて肝心の「LUNG」であるが、『支那聲音字彙』では一九三番目の音として取りあげられ、その分類にしたがえば、上平音(一声)はなし、下平音(二声)は一六字、上声(三声)が五字、去声(四声)が三字、という具合で、都合二四字が見えている。これを中国語ワードプロセッサーに収録されている字と比較すると、たとえば「中文起稿」(東京コンピュータサービス株式会社)の場合「long」という音にたいして、繁体字で出力しておけば「攏、龍、籠、隆、龔、隴、聾、瓏、嚨、窿、朧、弄、壠、蘢、瀧、櫳、礱、癃」の一八字が収録されていることがわかる。これで十分なのだろう。なお『聲音字彙』にある「龐」は「pang」で出力できる。ただし『聲音字彙』にあるのは「まだれ」(广)ではなく「がんだれ」(厂)なのだが(とはいえ諸橋轍次『大漢和辞典』からもこの文字は発見できなかったので、活字が欠けた可能性も高い)。また中国語ワープロにないのは「儱、爖、鞴、蠬、哢、㑝、㥳」などである。反対にワープロに出てきて『聲音字彙』に見えない字もあって(「礱」など)、文字の国は複雑である。

やはり例言に「本書ハ現今清國ニ於テ對話ノ際及普通文章上ニ用ヒラル、所ノ文字七千五百餘ヲ彙輯」し、北京官話をもとにその音を記述したとあるので、広東語や客家《はっか》語などに固有の音や文字はないはずである。もちろん拼音《ピンイン》が北京語をベースにして制定されたのは一九五八年のことだし、カールグレンによる上古・中古の中国音に関する研究成果が公表されたのも一九五四年のことなのだから(『古代中国音声学概要』)、この改訂版の時点であっても『聲音字彙』の改訂者が参照できたのは、段玉裁や朱駿声といった清代の中国語学者の著作だったのかもしれない。ぼくの父もこの本の改訂に加わっていたと聞くから、こうした疑問は父が生きているころに聞いておけばよかったわけだが、そのころは、こんなことなど思いつきもしなかった。いま自分の手元にこの本を愛蔵し、ときおり文字の響きに耳を傾けている。

ネコの話から遠くなってしまったが、マオとフーという名をつけるにあたっても、この『聲音字彙』をおおいに活用し二〇三番目の音「MAO」の項に「猫、牦、毛、帽、髦、貿、貌、矛、冒、茂、茅、錨、卯、耄、旄」などの文字があることを、一一〇番目の「HU」の項に「虎、祜、怙、岵、湖、胡、葫、蝴、猢、鬍、唬、囫、扈、互、乎、壷、鶻」などの文字があることを知った。マオという音には毛沢東や父の名「茂夫」の一字のあること、あるいは空海の幼名「真魚《まお》」の音が含まれていること、またフーには胡人や回鶻（ウイグル）の一字が重なっていることを教えられたのである。だからどうだというのでもないが、命名とはそういうものだろう。子どもを持たないぼくたちには重要な意味と音になったのだ。

とはいえ、中国音で「māo」とか「hū」とか呼ぶことはない。日本語で「マオ、フー」と尻下がりのピッチで呼ぶのだ。すると彼らは尻尾を振り、あるいは鳴き返し、走り寄ったり逃げ去ったりする。しかし、人間の年齢に換算するとかなり老い病んでしまったフーは、最後は呼んでも尻尾の先を振るだけであった。しかし、仕事柄、アジアの多くの難民たち、貧困や病いに苦しむ多くの人々と直面しなくてはならなかったこともあり、何人かの海外の友人を戦火のなかに亡くしてもいる。人間をネコたちに引き比べるつもりは毛頭ない。ただ身近に生きていた小さな命を、最後まで見取ろうと努力し、彼らがぼくに教えてくれたこと、考えるきっかけを与えてくれたことを、少しずつなぞってみているのである。

動物たちは、いかに苦しくともみずから死を選ぶことはないと信じている。レミングが群れをなして水中に没することがあるが、それさえ種の保存からくる決死の行為であろうし、その一匹一匹は生きるために敢然と水中に身を投ずるのではあるまいか。いまのぼくには、この命のためになしえたことは、あまりにも少ない。ただその生きようとする意志を尊重し、見守り、ほんのわずか手助けをしたのみである。さて彼がいなくなってしまって、ぼくらは新しいネコを、たとえば「ロン」と名づけたネコを迎え入れられるだろうか。じつはそれからが、飼い主としての人間が真の友人をその存在に見つけられるかどうかの試練なのだと思う。

（1998・12）

＊その後に飼ったネコには、龍《ロン》、飛妃《フェイフェイ》、鳳《フェン》、凰《ホアン》、豹《バオ》などと名づけた。本書「鳳凰、来たれり」を見られたい。

インターネットのなかの「中国」

たまたま仕事の必要があって、インターネット上にあるアメリカの検索サイトで「chinese」を引いたら、一二六のカテゴリーで二七六五個のサイトがあるとわかった。これで全部であるはずがないのはもちろんであって、別のサーチエンジンでは五万一五九二件もヒットしたのだが、ともかくこの事例を考えてみる。

中国、台湾などの公式サイトはともかくとして、たとえば中国の伝統医学や中国語を学習するサイト、中国系アメリカ人のさまざまな問題を考えるサイト（たとえばOCA＝Organization of Chinese Americans）、ビジネス関係はかなりの数がある。ついで中華料理、中国将棋、中国の哲学思想、科学および科学史（とくに占星術など）、あるいは中国産の動物にかかわるペットショップ、京劇や舞踊の公演案内、中国の切り絵や書や絵画、彫刻などをあつかうアンティーク・ショップ、現代音楽やロックについてのサイトもある。たとえばひとつのサイトを見てみると「Modern Chinese Drama――provides a brief introduction to modern Chinese drama, known in Chinese as "Huaju"」とあって、つまりは「新劇・活劇」を紹介するものなのだが、それと並んで「Traditional Chinese Opera」を解説するサイトもあることがわかる。そこでこのふたつのサイトにアクセスしてみると、「Modern Chinese Drama」では簡単な解説とともに一四編の劇の概要が記されていた。その解説の概要をしめすなら、「中国現代劇あるいはHuaju（語り劇）は、今世紀の初頭から上海で発展しはじめた。伝統的な中国オペラとはちがい、あたりまえの生活をリアルに描写し、シェイクスピアやモリエール、チェーホフなどの西欧演劇の要素をとりいれたことで、たちまち観客をとりこにした。……しかし残念なことに、この新しい演劇も、ポップ・ミュージックやヴァラエティ・ショー、テレビなどの影響で、観客を魅惑するには苦しい戦いを強いられている」といったところか。その例とされている劇には、巴金《バーキン》の『家』（一九四二年）があるかと思えば『イエス、孔子、ジョン・レノン』という上海人民芸術劇場の創作劇（一九八八年）もあげられ、後者は寡聞にして知らなかったが、キリストと孔子とレノンが月への旅の途上で出会い、神の表象としての世界について語りあうという内容らしい。社会悪への批判の試みと注されているが、さて、どんな内容なのだろうか。

一方の「Traditional Chinese Opera」はどうかといえば、中国のパフォーマンス・アートの歴史の長さを強調しながら、古代においては演者へのさげすみがあったものの、じつに多くの流派が生まれ、いくたの王朝の移り変わりを乗りこえて今日に伝わり、いまなお現代中国では多くの聴衆に親しまれている、と説明する。そして、このサイトでは数十もの流派のなかから一〇のグループをとりだして解説し、京劇、崑劇、河北・河南梆子、越劇、紹興劇、評劇、潮劇などが拾われている。しかし、その詳細は素人にはわかりづらい。たとえば潮劇（Chao Opera）の説明に「潮劇は〈潮州劇〉とも呼ばれ、広東省の潮州や汕頭《スワトウ》、福建省の南部、また台湾の潮州語を話す人々のあいだに親しまれている」

とあるが、日本ではほとんど紹介されていないのではないか。七編ほどの劇が簡単に紹介されているけれど、たとえば「美人泪」は悲しい王妃の物語のようだ。また「痴夢」は漢代の話で、貧しい学生の悲恋物語らしい。専門家から見れば常識なのかもしれないが、たまたまインターネットで遭遇して興味をわきたたせた者にとっては、「Caicha Opera」なんて語にぶつかっても、そのままやりすごすしかない（これは「採茶劇」と読むと同僚に教えられた）。ただ、アルファベットで綴られた中国音はそのまま呑み込んで読みすすめると、なんとも魅力的なドラマの海が見えてくる。

いまはあえて専門書などをひもとくことなく、ただネット上から拾った文字をたどってみているのだが、たとえば日本のなかで「京劇」を検索しなおしてみると、やはり研究者の開いたサイトがいくつかあった。加藤徹氏の「京劇城」というページには「京劇リンク」という関連サイトをつなげる場所があり、かなりの数の京劇サイトが日本にもあるとわかってくる。そこで「京劇城」から「中国の民族芸能」というサイトにつないでみると「京劇は、音楽、舞踊、演劇が一体となった中国伝統戯曲の一つです。中国は広い国土を誇り、そこには地方差、方言差が生まれます。その地方独自の文化と伝統に育まれた〝曲調〟を持つ演劇を〈地方劇〉とよび、全国に三百種以上を数えます。こうした数々の地方劇が交流交配し、十九世紀半ばころ北京に君臨して〈京劇〉と呼ばれるようになりました」などといった概説と、具体的な配役構成や演劇としての組み立てなどの説明もある。あるいは、いくらか学問的な情報がほしければ、「小泉文夫記念資料室」に見えるさまざまな論文に目を通すのも楽しい。なにしろ検索エンジンの「goo」で「京劇」を引いてみたら、ヒットしたサイトは八〇八件もある。映画『覇王別姫』のファンクラブから、中国留学生の作った演劇案内、あるいは中国に留学して京劇を学んでいる人の体験談なども含めて、多彩な情報が渦巻いている。もっとも、たとえば「越劇」あるいは「Yue Opera」で検索してみてもヒットは二件程度であって、この落差は大きい。やはり情報はメジャーな部分に集中するのだろう。

となれば、まっすぐ中国のサイトに向かえばよさそうなものだけれど、残念ながらぼくのコンピュータの中国語環境がぶっこわれてしまい、ただいま修復中というありさまなので、英語版しか見られない。もちろん「China Pages」(中国黄頁)から「Chinese Opera」を探すと、京劇と並んで越劇などの解説もあり、歴史の説明などは詳しいのだが、もう一歩の深いところがわからない。これ以上のことは、やはりハードな書物に聞かなければなるまい。椅子に座ったまま、中国演劇の世界に若干のあたりをつけられただけでよしとすべきか。

いまここで京劇を引いてみたのは、本当にたまたまの事例としてであり、中国に関する五万件ものページをすべてチェックすることなどできるはずもないのだから、比較的見やすいものを見たというまでのこと。とはいえアジア世界におけるコンピュータ・ネットワークの展開は驚くべき速度で進んでいて、ほんの数年前の状況から見ると、情報の流通は何十倍にも拡大しているかに見える。じつは自分の用件で検索しようとしていたのは中国のネットワーク環境、とくに漢字の流通についての情報だったのである。たとえば「字典網/Chinese Character Dictionary Web」というサイトが中国にあり、さまざまな漢字世界がどのようにネット上でリンクしてゆくのか、いくつかの提案をしている。いまネット上で使われている漢字には何種類かのパターンがあり、中国の簡体字、台湾の繁体字、韓国の漢字、日本の漢字、歴史的な漢字、客家《はっか》語や広東語などの漢字、仏教用語や『易経』の用いる特異なる漢字など、似て非なる漢字が混じりあって使用されている。それらの漢字群を、どうすれば相互にリンクさせながら展開できるのか。それについての中国の意見を収集していたのである。もちろんこの問題については、日本でもいろいろ議論がはじまっているし、本もずいぶんと出版されている。ぼく個人としては急いで意見をいう意欲も資格もないのだが、それ相応の関心をもって事態の動きに注目している。

しかし、この問題は、ただ単にコンピュータで扱える漢字が増えるというだけに留まるものではない。むしろ漢字圏の世界のなかで語られてきたことの、なにが聞こえていてなにが聞こえなかったのか、あるいはなにを聞こうとしないできたかを考えなおす機会だと考えている。とくに「字典網」というサイトを紹介したのは、そこからつながる中国の歴史文化を扱うサイトに入ってみると「忘れてはならない歴史」というページがあり、第二次世界大戦下における日本軍のふるまいを南京問題を中心にとりあげ、さらに「五十年後」として、こうした歴史への記憶にたいする日本の若者の声などを紹介しているからである。漢字を用いるのであれ、アルファベットを用いるのであれ、これからの世代はネット上で直接さまざまな対話をはじめるにちがいない。そのとき日本の若者たちは、どのような歴史観をデジタル情報として流し出すのだろうか。歴史的な正しさをいっているのではなく、歴史と向きあっているかどうか、そのことの危うさを恐れている。

京劇の楽しさを、さまざまな言語をもつ人々と共有することは、その背後にある歴史を、人々が微細な表現にこめた喜びや哀しみを分かちもつことであるはずだ。デジタルであろうとなかろうと、声の重みには真摯に向きあわねばなるまい。

（1999・1）

＊あらためて検索しなおしてみると、多くのサイトが見当たらず、またURLも変化している。当然のことだろう。したがって、ここでは現行のURLも表記しなかった。それぞれに探索されたい。また二〇〇五年の反日運動の高まりのなか、中国のネット情況が問題とされたことも興味ぶかい。

景教徒、巴里《パリ》へ（一）

景教とは、ネストリウス派キリスト教の中国での呼称である。五世紀当時のシリアの首都アンティオキア（安都城、現在のトルコのアンタクヤ）近郊にあったユープレピウス修道院で学んだ僧ネストリウスは、四二八年にコンスタンティノポリス（現在のイスタンブール）の司教となったが、やがてイエス・キリストとマリアの神聖性に疑問を抱き、おおやけに異議を唱えるにいたったため、四三一年のエフェソス教会会議で異端との宣告を受け、追放されることになった。異端の宣告はそのまま死罪を意味したが、当時は死刑を執行することがほとんどなく、そのためネストリウスは少数の同調者とともにエジプトに逃れることになった。やがてネストリウスその人は四五一年にエジプトで没し、同年の教会会議によって彼の聖職者としての名誉回復がなされるものの異端的立場に変わりはなく、ネストリウスの教えを守る一団はシリアの東方教会と合流し、そこからササーン朝ペルシアに入ってわずかに命脈を保った。したがって、この異端宗派の教典は古シリア文字で記され、その一端が今日に伝わっている。

この宗派の教えが中国にまで広がるのは、ペルシアからトハーリスターン（現在のアフガニスタン最北部にあたる地域でバルフを都とし、中国では大夏あるいは吐火羅《トカラ》などと称した）、さらにはソグディアナ（現在のウズベキスターンにあたり、サマルカンドを中心とするイラン系ソグド人の領域で、中国ではソグドを粟特と記した）を経由して東トルキスターンに入り、七世紀のはじめに中国に伝わったものである。

とくにソグド人は東西交渉の中心的存在であり、中央アジアから北方遊牧民のあいだにも居住して国際通商をおこない、突厥《とっけつ》やウイグル系民族のなかにあって政治的指導者となった例もおおい。伝説的ではあるが、中国の史書によれば、ソグド人は子どもが生まれると赤子の手に銭を握らせ、口には蜜を注ぐという。その子どもが長じてからは、手に入れた金を離さず、口からは甘い言葉を吐くように。それはともかく、ソグド人の手を経てマニ教やソグド文字が東アジアにも広がったわけで、ウイグル文字やモンゴル文字などもソグド文字がその原型であるといわれている。近年になってソグドの遺址が発掘されて、おおくの文物が見いだされている。やがてさらなる謎の解明が待たれるところである。そのような次第なので、ネストリウス派の宗教が中国に伝わったのも、やはりソグド人の導きによるものなのだろうか。

景教の「景」の語は光り輝くことを意味する。六三五年にペルシアの僧オロボン（阿羅本）が布教師の一団をひきいて長安をおとずれ、唐の太宗より伝道を許可されたという故事が、その伝来の公的な記録となる。もちろんそれ以前にも伝道者の来訪はあっただろうし、戦時下の中国にあってジョゼフ・ニーダムが数々のネストリウス派の遺物を発見していることからいっても（ジョゼフ・ニーダム

／ドロシー・ニーダム編『科学の前哨』山田慶児・牛山輝代訳、平凡社）、まだまだ未知の史料が大地に埋もれているにちがいない。いずれにせよ、七世紀の前半にはネストリウス教が中国に達し、諸州に波《ペル》斯《シア》寺（のちには大秦寺と改称されている）と呼ばれる寺院が建立されている。すでにペルシアからは六世紀のはじめ、南北朝のころの華北にゾロアスター教（祆教《けんきょう》）が伝わっており、隋代には信者を取り締まる薩甫《さっぽ》（唐代では薩宝）という官まで設けている。こちらは六二一年に長安の布教坊に祆祠が建てられ、六三一年には崇化坊に祆寺が興ったという。このように唐代には次々と西方の宗教が伝来し、それぞれに寺院をかまえたので、ネストリウス教、マニ教、ゾロアスター教の三教の寺院を総称して「三夷寺」とも呼んだという。

ついでながら、イスラーム勢力の勃興によって西方の政治地図は大きく塗り替えられはじめ、そこから中国はイスラームに冒されていないササーン朝ペルシアとの交流を深めることになる。じつにイスラームは破竹の勢いで拡大する驚異的な勢力であって、すでにアラビアとの交流が深く浸透していたにもかかわらずペルシアを選ぶ結果となったのだろう。しかしペルシアもイスラームの前に敗北を喫し、そのときペルシア最後の国王ヤズドガルド三世は唐の太宗に援助を願うのだが、これを唐は拒絶した。この報をヤズドガルドが受けるのはネハーヴァントの戦い（六四二年）に敗北してトルキスターンへと撤退するさなかであった。やがてヤズドガルドの息子であるフィールーズ王子はトハーリスターンに独立政権を樹立するが、それもついに持ちこたえられず、この政権を援助した唐へと亡命するのである。その年が六七〇年、王子は中国名を卑路斯と称し、長安に祆寺を建てて捲土重来を誓ったが、ほどなく没することになる。のちにその息子のナルセス（尼聶師）は中国の遠征軍とともに失地回復をくわだてるが成果はなく、ついに長安で生涯を終えたという（ジョゼフ・ニーダム『中国の科学と文明』第一巻、砺波《となみ》護《まもる》他訳、思索社）。

すなわち時を同じくして西方の宗教が次々と中国に渡ってきたのは、一方にイスラームの勢力拡大があり、またそれを睨んだ唐の西方政策とが絡みあった結果であって、ただ闇雲に伝道者が来訪したわけではない。したがって、公的に宗教の伝来を伝える史書の記事には強く政治的な意味あいがあり、実際の信仰が生きていたかどうかは読みとりがたいところがある。だからニーダムも景教の流行に疑問を差しはさんで「その教会寺院の数は実に多かったが、中国人から厚い帰依を受けたかどうかは疑わしい」と書くのである。

やがて玄宗が即位するころ、景教は仏教徒による迫害を受けて一時的に衰退するけれども、七四五年ごろから各地に大秦寺が建立されてふたたび勢力を盛り返し、広く「大秦の教」と呼ばれる。そして七八一年にはその流行を讃え、景教の由来や教義の大略を漢字とシリア文字でしるした有名な石碑「大秦景教流行中国碑」が長安の大秦寺に立てられるのである。この碑文の研究については、なにより昭和十年に刊行された大冊、佐伯好郎『景教の研究』（昭和十年刊、復刻版が名著普及會にある）を見るべきだが、それは次の機会に触れることとして、ここではエジプト学者としてあまりにも高名なワリス・バッジの記した希有な書『元主忽必烈《フビライ》が欧洲に派遣したる景教僧の旅行誌』（佐伯好郎訳、春秋社松柏館、昭和十八年）を見てみよう。なお、この書は昭和七年に刊行されたものの再刊であるが、初版はいまだ見たことがない。いずれにせよ日本ではきわめて早い紹介だが、逆に言えば那珂《なか》通世《みちよ》、澁谷啓蔵などの先学に学び、桑原隲蔵《じつぞう》、関野貞《せきのただし》あるいは石田幹之助らとともに研鑽しつつ、アメリカおよびカナダに留学してインド＝ヨーロッパ語族の研究に手を染めていた佐伯であれば、こうした訳業もまた必然であったはずだ。すでに佐伯には「支那に於ける景教碑」という論文が大正五年にあり、バッジのこの書にもその英語版が引用されていることも付記しておく。

さて『景教僧の旅行誌』は、中国在住の二人の景教僧である把掃馬《バール・ソーマ》と馬可《マコス》の手になるシリア語で書かれた文書であり、本書はその文書のバッジによる英訳と注解の重訳であるということになる。しかし、もともとこの文書はペルシア語で書かれていたものらしく、いつのころかシリア語に訳されて、それのみが今日に残されている。さて把掃馬は汗八里《カーン・バリック》（王の都の意であり、現在の北京をさす）の人、馬可は東城（現在の安徽省定遠県の南東）の人と伝えられる。彼らはエルサレムに赴いてキリストの墓所を参拝したいと願い出たもののようで、結局のところエルサレムの地を踏むことはなかったものの、把掃馬は黒海、地中海を抜けてローマに向かい、東ローマ帝国の国王およびローマ法王に拝謁するとともに、さらに北上してパリにいたり、フランス国王とイギリス国王などにもまみえている。一方の馬可も景教総本山の第五十八代法主に任ぜられている。「而して當時の景教總本山の全領土は東は支那より西はパレスタインに擴がり北は西比利亞《シベリア》に亘り南は錫侖《セイロン》島に達して居たのである」。

十三世紀後半におこなわれたこの旅は、たび重なる迫害、略奪、地域紛争との遭遇などの困難にみちあふれているが、おおよそ四十年にのぼる旅のあらましは一個の巡礼行であるとともに政治的な外交の意味も担っているのであって、彼らがユーラシアを横断してパリにいたった背景には複雑な中央アジア情勢が横たわっている。だから本書からは、旅の困難もさることながら、モンゴルや中東に関わる状況報告にこそ見るべきものがあるはずだ。すでに引用などをする余裕がないけれども、先に述べたイスラーム勢力と景教（あるいはキリスト教）とのアジアにおける覇権闘争の一端が具体的に見えてくる。そこに中国が深く関わっていた事実は、あらためて確認されなくてはならない。

（1999・2）

景教徒、巴里《パリ》へ（二）

さてワリス・バッジ『元主忽必烈《フビライ》が歐洲に派遣したる景教僧の旅行誌』の邦訳版には、いささか不思議な訳者序文「譯補者の自序」がある。ぼくが見ているのは昭和十八年刊の第二版だが、この「自序」は昭和七年に書かれているから、初版にも載せられたものと思われる。この書はもともと古シリア語で書かれた文書のペルシア語訳をバッジが英訳して注釈したものであり、それを邦訳した佐伯好郎は「譯補者」とみずからを規定しているのだが、そのうえでこう書いている。

若《も》し夫《そ》れ余が本書を翻譯したる最大の理由が元寇撃滅の世界歴史的意義を明確にするにありと云ふに至つては少しく説明を要することゝ思ふ。即《すなわ》ち余の見るところに據《よ》れば元寇撃滅の日本歴史的意義は日本國民の國民的自覺（national consciousness）の完成であつたのである。日本思想の獨立である。……余の所謂《いわゆる》元寇撃滅の世界歴史的意義とは大日本帝國の防海の将校士卒及び人民が一致團結して元寇を撃滅し之に由《よ》りて忽必烈汗の素志であつた歐洲征伐の擧を阻止し遂に歐洲文明を救ふに至つたことである。

もし日本が元軍を博多湾に破るということがなかったなら、その軍勢は数年を待たずにエルサレムを取り、さらにはパリやローマにまで進出しただろう。だからこそ建治元年（一二七五年）の鎌倉で元の使者ら五人を処刑したことがヨーロッパ文明を救ったのである。そのなかにウイグル人の書状官も含まれていたが、パリに旅した景教徒もウイグル人であったのだから、この書状官も景教徒であったかもしれない。ここからフビライ・ハーンの対欧州政策、対日本政策の一端も、バッジの本書から推測されるだろう。そう佐伯は考えているのである。

この議論は本書の巻末に収められた佐伯の「元寇撃滅の世界史的意義」（昭和六年七月一日元寇撃滅六百五十年記念會講義）がさらに詳しい。ここで佐伯は国民史（national history）と世界史（universal history）とを区分するうえで、それぞれを民族自我の発達史と世界人類の平等を考究する歴史と見なくてはならないという。同じ歴史上の問題が国民史の問題となり、同時に世界史の問題となる。そのときこの問題は「特立獨行のインデペンデンスの點にあるかそれとも共存共榮のインターデペンデンスの點にあるかと云ふ所に存するのです。是が世界歴史と國民歴史との區別の一標準であります。片方は〈自我〉の發達を目的とし、片方は〈沒自我〉の發達を目的とします」というわけである。日本が元寇を打ち破ったことが、そのままヨーロッパ文明を救うことになるかどうかは断言しがたいものの、また相当の大東亜主義の反映も見られるものの、この歴史観は当時にあって奇妙に斬新である。

全体が一二七〇頁強になんなんとする大冊『景教の研究』をひもといてみると、その第四章第十節に「福岡縣博多元寇記念館に保存せらるゝ蒙古兵の鐵冑に在る景教十字架紋様」があり、この特異な鉄冑の図像学的な分析から元軍に属するウイグル人景教徒の所有品と推測している。上に述べた建治元年に処刑された書状官をウイグル人景教徒であるとするのも、この分析からくるものである。モンゴルの書状官の多くがウイグル人景教徒であったことは『元史』にも記されるところであり、そこから彼はこう書く。

成吉思汗《チンギス》が景教を奉信せし乃蠻《ナイマン》王國を亡ぼしたときに乃蠻太陽汗の金印を懐にして逃れんとして成吉思汗の擒《とら》ふるところとなつた塔塔圖該《タタトカイ》は輝和爾《ウイグル》人である。而してこの塔塔圖該を重用して遂に輝和爾文字や輝和爾語が蒙古の太子や諸王に教へらるゝに至り後には輝和爾語より蒙古文字が作られ蒙古の新國字として行はるゝに至つたことを考ふれば貴由《グユク》汗の卽位の頃に和林《カラコルム》に在つた西羅馬《ローマ》教の使僧ウイリヤムが「景教和尚ヨハネとその兄弟汪罕とはウイーグル族の附近に居つた」と述べ更に「ウイーグル人は書狀官としては無比である。而して殆んど總ての景教徒はウイーグル國書に精通して居る」と語つて居ることが決して誤つて居ないものと思はれる。

ここにいう「景教和尚ヨハネ」とは伝説のキリスト教王プレスター・ジョンのことであり、モンゴルの脅威におののきつつも、オリエントに聖人の存在を求めた西欧キリスト教会の夢想の結果でもあるが、これは一方では異端として東方に追放されながら力強く生きつづけていたネストリウス派キリスト教にたいする複雑な希望だったのかもしれない（チンギス・ハーンをキリスト教徒と見る説さえあった）。

プレスター・ジョンの伝説の一端を記す十二世紀中葉の記録をしめしてみよう。

東の果てに住む王にして司祭、その民ともどもキリスト教徒でネストリウス派信者である者が、イスラム教徒のペルシアと戦《いくさ》を交え首都を攻略。そしてエルサレムの教会を助けようと軍を動かしたが、厳しい気候のため故国へ軍を戻すことを余儀なくされた。彼はプレスター・ジョンとよびならわされている。

（『大モンゴル』第二巻、角川書店）

やがてプレスター・ジョンのイメージはダヴィデなど聖書における英雄と同一視されるなどして一人歩きをはじめるのだが、これを現代の歴史家たちは次のように解釈している。すなわち中国北部から移動してきた遼の王族である耶律大石《やりつたいせき》の興したカラ・キタイ（西遼）がセルジューク朝トルコとサマルカンド近郊で激突し、イスラーム勢力を撃破したことがプレスター・ジョン伝説の原イメージではないかというのである。それはそのままネストリウス派にたいするローマ教会の認識をしめすものでもあるのだが、それについてはいずれ語ることにしよう。ぼくの愛唱してやまない耶律楚材《やりつそざい》の詩篇「河中府十詠」は、中国のサマルカンド（河中府）攻略をめぐる複雑な感慨をこめた絶唱だが、ここにプレスター・ジョンの伝説が絡みあうことになるから、これは簡単に終わらない話である。宿題とするほかはない。

さて、先回から語っている『景教僧の旅行誌』の二人がたどったルートは、おおむね次のようなものである。

汗八里〔北京〕↓歸化城〔綏遠《すいえん》／内蒙古自治区〕↓蘭州↓涼州↓甘州↓敦煌《とんこう》↓沙州〔西夏／甘粛省〕↓ロタン〔干闐《コータン》〕↓疏勒國／合失合兒〔カシュガル〕↓撒馬兒罕〔サマルカンド〕↓不花剌〔ボハラ〕↓麻里兀〔メルブ〕↓呼羅珊〔ホラーサーン〕↓瑪察圖〔マシャド〕↓阿提巴實《アドルビジャン》〔タブリーズ〕↓縛達〔バグダード〕↓毛夕里《モールス》〔ニネヴェ〕↓アニ〔アルメニア〕↓ジャジラット・イブン・ウマール↓ディヤールバクル↓サムスン↓コンスタンティノポリス〔イスタンブール〕↓ネープル〔ナポリ〕↓ローマ↓タスカニー〔トスカニア〕↓ゼノア↓オンバール〔ロンバルディア〕↓パリ↓ボルドー↓……〔帰国〕

つまり、現代の地図でいえば、中国シルクロードを抜けてからパキスタン、イランを経てイラクに入り、トルコからイタリア半島をさかのぼってパリまで達したことになる。ここ数年、イスラーム・ネットワークの研究は多いけれども、中国からイスラーム圏を抜けてヨーロッパに達した人々（とりわけ象徴的な存在は鄭和《ていわ》だろう）について日本が未消化な状態をつづけているのはなぜだろうか。遣隋使や遣唐使の動き、日本のアジア・ネットワークへの参入を考えるとき、これらイスラーム教徒、景教徒たちの行動力を無視してはなるまい。すでに漢代からはるかにさかのぼって中国が「internation-al」（国際的・文化横断的）な立場をとっていたことを再確認したいのである。

景教の問題は、中国を考えるときの挿話にすぎないものでしかないのか。そんなことはない。日本が神風とか鉄砲の伝来とかには敏感なくせして、ネストリウス派の力を忘却しているのは解せないと佐伯は考える。これは日本という国家の成立した時期の最重要な外交問題ではないか。そして聖徳太子や空海は、このことをよく知っていた節があるのである。

ここのところ、イラクにたいするアメリカの空爆であるとか、アメリカの行動とパレスチナ問題とのリンクであるとかが、さまざまに語られている。しかしそのとき、本当は歴史が語り出さなくてはならないのではないだろうか。佐伯好郎の景教研究など人の知るところではないのかもしれないけれども、だからこそ、いまこうした重要な作業のあったことを人に知ってもらいたい。本書には誤りもあれば、姿勢のズレもある。しかし、彼の仕事から苦難の旅をおこなった知られざる宗教者の旅のあらましも知りえるのだし、こうした過去の人々の情熱を自分のものとして読み直すこともできるのである。いまこそ「international」であることの本当の意味を考えてみるべきではないのか。そしてそれを知るための真の先達は、やはり中国の歴史ではないのか。

中国景教が送り出した二人の旅人（把掃馬《バール・ソーマ》と馬可《マコス》）の歩んだ道は狭い道だったかもしれないが、いまぼくたちは道を拡げる可能性を与えられている。バッジがペルシア語から訳し、そこに佐伯が日本語のなかで息を吹き込んだ書物が、いまこそ魅力的なのである。

（1999・3）

III

中国的象徴的世界

ヴォルフラム・エバーハルトの編纂になる『中国シンボル事典』（Wolfram Eberhard, *Lexikon chinesischer Symbole*, Eugen Diederichs Verlag, 1983）は、その英語版（*A Dictionary of Chinese Symbols*, Routledge & Kegan Paul Ltd., 1986）が三年後に出ていて、多く版を重ねているようである。いま手元で参照しているのは、ドイツ語版の原書はもとより、ペーパーバックスとして出されている英語版の第三版なのだが、この英語版は比較的に入手しやすく、なかなかおもしろい。ぼく自身はこれらの版をつねに手元に置いて参照しているのだが、その諸項には目を見張るような見解もあれば、なんとも不思議な誤解もある。いや、誤解といっていいのか、日本的な理解と誤差があるというべきなのかもしれない。学問的に正しいとか正しくないとかいっているのではなく、聞いたこともない見解が生まれているのである。あるいはこうした見解の差異について、われわれ日本人が素朴にものを知ろうとする感覚を喪失しているのだろうか。

ここでなにをいいたいのかといえば、もはや血肉となってしまった感のある日本の中国の文明＝文化にたいする理解が、本当に世界と共有しうる中国文化への理解なのかどうか、それを検証してみる時期が来ているという感覚である。いずれにしても、これは日本にはない類の事典であって、もはや日本でも漢文読みの慣習が失われ、中国の博物書への接近が難しくなった現代では、翻訳書として紹介されていいものではあろう。十年ほど前には本当に類書がなく、いちいち煩瑣な諸書をめくりなおすしかなかったのだけれど、この事典を発見して、そのまま役に立たないことはあっても連想は生まれ、ああ、そういえばこんな言及もあったと乏しい記憶を引き出してくれたのである。

かつて本誌の「中国イメージ・シンボル小事典」特集（『月刊しにか』一九九六年五月号）のおり、ぼくは「中国の色」をめぐって、この大文明の文化的な基軸となる五色（白・黒・赤・青・黄）について書かせてもらったけれど、そのとき中国の色についての歴史的概念の概略を知るために最初に参照したのは、この書であった。もちろん中国の色に関する専門研究書や関係する文献についていくばくかのことを知っているものの、にわかに適所を引き出せるものでもない。この事典から以下の文章を読んだりし、なにごとかを見いだしたのである。たとえば「青」の項の概要をここにしめしてみよう。

Blue 藍（*lán*）濃淡にかかわらず、青い花やリボンを髪にとめるべきではない。それは凶のしるしだからである。また青は、高い官職や社会的な昇級の先触れという意味をもつ場合もある。もちろんそれは、さまざまな煩悶や困難を伴うものである。青い目は醜さと見なされる。中国世界で青い目が見られるのは、通常、中央アジアに生活する漢族ではない民族に限られるが、その例としては、たとえば［現在のパキスタンの山岳部に住む］フンザ族などがその例である。……この「藍」の字は古文典には見えない。本来、この語はindigo plantの名から導き出されたもので、ごく近年にいたるまで、このインディゴこそが、庶民の衣服を染めるにはもっとも一般的な原料であったが、「blue」にあたるより古い語を求めるなら、青から緑にいたる幅広い色合いを濃淡ともに含みうる語、すなわち「青」(*qīng*)を見なければならない。この「青」は、空の青、海の青に使う語である。象徴的に「青」の語を使う例としては、たとえば夜じゅう仕事を続ける学者の姿を「青いランプ」[青燈]と呼ぶことなどがある。

以下は略するけれども、この項の記述法を手近な漢和辞典や百科事典などと比較してもらいたい。

けれども、ここでぼくが思うのは、こうした記述のなかから西欧の人々はどのような感覚を得るのかということである。もちろん中国の文物についての詳しい知識を基本的にもたず、東アジアの文化に関する知識も特殊な部分に位置づけられ、まして日本人のように生活語のなかの微細な部分にまで漢語の反映を残している世界など、遠く異質な想像もつかない次元であるはずの彼らにとって、この青の説明は、逆に想像を刺激してやまないのではないか。たとえば中国学、朝鮮学、日本学の急速な進展、あるいは江戸期や明治期の日本政治体制についての微細なレヴェルに達するすぐれた研究書が欧米で次々と刊行されている現在、彼の地の東アジア学は『菊と刀』などの著作からは想像もつかないほどに遠い(というか肉体感覚からいえば「近い」)地点にまで達しているのである。おそらく今後は、こうした事典が急速に発展するであろうし、事実さまざまな東アジアの文化に関する事典が多数あらわれはじめ、欧米の研究者による欧米の読者にたいする出版物のみならず、アジアの現地研究者によるさまざまな文化研究を集積して事典化しようとする試みが結実しはじめてもいる。上記の引用でもわかるとおり、この『中国シンボル事典』の役割はやがて終わりを迎え、新たに権威ある中国文化＝象徴事典がアジアにも欧米にも生まれることであろうが、今一度、こうした事典の果たしてきた役割を再考してみてもいいのではないだろうか。

あるいはシュヴァリエとゲールブランの編纂した『象徴事典』(Jean Chevalier/Alain Gheerbrant, *Dictionnaire des symboles*, Robert Laffont, 1969) は、さまざまに抽出された項目について多彩な文化における象徴性を対比させる姿勢をとっていて、第一に参照すべき事典である。すでに欧米諸語への翻訳が出ているし、邦訳も近年刊行されている（『世界シンボル大事典』大修館書店）。その「青」の項を見てみよう（ここでの引用は拙訳）。

Bleu　青はさまざまな色のなかでも、もっとも根底的な色彩であり……、もっとも非物質的な色彩でもある。一般的に自然現象は、透明性をしめすことによってのみ現前するからである。すなわち空気や水、あるいはさまざまな結晶体やダイヤモンドなどの物質は、その集積性を見えなくすることで存在を誇示するものなのだ。この透明性は、純粋さと冷たさそのものをあらわす。青はもっとも冷たい色なのであり、もっとも純粋な絶対的価値を身に帯びている。この基本的な性質をもとにして、青はさまざまな象徴性を生み出してきた。

そこから青は、若き日のチンギス・ハーンが人々に「青い狼」(Er Töshtük) と呼ばれていた故事や、チベット仏教で毘盧遮那仏《びるしゃなぶつ》（Vairocana＝大日如来）が青と関係づけられていたとか、法界《ほっかい》（Dharma-dhātu）の智慧は青い光であるといわれていたとか、少なくともアジアに関していうなら、これらさまざまな事例が引かれているのである。また中国に関しては「青は陽の色であり、慈愛をもたらす大地の龍の色でもある」と書き、『道徳経』の説などを引いている。いささか理解しがたい部分もあり、誤解も混入しているおそれがあるものの、アフリカやオセアニア、新大陸に伝わる青をめぐる象徴性と対比することで、その視角が一挙に拡がる思いがすることは事実であって、貴重であると思う。

ちなみに青は、平安（アメリカ・インディアン）、南の方位（アステカ）、吟遊詩人（ケルト）、聖母マリア（キリスト教）、天空神としてのゼウス（ギリシア）、雨の神としてのインドラの衣装（ヒンドゥー）などの象徴性をもっており、その詳細や派生形態は枚挙にいとまないのだが、色ひとつとっても複雑な深化と広大な通底のあることが垣間見えてくるだろう。

さて『中国シンボル事典』には「ウサギ」の項も見えている。その項「Hare 兎子（*tùz*）」は、黄道十二宮における四番目の動物としてのウサギから語りはじめ、月と関わり、古くから記録に残っていることを紹介している。そして周の文王（西伯昌）がウサギを吐き出すという奇妙な話をあげていて、兎（*tù*）と吐（*tù*）との連想から解釈して紹介する。この話の出典をにわかには見いだせないのだが、文王が殷《いん》の紂王《ちゅうおう》によって投獄されたとき、それまでの八卦《はっか》を六十四卦にまで推し広げたという故事もあるから（投獄されたいきさつについては司馬遷の『史記』本紀三に見える）、こんな物語も生まれるのだろう。また性的な比喩としてのウサギについて、雄のウサギはいないという俗説のあることをあげ、同性愛において女性的役割をなすパートナーを「兎」と呼ぶ風習を引いている。これまた不勉強で知らないことなのだが、どうやら「兎」の語を使った性的な隠語が数多くあるらしい（兎蛋 *tùdàn* とは「人でなし」の意だが、これもなにかの連想を生む）。

これとよく似た「免」という文字は「臀《しり》＋人」という出来上がりをもっているが、まさか兎の裏の意味と関係があるのだろうか。ここまでくると妄想に近いけれど、こんな事典を読んでいると、そんなことまで考えてしまうのである。

（1999・4）

江戸の比較宗教論（一）

富永仲基《とみながなかもと》は正徳五年の大坂に生まれ、わずか三十二年後の延享三年に没している。西暦でいうなら一七一五年から四六年にかけての生涯であったわけだが、いかにも短い生涯である。字《あざな》は子仲また仲子。謙斎、南関、藍関なども号した。通称としては、醬油の醸造や漬け物を商っていた生家の屋号から、道明寺屋三郎兵衛と呼ばれていた。父の徳通は町人だったが、三星屋武右衛門、舟橋屋四郎右衛門、備前屋吉兵衛、鴻池又四郎らとともに大坂町人のための学校設立を発案し、儒者の中井甃庵《しゅうあん》と論議を重ねたうえ、三宅石庵を学主（教授）に迎えて尼崎町一丁目（現在の東区今橋四丁目）に懐徳堂を開設した。享保九年（一七二四年）のことである。その二年後には幕府官許の学問所として認められ、自由な学風をもつ学校として世に知られたが、富永仲基もまた、この学校で学問をはじめた。

十五歳ころまで懐徳堂で儒学を学んだ仲基は、やがて仏教を学びはじめて手に入る仏教書をつぎつぎと読破し、やがて希代の書『出定後語《しゅつじょうごご》』二巻を著した。その刊行は延享二年（一七四五年）、つまりは死の前年のことであった。またその翌年、『翁の文』という一巻が世に出るが、これは彼の死の半年前である。仲基には、そのほかにも『説蔽《せっぺい》』という若き日の処女作があり、今日に伝わってはいないものの（焚書《ふんしょ》にあったとの説もある）、中国古代思想の発展を批判する一文であったらしいことが先の二書から推しはかれる。また稿本として『律略』が、さらにはその補訂本としての稿本『楽律考』の存在が知られている。楽律とは音楽の調子のことであり、つまり本書は古代中国の音階と日本の音階とを歴史的に考証する音楽論なのだが、これは明らかに荻生徂徠《おぎゅうそらい》の『楽律考』に反駁する書である。また文中に未発見の書『三器』への言及もあり、これまた徂徠の『度量衡考』を批判する論であったようだから、その批判精神のありどころは容易に想像がつく。

加藤周一は「江戸思想の可能性と現実」のなかで仲基についてこう述べている（加藤の文章は英文で発表されたものだが、いまは中央公論新社『日本の名著』第十八巻「解説」に読むことができる）。そこで加藤は、徳川時代の学問を一種のスコラ学から解放したのが徂徠であったと述べたのち、そうして確立された徳川イデオロギーをもっとも厳しく批判した人物として、安藤昌益と富永仲基をあげている。

安藤昌益は徳川階級社会のもっとも過激かつ率直な批判者であって、人間間の絶対的平等を要求し、自ら「自然真営道」と名づけた理想を説いた。富永仲基は政治的見解こそ明らかにしなかったが、知的領域では徳川時代の学者のなかでもっとも激しく因習に挑戦した人で、当時の三つのイデオロギー、すなわち神道・仏教・儒教のすべてを真向から批判した。……昌益が体制公認の信仰に対して自らの信仰体系を唱道し、既成のイデオロギーを伝統的な正邪・真偽の基準に従って分析したのに対し、仲基は究極の真理を主張することはいかなる信仰体系に対しても、これを決定的に否定しようと試み、すべてのイデオロギーはその歴史的・文化的背景に依存するものであると主張した。

こうした苛烈さのためか、昌益と仲基の文章は、ほとんど徳川時代には普及することがなかった。仲基は数冊の書物を出版することができたが、昌益の場合はほとんど出版されもしなかった。仲基についても徹底的に黙殺され、その仏教批判にたいして仏教徒の側から若干の論駁がなされたくらいのものである。野における実践者として活動した安藤昌益とちがい、町人として都会に生きながらも根本的な議論を起こせないままに夭折した仲基の場合は、忘れ去られることもまた早かった。その彼に光を投げかけたのは、まさに本居宣長であった。かの『玉勝間』のなかのごく短い記述だが、仲基の名が今日に残るにはきわめて重要なこの一文を、ともかく引いてみよう。

ちかきよ大坂に、富永仲基といへりし人有、延享のころ、出定後語といふふみをあらはして、仏の道を論《あげつら》へる、皆かの道の経綸などいふ書どもを、ひろく引出て、くはしく証したる、見るにめさむるこゝちする事共おほし、……そのゝち無相といひしほうしの、非出定といふ書をあらはして、此出定をやぶりたれど、そはただおのが道を、たやすくいへることをにくみて、ひたびるに大声を出して、のゝしりたるのみにて一くだりだに、よく破りえたることは見えず、むげにいふかひなき物也、さるは音韻のまなびに、名高き僧なるを、ほとけぶみのすぢは、うとかりしと見えたり、されどかの道のまなびよくしたるほうしといふとも、此出定をば、えしもやぶらじとこそおぼゆれ。

仲基の『出定後語』を評して「読んで目から鱗の落ちるような思いが何度もあった」というのだから、宣長としては最大級の評価だろう。さらに仲基を批判した僧（ほうし）をさして、「音韻の学び」つまりは『悉曇章《しったんじょう》』のことだろうが、仏典の梵語に精通しているといわれている僧であるにしても批判は的はずれで、仏典についてまるでわかっていない、とかなり手厳しい。もちろん宣長は、仲基の神道批判や儒教批判については沈黙し、慎重にこれ以上を語らないのだが、政治的立場はともかくも、仲基の天才に注目して心揺さぶられたさまは強く読みとれる。

宣長のこの一文に目をとめ、仲基の書物を求めて東奔西走したのが、宣長の生まれ変わりを自称する平田篤胤《あつたね》であったということもうなずける。篤胤は『出定後語』のパロディーとして『出定笑語』なる一文を草しているが（『平田篤胤全集』第一巻、一致堂書店）、この文の別名は「仏道大意」であり、実際に篤胤にとって仏教論議の導きとなった書が『出定後語』であったことは、のちに篤胤自身が告白するところである。まさにその冒頭において「もろもろの仏教一部一冊として、釈迦のまことの物でなく、残らず後の人の記したる物」と語り出しているのは、仲基の議論の要約である。

このように後の国学者たちにとっては、仲基の著作は仏教批判のためのいい導きとなったのだが、しかし、それは富永仲基にとっては必ずしも幸福なことではなかった。仲基は「いっさいの」宗教イデオロギーを批判したのであって、そこに例外はない。『翁の文』にいう。

仏《ぶつ》は天竺《てんじく》の道、儒は漢《から》の道、国ことなれば、日本の道にあらず。神《しん》は日本の道なれども、時ことなれば、今の世の道にあらず。国ことなりとて、時ことなりとて、道は道にあるべきなれども、道の道といふ言《ことば》の本《もと》は、行はるゝより出たる言にて、行はれざる道は、誠の道にあらざれば、此三教の道は、皆今の世の日本に、行れざる道とはいふべきなり。（第一節）

とくに神道については「まして神代のことを今の世にならはんとするものは、皆甚だなるまじきことの、大におろかなる事どもなり」（第五節）と追求してやまない。またインドは幻術を好み、中国はレトリックを好むのにたいし、日本は「かくす」ことを好む、などと書いてもいる。

扨又《さてまた》神道のくせは、神秘・秘伝・伝授にて、只《ただ》物をかくすがそのくせなり。凡《およそ》かくすといふ事は、偽盗《いつわりぬすみ》のその本にて、幻術や文辞は、見ても面白《おもしろく》聞ても聞《きく》ごとにて、ゆるさるゝところもあれど、ひとり是《これ》くせのみ、甚《はなは》だ劣れりといふべし。（第十六節）

ここにいう「くせ」とは、国民性、民族性、あるいは民族文化とでもいった概念だが、ここには宗教の比較から生じた一種の比較文化論が見えていて、こうした視点の確立にも驚かざるをえない（この論理をして「人類学的思考」の先駆けと見る人さえいる）。西欧科学の視点を導入する洋学の本質的な到来は、さらに半世紀近くを待たねばならないからである。

もちろん、このように苛烈な神道批判が国学者に引かれるはずもなく、この『翁の文』の再発見は明治期を待たねばならないが、この発想を理論的に展開しつつ詳細に仏典の分析をすすめた書こそが

『出定後語』なのだから、たしかに希有な書ではあるとはいえ、この一書のみを取りあげるのではなく、いわば総合的に富永仲基を考える時期が来ているのではあるまいか。すでに肝心の書物に触れる余裕がなくなってしまい、『出定後語』については次回に語ることにするが、簡単ながら富永仲基について書こうと思ったのは、きわめて刺激的な研究、宮川康子『富永仲基と懐徳堂』（ぺりかん社）を読んだからである。それであらためて富永仲基をめぐるあれこれの本を引っぱり出し、素描を試みた次第。またぼくにとっては、屈指の悉曇学者であった慈雲飲光《じうんおんこう》（一七一八〜一八〇四年）とがほぼ同世代であることが、きわめて興味を引く事実なのである。とりあえず慈雲については、拙著『密語のゆくえ』（岩波書店）などを参照されたい。

（1999・5）

江戸の比較宗教論（二）

富永仲基《とみながなかもと》の『出定後語《しゅつじょうごご》』という著作は、まさに大きく時代を切り分ける書物だった。たとえば東洋史学者の内藤湖南（一八六六～一九三四年）は、くりかえし富永仲基について語り、仲基の天才ぶりを称揚してやまず、みずから仲基の『翁の文』を発見し、私費を投じて復刻をおこなっているほどである（大正十四年の講演「大阪の町人學者富永仲基」、『内藤湖南全集』第九巻、筑摩書房）。湖南は仲基について「大阪が生んだ所の第一番の天才、學者もいろいろ大阪にありませうけれども、兎《と》も角《かく》第一流の天才として數へることが出來る人だと思ひますので、この講演會で是非お話をして見たいと思つたのであります」と語り、またこの講演にさかのぼること三十年ばかり前、湖南は随文集『涙珠唾珠』を東華堂から刊行しているが、そこに収められた「富永仲基」という文章では（『全集』第一巻、初出年次は不明）、このような書き出しをもって仲基を位置づけようとする。

挺特《ていとく》の見、瑰琦《かいき》の材ありて、前人未看到底に看到し、前人未道破底を道破《どうは》し、之を文字にして之を公行する者、かれ固《もと》より深く自ら其心に契《かな》ふ者ありて、敢《あえ》て流俗の毀譽《きよ》を意とせずと雖《いえど》も、其の立言の俗に入り難きこと太《はなは》だ過ぎ、其の心血を濺《そそ》ぐ所《ところ》著書も、人の問ふことある罕《まれ》に、さては其の名字さへ世間に傳へざること久しうなりては、知己を五百歳に得ざるが前に、早くも湮沒《いんぼつ》して聞ゆる莫《な》きに至らんことを恐る、彼れ自ら愛惜せずという乎《か》、獨《ひと》り爲に哀《あわれ》で而して哭《こく》せざるを得んや。

若干の注記をしておけば、「挺特」とは「ぬきんでていること」であり、また「瑰琦」（＝瑰奇）とは「すぐれて珍しい」こと、「道破」は「言い尽くす」、「湮沒」は「死ぬ、没する」ことを意味する。すぐれたジャーナリストとして活躍をはじめた湖南ではあるが、いまではなかなか読みづらい。しかしまた一方、若き湖南がふかく富永仲基の不遇を悲しんでいることが切々と読みとれる文章でもある。その学問が巷に埋もれていることを憤っているようでもある。

富永仲基が延享三年（一七四六年）、わずか三十二歳の若さで没したことは先回に述べたとおりだが、彼の残した著作『出定後語』二巻は死の前年の出版であった。ということは、この著作は二十代の半ばに書きだされたということになるだろうか。『出定後語』は簡単にいえば仏教批判の書であり、これを『仏教辞典』（岩波書店）は、こう記述する。

［この書は］二十五章からなり、仏教教典がすべて釈迦の直説であるとする従来の常識を批判、いわゆる大乗非仏説論の先駆をなす。その理論の中心は〈加上〉の説で、多くの仏教教典は釈迦の説にかこつけ、正統性を装っているものの、実は従前の説に新しい要素を加えながら順次成立し

たものであると主張した。

これは、いま見れば当然と思える論だが、仲基の時代にあっては度肝を抜く意見であり、それをこの若者は、大部の仏典をひとつひとつ検証しながら科学的に論証してみせたのだ。すなわち仏教の根本を批判するのではなく、むしろ当時の日本にあって旧弊を守ることにのみ汲々とし、形式に堕している体制仏教の姿勢を批判することに眼目があった。したがってこれは論争の書であったのだが、仲基がみずから論議をコントロールするには、すでにその生が尽きようとしていた。先に引用した湖南の哀惜も、『出定後語』の序文に見る仲基の無念に呼応するものではないか。

この序文で仲基は、これまで儒教や仏教の書を読んできて不審の思いを抱き、道の義の根本を例証するには関係する出典をしめして論ずるべきだと考えるにいたったと述べる。その思いを抱いて十年ほどになるが、誰もその意味を理解してくれない。このまま歳をとっていっても世界の宗教が変化しないのであれば、なににになろう。

ああ、身の側陋《そくろう》にして痛《や》める。すでに、もつて人に及ぼして徳することあたはず。また、これを限るに大故をもつてして、伝ふることなからんか。基や、いますでに三十もつて長じぬ。また、もつて伝へざるべからざるなり。願ふ所は、則ちこれをその人通邑《つうゆう》大都に伝へ、及ぼしもつて、これを韓もしくは漢《から》に伝へ、韓もしくは漢、及ぼしもつて、これを胡西《こせい》に伝へ、もつて、これを釈迦牟尼降神《しゃかむにこうじん》の地に伝へ、人をして、みな道において光《て》ることあらしめば、これ死して朽ちざるなり。

（『日本思想大系』岩波書店、第四十三巻による）

自分は身分が賤しく、病気にもかかっている。自分の論をもって人に恩恵を与えることもできない。死［大故］によって論を伝えられないで終わるかもしれない。わたし［基］もすでに三十歳と年老いてしまった。いまこそ自説を伝えないわけにはいかない。願わくば読者の手でわたしの説が広く都に伝えられ、それが朝鮮や中国に伝えられ、さらに西域に伝わり仏陀誕生の地にまで伝わって、人々に道の光明をしめすことができれば、わたしが死んでも［本書が］朽ち果てることはないだろう。

だが「これ死して朽ちざるなり」（「是死不朽」）という願いが達成されるには、およそ二百年ばかりの年月が必要だった。平田篤胤が『出定後語』を求めて東奔西走した顚末が『出定笑語』の講本中巻に見えているが、まさしく「本屋を詮議しよふと存じて、西へかけり、東へはしりて、江戸中の書林を残らず駈あるいて、尋ねたる所が、書名をさへに知た者がない」というありさまであったという。やがてこの篤胤の行動を聞き及んだ書肆が倉の奥に死蔵されていた版木を発見し、稀覯書好きを当て込んで出板（版）したが、さっぱり売れなかったとの後日譚さえ残る。日本の仏教徒が初めてインドの地を踏んだのは、真宗本願寺派の島地黙雷だろうか、いずれにせよ明治の到来を待つほかはない。そして広く『出定後語』の意義が知られるには、さらなる半世紀が必要だった。

いま本書を通覧すると（原文・読み下し文は前述の『日本思想大系』などにあり、現代語訳は中央公論新社『日本の名著』第十八巻などにある）、その思想の中核をなす概念に三種があるとわかる。第一が、先の引用にもあった「加上の説」であり、第二が言語機能を論ずる「三物五類の説」、第三が先回に触れた民族性を論ずる「くせ」という概念である。ここでは三物五類の説に注目したい。

その議論は第十一章「言に三物あり」に見える。そこでは「それ、言語は世に随《したが》ひて異《こと》に、音声《おんじょう》は時と上下す。その訛《か》と云ふは、真の訛にはあらず。いはゆる言に世あるなり」と述べている。言語は時代とともに変化し、音声もまたそれに伴う。言語は時代に制約されているからである。仏典の言語もまたその例に漏れず、また加上によってさまざまに手が加えられているのだから、用語は人や学派によって異なり、時代によっても異なり、さまざまに意味の延長がほどこされてしまう。これを仲基は「三物」と呼んだ。また「類」をさらに区分して、基本的な事実概念、固有の意味をあらわす「偏」を土台に「張・泛《はん》・磯《き》・反・転」という「五類」に分ける。簡略に述べておけば「張＝偏の譬喩的用法」「泛＝包括的用法」「磯＝徹底的用法」「反＝対義的用法」「転＝変革的用法」といえようが、その分類についてはいまだ議論があり、定説を見ないので、とりあえずこのように紹介しておく。しかし、いずれにしても仲基が仏典のテキスト分析をおこないながら構造的な言語観を醸成していたことは確かなようで、これもまた驚嘆に値することではないか。

およそ、言に類あり、世あり、人ある、これを言に三物ありと謂《い》ふ。一切の語言、解するに三物をもつてする者は、わが教学の立てるなり。いやしくも、これをもつてこれを求むるに、天下の道法、一切の語言は、いまだかつて錯然《さくぜん》として分かれずんばあらざるなり。

こうした先駆的な考えを見ていると、さて富永仲基とは何者かと、あらためて考え込まざるをえない。

彼の根本は、まだ近代によっても発見されていないのではあるまいか。

内藤湖南は先の講演のなかで

私共はさういふ富永の研究の結果で出來た所の、その結論に感服するのではございませぬ。此人の考へた研究法に我々感服したのであります。日本人は一體《いったい》論理的な研究法の組立といふことに、至つて粗雑であります。……日本人が學問を研究するに、論理的基礎の上に研究の方法を組立てるといふことをしたのは、富永仲基一人と言つても宜《よろ》しい位であります。

とも述べている。その状況は、いまどう変わっているのだろうか。そんなことを云々する気はないけれども、富永仲基の簡単な紹介をしてみようとしたとき、なにか暗澹たる気分があることも、また確かなことではある。ともかくまずは、富永の文《ふみ》をご覧めされ。そしてそこからなにが見えてくるか、いずれにも聞きたいところである。

（1999・6）

書物は消えゆくか

昭和十四年（一九三九年）に刊行された市村瓚二郎《さんじろう》『支那史研究』（春秋社）には二十二編の論考が収められているが、なかに「寫本時代と板本時代に於ける支那書籍の存亡聚散」という一文が見えている。初出は明治三十五年（一九〇二年）の『史學雑誌』であり、その前年におこなわれた史学会例会における講演を添削したものであるようだから、一九〇一年という時点での意見であることがわかる。これは乾隆帝の命によって清代に成った中国最大の叢書である「四庫全書」の書籍蒐集と、それを収めた明代の書庫である文淵閣の現状について述べる前段として語られているが、中国における書物の発生を論ずる文章としては、今日でも珍しいものだろう。もちろん、その後の研究は進み、考古学的発掘などから、たとえば紙の発明時期も蔡倫《さいりん》から大きく時間をさかのぼって前漢時代と考えられるようになったが、そうした事情を勘案したうえでも、基本的な文献考証の意義は残されているように思う。

さてその文のなかに、中国における初期の書物の散逸がきわめて著しいことをしめす例証があって、たとえば按ずるに劉歆《りゅうきん》が七略を撰した時から阮孝緒《げんこうしょ》が七錄を編した時まで六百年を出《い》でない。班固が藝《げい》文志《もんし》を作つた時からは五百年に過ぎない。然るに前者の存せるものは殆《ほとんど》二十分の一に當り、後者の存せるものは十三分の一强に當つて居る。……支那書籍存亡の甚《はなはだ》しき實に驚く可《べ》しといはねばならぬ。

などという。ちなみに「七略」とは漢代に成立した中国最初の総合図書目録、「七錄」は南北朝に成立したもの、また「藝文志」は後漢に成立した『漢書』に収められる図書目録である。

それにしても、どうしてこのようなことがおこったのか。それについて市村は、その理由のうち甚大なるものは「戰亂の影響と腐食の結果」であり、前者は外界の事情、後者は書物みずからの性質に属すると区分して考えようとする。ここで面白いのは、戦乱の影響を語ろうとして、書籍のこうむる五厄の例を二種あげていることである。すなわち、隋の牛弘《ぎゅうこう》が『請開獻書《けんしょ》表』という書物に書籍の五厄をあげていて、

> 秦の始皇の時に書を焚きたるを第一厄とし、新の王莽《おうもう》の時長安の兵亂により書籍も亦《また》從つて蕩盡《とうじん》したのを第二厄とし、後漢の末董卓《とうたく》が遷都の後長安の大亂によりて書籍の燔蕩《はんとう》したのを第三厄とし、西晉の時石勒《せきろく》・劉曜《りゅうよう》の洛陽・長安を陥《おとしい》れ典籍の散佚したのを第四厄とし、南北朝の時梁の元帝が西魏に攻められ自ら書籍を焚《や》いたのを第五厄として居る。

としたという。また胡元瑞《こげんずい》の『經籍會通』という書物によれば、そのあとにもさらなる書籍の五厄があった

隋末江都に於いて焼けたのを第一厄とし、唐の安史の亂に東西兩京の陷つた時に書籍の散佚したのを第二厄とし、唐末黃巢の亂に長安覆沒して書籍また其禍を蒙つたのを第三厄とし、北宋の末に金人が汴京《べんけい》を陷れて城中の百物を運び去つたのを第四厄とし、南宋の末に蒙古が臨安の都に入つたのを第五厄として居る。

と引いている。あわせて十厄があることになるが、秦の始皇帝の焚書坑儒《ふんしょこうじゅ》から蒙古襲来まで、都がたびたび戦乱の火にかけられ、そのたびごとに書物が被害をこうむったことなどは、容易に想像のつくところである。しかし、ここで肝心なことは、写本の時代にあっては書籍の大部分が宮廷や都城の書庫に集中して収められていたため、いったん戦火にさらされると、まとめて消え去っていったことである。板本の時代になれば、書籍もまた各地に分散してゆくから、その残存する可能性もまた拡散してゆく。多くの書籍が、その名のみ伝わって現物を残さなかったのは、貴重さと比例しているのだ。

また本の腐食については、紙の素材・性質に大きく左右される。蔡倫や王羲之《おうぎし》、范寧《はんねい》などによって紙は次第に発展していったが、唐の時代には、多くは麻紙であったと思われる。『後漢書』の記述によれば、蔡倫は麻の屑や古くなった魚網、ぼろ布などをどろどろに煮詰め、それを漉《す》いて薄い紙を作

り出し、元興元年（一〇五年）に皇帝に献上した。これが「蔡侯紙」の興《おこ》りだが、たしかに蔡倫は最初の紙の製作者ではないにせよ、紙の改革者ではあったろう。しかし、紙が植物繊維の折り重なりである以上は、さまざまな風土のなかで永久に保存することはかなわない。

宋以後板本に用ゐたる多數の紙質は堅緻なるもの少なく丁寧に保存すれば格別であるが、若《も》し疎略に取扱へば永久に維持することは頗《すこぶる》難しい。況《いわん》や北方に於ける家屋の構造南方に於ける空氣の濕潤は是《こ》れ等の紙類を永久に保存せしめない。蓋《けだし》、北方の家屋は多く煉瓦にして冬期土坑に火を焚いて暖をとるが故に四壁熱氣を含み書籍の接觸せる部分を侵蝕する。南方の家屋は木造が多いけれども沮洳澤《そじょたく》國にして空氣の濕潤なる爲《た》めに蠹魚《とぎょ》を生じ易い。かく腐食の理由があるから再三重刻せられたるものでなければ、設令《たとい》戰亂の影響なしとするも永久不盡に保存するは甚《はなはだ》難しい。稀に一二の存するものありとしても、支那の廣大なる地方に散在しては殆《ほとんど》蒼海の遺珠を拾ふが如く容易に得られず全く亡びたのと異ならないのである。

なお「沮洳澤」とは葦《あし》の茂る沼地のことで湿潤なことの形容、「蠹魚」は紙魚《しみ》をさしている。

これもまた、本の散佚の大きな原因であったが、こうした書籍の消失は、一方に熱狂的な書物蒐集を促してもいる。たとえば石勒・劉曜の乱のおりには、残された書目はわずか三一一四巻にすぎなかったが、東晋の孝武帝以後に失われた書の蒐集が精力的に開始され、宋の謝霊運の『四部目録』には一万四五八二巻、梁の任昉《じんぼう》の『四部目録』には二万三一〇六巻、阮孝緒の「七録」になると仏典・道書をのぞいて三万七九五三巻を数えるにいたっているという。その間、多くの書籍がさまざまに重刻・再刻されたことだろうし、新たな書物も数々が生みだされている。そして紙の改良や印刷技術の発展によって、中国の書籍文化は広大な裾野を形成することになるのだが、しかしそれでも戦乱は起こり、ふたたび書籍は消失・散佚する運命を何度も甘受しなければならない。いまここで考えているのは、写本から板本へ、手書きの巻子《かんす》から複製技術時代の書物への移行なのだが、それは人為（戦争）や自然（風土）からの果てしない逃走でもあったはずである。

またしてもインターネットなのだが、中国書籍のサイバー書店が登場し、人民共和国の全国的な出版物がコンピュータで入手可能になったらしいと最近どこかで聞いたので、あれこれ探しているうちに古い書物に手が伸びた。いにしえの書物をめぐる奔走が、現代の電脳空間とどのように結びあうのだろうかと気になっているのだ。コンピュータの普及によるペーパーレス時代というけれど、事実はますます紙の消費量が増大し、ネットからさまざまな情報を取り込んできては印刷して読んでいるというのが現状だろう。先日も亡父の翻訳書をネット上で販売したいとの申し出があり、試しにその書店のホームページをのぞいてみたのだが、じつにさまざまな本が出ている。たとえば『千夜一夜物語』やシェイクスピア、ヘロドトスや少年冒険小説などが見えるけれども、実際の読者がどのようにこれらの本を読むのか、知りたいと思う。アメリカなどをベースに若干の中国語電脳図書館も生まれていて、学術報告も含めると、ネット上で読める中国語文献も急速に増えていくだろう。

もちろんぼくは中国を専門とするものではないから、たまにふらふらと画面をたどり歩く程度なのだが、ネット上の書店としては「上海書城」などが大きい。ここはＧＢコードの中国語なので、それなりの準備がないとページが見られないが、新刊情報は早い。また、うえに触れた「四庫全書」については、瀋陽の故宮でも見たし、台湾の故宮博物院で現物を見る機会にも恵まれたが、その全テクストがコンピュータ化されており、それは「文淵閣四庫全書・電子版」で見ることもできるようになっている。これを買おうと思うと、プロフェッショナル版で一万ドル以上もするので、入手することはかなわないが、ネット上で全貌を確かめることはできるだろう。こちらはBIG5を必要とするが、それでも居ながらにして巨大な書庫に参入できるというのは、いささか異常な感じさえする。これも本なのか。

しかし、玄宗の時、広く民間の異本を蒐集し、長安と洛陽とに集賢書院をもうけ、「経史子集」に分かって両都の四庫に収めたことから、初めて「四庫全書」の名が生まれたわけである。当時に蒐集した書目は五万三九一五巻、ほかに唐人の著書が二万八四六九巻あったといわれる。しかしふたたび戦火に散佚し、いくたびも再興を試みて、宋末にはおよそ六万巻を蔵したといわれる。もちろんこの蔵書も近代の流れのなかにさまざまな運命を経験しなくてはならず、いかに電脳化されようとも、その十全な形を求めようとするなら、いまもなお多くの書籍の探索が求められるだろう。先の市村の文の末尾に「要するに書籍の散佚したる後には歴代必ず収集を務むるのが例である。然らば明の典籍散佚は他日書籍収集の原因たるべきもので、清の乾隆年間に四庫全書の大編輯をなすに至れるは蓋《けだし》偶然にあらずといふ可《べ》きであらう」とあるのも、いま新たな意味を付与すべきなのかもしれない。戦火の炎も風土の厳しさも、いま少しも減少してはいない。

（1999・7）

書の書、あるいは本の運命

すでに古典と呼んでいいし、初版から半世紀をはるかに超えた今日ではさまざまに異論があるとも想像されるが、蔣彝《しょうい》『中国の書』(Chiang Yee, *Chinese Calligraphy: An Introduction to its Aesthetic and Technique*, 1938) は、初版から四十五年後に出た第三版で大きく改訂がなされ、その第十一刷が近年に刊行されている (Harvard University Press, 1998)。一九五四年に出た第二版でハーバート・リード卿の序文が寄せられたことから、この書物の権威が確定されたともいえるけれど、その第二版までの版元はMethuen & Companyであり、初版にある「まえがき」からは、この本の書かれた理由が見えてくる。

この本のもととなるのはロンドン大学オリエント研究所でおこなわれた蔣彝による数度の講演であって、それは一九三五年から翌年にかけてロンドンで開催された「中国美術展」(ロンドン中国協会の主催)と連動するものであった。すでに蔣彝は中国美術を論ずる処女作『中国の眼』(*The Chinese Eye*)を出版して成功を収めていたが、中国絵画の基軸ともいうべき書の世界をきちんと紹介しておきたいという熱意から、言語的な理解の困難を超えて、これらの講演を書物にしたいと願ったのである。しかし本書の刊行された一九三八年は、きわめて困難な時代のはじまりを告げる時期でもあった。ドイツにおいてヒトラー内閣が成立したのは一九三三年だったが、それからヨーロッパは政治的な急展開をいくたびも経験したのち、一九三七年の日独伊防共協定の締結、一九三八年のミュンヒュン会談などを経て、一九三九年九月には、ついに英仏がドイツにたいして宣戦布告し、第二次世界人戦が勃発するのである。

一方の中国では、一九三一年の満州事変以来、日本軍の中国における行動が活発化し、それにたいして抗日運動が激化するとともに、中国共産党の軍事活動もますます先鋭化していった。リットン報告書の採択にともなう日本の国連脱退が一九三三年であったことも想起される。一九三七年に盧溝橋事件が起こり、日華事変へと拡大していったことを思い出せば、ここに蔣彝が中国の書をめぐる書物を刊行したいと願った理由の一端があるかもしれないと思わないわけにはいかない。

それにしても、困難な時代であった。第三版への筆者の「まえがき」には、さまざまな回想が書き記されているが、その一節を以下に引用したい。本書の刊行を決意した出版社の会長アラン・ホワイトは、この本の成功は期待しない方がいい、と蔣彝に警告したという。

やがて、その原稿がついに本となって刊行されたとき、彼の予言の当たっていたことが証明された。まるで売れなかった。不幸なことに、最悪の時代がやってきていたのだ。ミュンヒェン危機が到来し、街には戦争の噂が満ちていた。読みにくそうな本に興味をもつものなど誰もいなかった。戦争がはじまると、『中国の書』の売り上げは皆無となった。／合衆国が参戦した一九四二年になって、おおくのアメリカ軍兵士がイギリスに駐留するようになった。この三年間というもの、イギリスの生産力はすべて戦争に向けて注がれていて、おもちゃや贈り物にふさわしい製品などには資材も時間も割けなかった。そしてクリスマスがやってきた。するとアメリカの兵士たちは、クリスマス・プレゼントとして故郷に送ろうと、わたしの『中国の書』に殺到したのである。一九四二年の暮れには、少部数ではあったものの、わたしのこの著書はすべてがアメリカに行ってしまった。まさに秘教的ともいうべき主題をもつ書物がクリスマス・プレゼントになろうとは、奇天烈なことと思わないわけにはいかない。イギリスにおけるこの困難な時代を、わたしはいまでも歓喜をもって思い起こす。だって、信じがたい好成績ではないか！

このくだりを読んだとき、さまざまなことを思い出した。たとえばオーストリア出身の美術史家で、ユダヤ系であるがためにイギリスへの亡命を余儀なくされたフリッツ・ザクスルは、のちに「なぜ美術史か」と題する講演をするのだが、そこで第一次世界大戦当時の北イタリアでの情景を回想し、本屋の空っぽの本棚に数百頁にもなる『未来派宣言』が取り残されていたことから、戦争と美術との不思議な照合に思いを馳せて語りだしていたからである。

また、これはきわめて個人的な経験だが、ある時パリから日本に帰ろうと飛行場の出発ロビーにいたとき、パリの友人に別れを告げようと公衆電話の列に並んでいたら、そこでたまたま旧知の音楽史家に声をかけられた。おやおや君もパリにいたの、と聞いてみると、いや、自分はザグレブにいた、いよいよ戦争になりそうなので日本に帰るのだ、という。見ると、彼は大変な量の荷物を機内に持ち込むようなので、それは何と聞くと、本であるという。見せてもらうと、これが垂涎の書ばかり。どうしたの、とぼくは尋ねた。すると、本当に本が安かった、投げ売りに近かった、ただでもいいから本を救ってほしいというような感じさえした、そのようなことを彼は語った。じっさい、彼から聞いた価格は信じられないほどの安さだ。しかし、その価格で売る条件は、郵送はできない、自分で持てるだけ持っていけ、ということだそうな。そのときぼくは、東京行きのチケットを捨ててでもザグレブに行こうと思った。航空会社のカウンターで聞いてもみた。しかし、自由な時間はもはやない。日本に帰るほかはなかった。そして成田空港で通関したあとロビーのテレビを見て、ザグレブに戦火が炸裂したことを知った。行かなくてよかった、とは思わなかった。自分が行っていれば、あと十冊は本が救えたものを。

現在の状況からいえば、不謹慎というほかない感情であるけれども、そのとき感じた素直な気持ちを記しておきたい。戦争になったから本が売れない、戦争になったから本が売れる。先回に書き連ねた中国の書物の運命ではないけれども、いま世界各地で生じているさまざまな紛争（百年前なら「戦争」と呼んだはずである）のなかで、いまも望まれざる焚書がおこなわれ、読まれてしかるべき文字の連なりがむなしく炭化しているのではあるまいか。人命を軽視するつもりは毛頭ないが、文字のなかにおのれの命を託す人がいるのなら、本の消滅は人の命の消滅でもある。どこにでもある本など、焚き付けにすればいい。ここにしかない本、その運命を思うのである。

個人的な回想まで書いてみたのは、書（Calligraphy）というものが、基本的に複数的な意味、あるいは複数的な意味をもちうる可能性をもっていることに気がつくからだ。美学的に見れば書かれた文字は、形態として本質的に一回性の行為でありながら、表象されている文字の意味表示性ということに関してみれば、手書きであろうが活字であろうがインターネット上のドットの集積であろうが、そこに差異はない。すばらしい草書体で「愛」と書かれていても、それがたまさかの戯れにすぎないのであれば、真剣に発信されたEメールの画面上に見える明朝体の「愛」の文字の方が人の心を動かすのではないか。あるいは逆に、平和な時代に豊かな心をもって書かれた文字の連なりが、ひややかな活字のなかからよみがえるのは、戦火のなかでだったりするのかも。イギリスに駐屯したアメリカ兵が、なにを思って中国の書について書かれた書物をクリスマス・プレゼントとして買ったのか。激しい空爆のなか、ことばは同じ英語であるとはいえ、若いGIにとっては初めての異国であろうイギリスで迎える初めてのクリスマス。蔣彝の表現は皮肉っぽいが、しかし戦後になって東アジアへの関心が欧米に広まり、「本当に」中国の書というものに関心をもつ人があらわれ、この売れない本に高名な美術史家が序文を添えてくれるようになったのも、いわば「書く」行為、何事かを文字によって記すことが記号の連続を超えるなにものかであることを、この危機的な状況が教えたのではないかと思ったりする。

別の一書、アルベルティーネ・ガウア『書の歴史』(Albertine Gaur, *A History of Calligraphy*, Cross River Press, 1994) は、文字を書く伝統とその美学、美しい文字への希求は文字をもつ文化のいずれにもあるが、その最たるものはヨーロッパ、イスラーム、そして中国にあるという。しかし、それは政治的に確定された地域圏、あるいは宗教的に分離された空間区分に還元できるものではない。アルファベット、アラビア文字、そして漢字という文字の浸透率は、たえまなく交差し融合する。

イスラームの研究書を見ていると、ときに聞き慣れぬ「スゥイーニー体」という字体に遭遇することがある。これこそアラビア文字の中国流変異体なのだが、その生まれいずる契機は歴史的に深遠で、いずれかの機会に語りたいと思う。しかし、東アジアにおける文字論・文字表象論がもっとあってよさそうなものだが、欧米諸語で書かれた書をめぐる議論の紹介が日本ではほとんどないのも異常のような気がする。蔣彝の本は漢字の書に関心をもつ欧米人向けのマニュアル的なもので、日本人にとっては言わずもがなの部分も多いけれど、初心者にとっては信頼するに足るものだ。あえて、その成立の次第にふれた所以《ゆえん》である。

（1999・8）

＊拙著『アジア言遊記』（大修館書店）所収の「〃おこなえ、教えよ、学ぶべし〃——文字・数字・神秘主義」を参照されたい。

ラサの風雲児

明治維新以後の日本人で、チベット入りをめざしたさまざまな人々がいる。ラマ教徒のモンゴル人は、ラサに詣でることを無上の願いとしてもち、さらにヒマラヤ越えでインドに入り仏蹟をめぐれば、それだけで極楽浄土に入れると信じられていたようである。日本人もまた、仏教徒は聖地としてのチベットを、また冒険を好む人々は、堅く鎖国を守り抜く秘境の国としてのチベットをめざした。たとえば真宗大谷派の僧である能海寛《のうみひろし》は、仏教徒として早くからチベット入りをめざし、明治三十一年に日本を発ち、おおよそ五年間にわたっていくども国境越えを試みたが、ことごとく入境を拒まれ、あるいは犬に襲われたり旅費を盗まれたりしたのち巡礼にたって、ついに消息を絶った。その生涯のあらましは『能海寛遺稿』（復刻、五月書房）や江本嘉伸『能海寛 チベットに消えた旅人』（求龍堂）などに見ることができ、また「能海寛来信集」が『図書新聞』に連載されている［本書連載時］。チベットに拒まれた能海寛の記録は、その壁の高さを知る悲しい里程標でもある。

さて、日本人として最初にチベット入りを果たしたのは成田安輝《やすてる》であり、その入蔵は明治三十四年のことであった。アラスカの鉱山で働いたりアメリカで植物園を経営したりしていたこの人物は、やがてさまざまな冒険旅行を企て、ついにダージリンからラサに入り、時の首相との会見まで果たして帰国した。一方、東本願寺から派遣された寺本婉雅《えんが》は、北京でチベット語やモンゴル語を学んだのちチベット入りをめざし、先の能海寛などと同行した時期もあったが、やがて明治三十七年にチベットのタール寺に入った。やがてラサをも訪問しているが、いったん帰国したのちふたたびチベットに入り、その後も北京で大谷光瑞《こうずい》の代理としてダライ＝ラマとさまざまな折衝をおこなっている。のちにその旅の記録が『蔵蒙旅日記』(芙蓉書房)として刊行されている。いわば寺本は公式訪問の性格をもってチベットに入ったのだが、それにたいして河口慧海《えかい》は、なんの後ろ盾もなく艱難辛苦の木にチベットに入ってダライ＝ラマに会見し、やがて日本人であることが発覚し、チベットを脱出して帰国するが、ふたたびチベットに入って十年あまりをかの地ですごしている。その『チベット旅行記』(講談社学術文庫など)は新聞連載をもとにするが、あまりの波瀾万丈ぶりに創作と疑われたほどである。慧海の将来したチベット大蔵経は東京都文京区にある東洋文庫に収められているが、その旅は当時において奇跡的なもののひとつであった。一方の多田等観《ただとうかん》は、一種の交換留学生としてチベットへのフリーパスを入手し、ラサで十一年間をラマ教研究に費やすが、その身分はあくまで秘密のため。ダライ＝ラマから授けられたチベット名トゥプテン＝ゲンツェンを名のり、ラマ僧としての生活に終始していた。彼も大部のチベット大蔵経を将来しているが、著書『チベット』(岩波新書)があるほかは、まとまった著作がない。青木文教《ぶんきょう》も最初の交換留学生であるが、大正二年にラサに入ってダライ＝ラマの生家で三年間をすごし、文法学、修辞学、歴史学などを学んだ。帰国後に『秘密の国 西蔵遊記』(中公文庫)や『西蔵』(復刻版、芙蓉書房)を刊行するが、学者としては不遇であったという(以上の記述は、春日行雄「内陸アジアに燃やした日本人の青春」『シルクロード事典』芙蓉書房、などを参照した）。

さて、ここで触れたいのは、これまでに述べてきた人々とは一線を画する人物、矢島保治郎のことである。明治十五年、前橋に生まれた矢島は、陸軍歩兵軍曹を経て明治四十二年に上海に渡るが、日本の軍部と接触してチベット行きを決意し、成都でチベット語を学んだのちに明治四十四年、ラサに入った。そして二ヵ月のあいだチベット国内を放浪してインドに出ると、今度は英国船の船員となってイギリス、アメリカを回って帰国している。

帰国直後、参謀本部でチベットの経験を講演すると、再度のチベット入りをすすめられ、その二日後には横浜を発つという早業である。ダージリンでチベット行きをねらう河口慧海、青木文教などと会うが、矢島は一人、霧をついてシッキムを出発、昼は隠れ夜だけ歩くという強行軍で国境を突破し、一時はチベット軍にとらえられたり高山病にかかったり、あるいは不思議な強盗に出会ったりしたが、ようやく二十日をかけてラサに到着したのである。

ラサには私が一年前西康［省］打箭炉《だせんろ》の宿舎で知り合った西蔵の豪商が住んでいた。ラサへ来たらぜひ私の家へ来い、というのがその時の約束である。私は早速約束どおりその豪商の家へ転り込んだ。豪商は私を大歓迎し、当分この家の食客となっておれと云った。この豪商の家にはなんに使うつもりか不思議にも方眼紙があった。これを見たとたん私は一つラサの地図を作ってみてやろうと思った。三脚などはもちろんあろう訳はないから自分で木の枝を折ったりなどして作り上げたのである。ラサ市街を中心にして一里四方、これを詳細に作図した。大いに私も自慢に思って主人の豪商に見せびらかしていると、或日王宮からサロンノ・チャンタ参謀総長というのが馬でやってきた。私に地図を出せという。拒む理由もないから出してみせると「フーム」といって呻っていたが、それをもって王宮へ帰ったまま いつまでたっても返してくれない。他人の持物を取り上げてなんの挨拶もないとはいくら西蔵政府にしても怪《け》しからん、というので交渉にゆくと、チャンタ参謀総長が出て来て、「実はあの地図はイシーノルプ（ダライラマのことを尊敬してこう呼ぶ）が珍しがって取り上げたまま返してくれないから献上したことにしてくれ。そして君は軍事にも明るいようだからこの王宮に住んでひとつ兵舎を作って兵隊を養成してくれんか」と云った。願ってもないことである。

（矢島保治郎『入蔵日記』チベット文化研究所）

いささかできすぎた話だし、だいいち密入国者にそれほどの待遇があるだろうかとも思うが、ともかく矢島はこう書いているのだ。引用した文章は昭和十五年の『読売新聞』に「辺境を探る――西蔵」として連載されたものがもとだが、これは矢島の談話を編集したものなので、多少の誇張はあるかもしれない。しかし、チベット軍の参謀総長（正確にはサロンノ・チャンダ）に重用されたのは事実のようであり、ほかにもイギリスに留学していたチベット人とロシアにいたモンゴル人とが教官にいたようだが、矢島は軍隊経験も豊富であり、また遅れてラサに入った青木文教から『歩兵操典』と『騎兵操典』を借り受けたため、やがてダライ＝ラマから親衛隊の設立を命ぜられるにいたったのである。

　春日行雄は矢島について「チベットの国旗をつくり、軍隊を育てあげ、自らデザインした軍服をまとい、ダライ＝ラマの親衛隊長におさまり、ラサのポタラ宮殿の一角に日の丸を立てた住まいを与えられ、しかも豪商のチベット娘と結婚し、一子をあげた痛快な日本人がいた」(前掲書)と書いている。大正二年の元旦に、矢島は住居としていた夏の離宮(ノルプリンカ)に日章旗と軍艦旗を掲げたところ、それがたちまちラサで評判となり、チベット国旗の制定となったというのだ。妻とのあいだには男の子が生まれた。

離宮ノルプリンカは絶対に女人禁制のところだった。然《しか》し私はこの離宮に妻ノブラーと一緒に住んでいた。つまりダライ法王の好意による黙許というところである。やがて間もなくノブラーは男子を生んだ。西蔵ではダライラマのことを尊称して「イシーノルプ」(聖観自在という意味)と呼んでいる。不遜きわまる話ではあるが、私はこの尊称を失敬して一子に「意志信《いしのぶ》」と名づけてやった。妻もある。子もできた。軍事教官としての法王の寵もある。申し分のないラサでの生活である。

ラマ僧としての厳格な生活を強いられていた多田等観は、いくども俗人としての矢島の生活をうらやんだというが、ダライ＝ラマ十三世が世を去ると、チベットの政情も変化しはじめ、サロンノ・チャンダに呼びだされた矢島は、兵器職工を招聘せよという理由のもとに帰国をすすめられた。矢島一家はついに大正八年に帰国するが、ふたたびチベットに帰還することはかなわず、夫人は望郷の念を抱いたまま日本で死去し、意志信も昭和十九年にニューギニアで戦死する。

矢島の『読売新聞』の連載の末尾は「すでに国に捧げたこの一子、再び生きて会える日は望みもせず、いまや天下にただ一人きりとなってしまった私は、再び白髪も染めて、チャンタ参謀総長への約言を果すため西蔵へ乗り込みたいと考えている。この年一ぱいにはこの家もたたもう。老骨を埋むべき地も大ヒマラヤの彼方に当てて、……。笑ってくれるな」と閉じられる。戦後は一人営む商売も不振で、昭和三十八年に死去。死の前日に受洗してキリスト教徒となったが、その位牌は多田等観がつくったものだという。

（1999・9）

そして食後となって

小学校の途中くらいから、自分の食事は自分で作るようになった。いつでもというわけではないけれど、ある理由から、そうする必要があったのである。それになにより、ぼくは料理をすることがとても好きだった。小学生のくせして、愛読誌の第一は『暮しの手帖』で、その料理コーナーと家庭用品の比較テストがなにより好きだった。

記憶にあるわが家の最初の冷蔵庫は、床下にある琺瑯《ほうろう》びきのただの箱で、道行く氷売りから大きな氷を買って箱に収め、そこに肉や鮮魚などをしまっておくようなものである。しかし、この冷蔵庫は氷が解けるとたまった水がナマものの臭いを放ち、洗うのが大変だった。子沢山であるうえに長期療養の必要な病人を抱えていたわが家では、冷蔵庫の氷を入れ替えるときに庭の隅っこにあった井戸へ運んで洗ったりする仕事が、子どもの自分にも回ってくる。だから初めて電気冷蔵庫を買うということが決定されたとき、ぼくは電気屋さんのご推薦の冷蔵庫に激しく反対し、『暮しの手帖』のテスト結果を見せながら電気屋のおじさんを困らせたものだった。あのころ（一九六〇年代のはじめ）は町の電気屋さんのいうがままに製品を買っていたのだなと、いまにして思う。そして電気屋のおじさんは、家に納めた製品をいつまでもフォローして、ちょっと蛍光灯がチカチカするというだけですぐ家に来て、接触をなおしてお茶を飲んで、そして金も取らずに帰るのだった。

そんな電気屋のおじさんに、意味もわからず『暮しの手帖』を振りかざしておじさん推薦の冷蔵庫を批判するぼくは、きっと（いや、本当に）いやなガキだったと思う。もうとっくに電気屋のおじさんは亡くなってしまい、店を継いだ息子さんは普通の電気屋さんになってしまった。いまでも『暮しの手帖』を見ると——このごろの花森安治なきあとの本誌のスタイルには若干の疑問があるが——そのころの自分の言動を思い出す。社会に出て働きはじめ（ぼくはしばらく会社勤めしていた）、その電気屋さんの店の近所のアパートに住んでいたのだが、そのとき東京の下町が都会に呑み込まれてゆく次第、「町」が近代のロジックに侵食されて「街」に変わってゆく次第を、つぶさに見ることとなった。

ちなみに言っておけば、「町」の字の出来上がりは「田＋丁」であり、たんぼを区切るあぜ道の意味だけれど、「街」の字は行き交う人のすれちがう交差点をあらわす字であって、それはそのまま農村と都会との距離感を内蔵している。

小学生時代をすごしたのは、東京の杉並区でのことだったが、この場所の最初の印象は農地のなかのモダン住宅という違和感あふれるものだったし、家の近くの坂のうえから畑ごしに中央線荻窪駅の線路を見ることは（いまでは想像もつかないことだが）、遠い夢のような世界を眺める思いだった。そんな遠くを見つめるまなざしと電気屋さんにくってかかるガキとしての自分の昔の姿は、十分にシンクロして見えてくる。自分が「いつか＝どこかにゆくこと」と「ここを変化させること」とは等しいヴェクトルにあって、その「ちがい＝差異」を教えてくれた最良のテクストが『暮しの手帖』であり、その幼い実践が冷蔵庫の選択であったわけである。ぼくはそのころ、科学的明証性をもった「実験」の「判断」として、本当に『暮しの手帖』の判断を信用していたものだし、いまでも信じているところがある。でも、電気屋のおじさんの製品にたいする企業がらみのいいかげんな判断と町の共同体的な真摯なアフターサービスと、そのセット、組み合わせの妙にこそ意味があったと考え直しているところである。もちろん現在の自分が冷蔵庫を買う必要があるのなら、ネットで調査し、カタログを集め、機能を検証し、店に行って現物を見て最終決定をくだすにちがいないのだが、あのころの商品売買のあり方を思い出すにつけ、一種の懐かしさを感じたりするのである。

いやいや、ことは料理のことである。ここで冷蔵庫にこだわったりしたのも、結局のところ料理が好きで、そのころの料理関係の買い物についてナイーヴだった自分を思いだしたということだろう。友達が、家で自家用車を買うというようなとき、その車種をめぐって異様な興奮をしめしていたのと同じことで、冷蔵庫であるとかアイスクリームを作る道具であるとか、そんなことに血道をあげていた自分がいる。

当時のぼくの得意技はプリンである。本物の焼きプリンを、カラメルソースからすべて作ることができた。父の大事な客が来ると聞くと、ほくほくとプリン作りにいそしむのである。そのために台所を占領してしまい、母には迷惑なことであったろう。

だからいまでも本屋で料理書のコーナーに行って、見慣れぬものを見ると買ってしまう。いわゆるエスニック料理の本格派を気取った本よりは、ベーシックな基本書、でなければ、どはずれたイカレ本を好む傾向があるけれども、たとえば豆腐や干物についての渋い本があると買わずにはいられない。

こういった感覚は、わかる人にはわかるだろう。

津村喬の『ひとり暮らし料理の技術』（野草社）は、津村氏その人へのさまざまなレヴェルにおける評価を圧倒的に横に置いたうえで、長くぼくの聖なる書物だった。これはもともと風濤社から刊行された本なのだが、その「あとがき」にあることばが、ぼくの食欲とシンクロしたのである。

「そして食後には批判を」とマルクスの顔にすりこんだポスターがあった。……これはマルクスの言葉なのだそうだ。……〔マルクスが〕エンゲルスと、共産主義になったとき人間は一面化をまぬがれてどれほど全体的になるか〔を語りあったおり〕、イメージを描きあい、工場で働いたり釣りをしたり絵を描いたりとエンゲルスが悪乗りして（?）レジャー社会みたいなことをいったら、マルクスが「そして食後には批判を」といったのだそうだ。

津村はこのマルクスの発話の出典を確認しないまま伝聞として書いているし、ぼくもまたこの発話を長いこと気にしたまま、ついにマルクスの言の出所を確かめないまま、この引用をしている。いかんせん、さまざまな御用主義者の作成したマルクス＝エンゲルス全集に「食後の批判」などという索引項目はない。まあ、それはいい。マルクスかエンゲルスか、あるいは誰かが「食後には批判を」と語り、それがマルクス主義のイメージの一端となった。しかし食後とは、いつ＝どこでの食後なのか。

思い出すのは中国映画『芙蓉鎮』である。「芙蓉とは蓮の花のことで、映画の終わりちかく、いちめんの蓮の葉が生い茂った光景が見られる。蓮の実は料理の材料になるし、朝の粥にもいれる。現金収入をもたらすのである」と竹内実は書いている（竹内実＋佐藤忠男『中国映画が燃えている』朝日ソノラマ）。ここには、おそらくエンゲルスの想定した食後はない。食をもって財をなすことは、文化大革命時代にあっては反革命的行為であった。食が食として効果をもったとき（そのおいしさが伝わって評判となり、利潤があがるとき）、食の提供は革命の理念を揺るがす行為と映ったというのである。

ここのところ香港や中国の映画にかぎらず、欧米の映画でも食欲＝料理（あるいは宴会）と人間の心性とを強く結びつけ、食事（「食う」行為ではなく）と意識の動きとを連動させる表現が増えてきたように思う（ピーター・グリーナウェイ監督『コックと泥棒、その妻と愛人』など）。中華料理に関していうなら、たとえば『中華の本』（オレンジページ）などは、それなりによくできていて——不満を言うなら読者の創造性を無視しているところだが——日々の生活には過不足ないが、それはちがうだろうという気分がある。とりあえずなんでもいいのだが、『粥譜』や『食在台湾』（いずれも柴田書店）などといった料理書を眺めていると、結局のところ、いかにわれわれが親しんだと思っている中華料理にしても、茄子の古漬けよりもはるか遠くに住まう異文化のあらわれなのだということである。料理が好きで、おそらくはラーメン（拉麵）などといった日本生まれの中華料理に単純にハマってしまった自分としては、耳で聞く中華料理の世界の豊穣ぶりや、情報としての各地の中華街の存在理由など、周知の事実と思うだけのことであった。

ぼくは、たぶん、ごくごく最近になって中国の料理世界というものを発見したのではないか。中国に旅行したこと、人の行かない辺境ばかりを旅したこと、漢族ではない人々とばかり往来したこと、それがぼくの中国にたいするイメージの根本を変化させているだろう。

多民族国家であり、多様な宗教を内包する空間である中国は、一元的な食の世界を構成しえない。手元に中国のイスラーム教徒のための中華料理書『清真菜譜』（金盾出版社）があるけれど、その歴史に関する記述はきわめて簡略な素描であって、とくに北京の回族料理を中心としてレシピを公開する。牛肉、羊肉、内臓、鳥、魚、蛙、野菜、根菜、野草、その他さまざまな料理が紹介されるが、豚やら酒やらイスラームでタブー（ハラム）とされる素材が出てこないのは当然だが、その記述の簡略さに驚いてしまう。材料を選び、切り刻み、蒸し、炒め、スープにし、そして食卓に出す。これは指南書という形式ではない。むしろ芝居のト書きとかモノローグを思わせるが、この単純さのなかに、ぼくはあの電気屋のおじさんの、困ったように持ち込んできた冷蔵庫を思い出すのである。

（1999・10）

＊拙著『奪われぬ声に耳傾けて』（書肆山田）に、中国料理をめぐる一文がある。

生命の樹のふくらみ

樹木は、はるか古代から信仰の対象となってきた。人間は地上に生きる存在であり、だから原則として水平に動く。地平線にそって、水平線にそって。ところが樹木は地上から垂直に伸びようとする。大地と直角に、天に向かってそびえようと試みる。いわば樹木は人間の届かない高みをめざして、不断の努力をつづけている存在なのだ。だからしばしば巨樹は神そのものとなり、精神の運動そのものとも見えたことだろう。また樹木は、垂直に下ってゆく運動でもある。樹木は地上の高さと同じだけ、深く地下に根を張るといわれる。深く地下にもぐるということは地球の中心に向かうということであり、この大地を球体と見ないのであっても、地下深くには大地の秘密がひそんでいる。ガストン・バシュラールは、この樹木の神秘を人間の想像力と結びつけ、こう書いている（『水と夢』小浜俊郎・桜木泰行訳、国文社）。

想像力は一本の樹木である。それは樹木の統合的な美徳をもつ。想像力は根であり枝である。それは天と地のあいだに生きる。大地の中に、風の中に生きる。想像力の樹は気づかれぬうちに宇宙の樹となり、世界を含みこみ、世界をつくりあげる。
人間もまた重力に逆らって直立歩行する存在だが、樹のように垂直に伸びる力はない。ただ想像力だけを上昇させ下降させるのである。だから人間が樹木を描きとろうとするときは、樹に思いを託して天の高み、地の深みに手を伸ばそうとしているのだ。
このような発想は、じつは古今東西に見られるものである。宇宙樹とか生命樹とか呼ばれているものがそれだが、大地と垂直に走る樹木の線は、そのまま世界の本質を知りたいという人間の根源的な欲望と直結しているはずだ。ミルチャ・エリアーデが「中心のシンボリズム」と呼んだものがそれで、絶対的なはじまりから世界すべてを貫いてゆく線、それは紀元前四〇〇〇年をはるかに超えた古代オリエントから存在していたという。たとえば旧約聖書「創世記」を見れば、エデンの園の中心には生命の樹があったとわかる。

主なる神は、東の方のエデンに園を設け、自ら形づくった人をそこに置かれた。主なる神は、見るからに好ましく、食べるによいものをもたらすあらゆる木を地に生えいでさせ、また園の中央には、命の木と善悪の知識の木を生えいでさせられた。

この「命の木」こそがエデンの園の本当の秘密だった。なぜなら神はアダムとエヴァを楽園から追放すると「命の木に至る道を守るために、エデンの園の東にケルビムと、きらめく剣の炎を置かれた」

からである。おそらく生命の樹をめぐる聖書神話は、アッシリアの古代伝承に基づくものだろう。西アジアでは大地から空に伸びたつナツメヤシを聖なる樹として崇め、その図像がいくつものこっている。あるいはエジプトでは、死者に永遠の生命をもたらす聖なる樹はイチジクであった。ナイルのほとりに生えるエジプトイチジクは乳状の樹液を出すが、それは母なる神イシスのもたらす聖なる乳であったのだ。

あるいは仏教にいう沙羅双樹は、インド原産のフタバガキ科の常緑高木だというが、この木の下で仏陀は涅槃《ねはん》に入ったのだから、その意味ではこの樹は天上（悟り）と地下（死）の双方向的な運動をあらわしているといえる。またヒンドゥーの神クリシュナが蓮の玉座の上に立ち、宇宙の生命を支える音楽を奏でるのは聖樹カダンパの木陰である。そしてイスラームでは、預言者ムハンマドが夢想のうちに大天使から楽園の樹テューバと地獄の樹ザックームを見せられることになる。事例はいくらでもあるだろう。

ところで中国の生命の樹は、どのような姿をしているのか。なにより『山海経《せんがいきょう》』（高馬三良訳、平凡社ライブラリー）には、いくつもの生命の樹が書き込まれている。「崑崙の開明山の北に不死の樹有り、これを食《くら》い常《とこしえ》に寿《いのちなが》し」（「海内西経」）。「員丘山は上に不死樹有り、これを食い乃《すなわ》ち寿し」（「海外南経」）。あるいは『呂氏《りょし》春秋』への高誘の注に「寿木は崑崙山上の木なり。華と実なり、その実を食う者は死なず、故に寿木と曰《い》う」ともあるらしい。いずれも不死の力をそなえた樹木が山中にあり、その実を食べれば永遠の生命がえられるというのである。

そこからたちまち『西遊記』のエピソードを思い出すのだが、それは食べればたちまち不老長寿をうるという人参果のことで、お尻にへたをつけた赤ん坊の姿で描かれている（第二十四回）。人参果の背景については中野美代子『孫悟空の誕生』（岩波現代文庫）に詳しいので、そちらをご覧いただきたいが、同氏の『西遊記の秘密』（岩波現代文庫）にある次の文には注目しておきたい。

人参果は植物に動物が生っているタイプの木妖としては、中国でほとんど唯一のものであるにもかかわらず、ほかの木妖・草妖をおさえて近代にまで生きのびたという点で、動物界における龍に匹敵するということだ。おまけに、人参果は、すでに私が明らかにしたように、中国固有の人参伝説だけでなく、遠くヨーロッパのマンドラゴラや、アラブのワクワクの木や、中央アジアのスキタイの羊などの伝説をも吸収して宋代につくりあげられた仙果なのである。

生命の樹の近代版というべきか。不老不死をもたらす植物ということでは、古代アッシリアの「ギルガメシュ叙事詩」にまで通ずる普遍的テーマだが、それが動物（赤ん坊）と結びつき、世界各地の神話伝説とハイブリッドな関係をとりもつことにより近代にまで生き延びたことは、たしかに希有なことだろう。

しかし、こうした連想は無意味ではないだろう。土居淑子「古代中国における樹木と人物図」（『古代中国　考古・文化論叢』言叢社）によると、中国で樹木を中心とする図像が明確にあらわれるのは春秋戦国時代であり、とくに戦国時代になると、動物文が多様化するのと呼応するかのように樹木中心文といった文様化された意匠が登場し、そこでの樹木はすでに象徴性が顕著にあらわれているというのだ。その例としてしめされているのは春秋時代の銅壺（故宮博物院蔵）に見られる図像で、大きな木の上で人々が桑の葉を摘んでいる姿をあらわしている。桑の葉つみは、古来女性の仕事とされていたようだが、一方に桑を海中にある神木の扶桑《ふそう》であるとする見解もある。「湯谷《とうこく》の上に扶桑有り、十日《じつ》（十個の太陽）の浴《ゆ》あみする所、黒歯の北に在る。水中に居《す》む大木有り。九日は下の枝に居り、一日は上の枝に居る」（「海外東経」）と『山海経』は書くが、ここから靳之林《きんしりん》は「扶桑はすなわち桑であり、桑はすなわち若木《じゃくぼく》で、こうして若木もまた東方の大海中にいたり、若水《じゃくすい》は海の水となった」（『中国の生命の樹』言叢社）と解釈する。若木もまた海中にある神木で海の西端にあり、それにたいして扶桑は東端にあるのだ。これがなにを意味するかといえば、太陽の運行と生命の樹の関係であり、太陽は扶桑の樹から昇り若木のもとへ降りるのである。太陽は日々死と再生のドラマをくりかえす永遠の生命のシンボルである。桑の木もまた生命の樹であるとするなら、銅壺にあらわれた桑つみの図は、生命の樹にたいする人間の働きかけの原像ではないか。

こうした原風景をもつ聖なる樹木が動物や人間と結びつくとき、生命の樹の図像はドラスティックな展開をしめしたと土居はいう。つまりは戦国時代以来の五行説との融合である。五行説によれば、宇宙は土、水、木、金、火の五要素からなるのだが、水、木、金は土から生じ、土は土のままなのだが、火は土から生ずることはない。ところが『周礼《しゅらい》』の注に、火は四季の動きにかなった木から取るとあり、つまり木は五要素のすべてを結節する役割をもっていることになるのだ。

生命ある樹木は大地から生えているものである以上、大地、金属、水、火のすべてを意味することになる。いうなれば五つのすべての要素を包括するもので、それはいうまでもなく古代中国における宇宙形成の原素であって、それにより宇宙そのもののシンボルであることになる。つまり樹木表現は生命の象徴であるばかりではなく、宇宙の象徴であるとみなすことができるのではあるまいか。……［樹木と人間の図は］人間あるいは人間の行為を宇宙的世界即《すなわ》ち永遠の世界に位置づけた図像であるということになるのではないだろうか。（靳之林、前掲書）

どうやらここに来て中国の生命の樹は、大地の軸としての生命の樹（扶桑）から、もっとふんわりとした梢《こずえ》を張り出すように見えてくるのである。

（1999・11）

ゲドロシアの砂漠から

この夏（一九九九年）、ふたたびパキスタンを旅することになった。何度か本誌や『月刊言語』（大修館書店）にも書いたことだが、ここ十年ほど持続してパキスタンの西部地方であるバローチスターンを調査し、さまざまな場所を訪れ、多くの文物を見たり人々に会ってきたりした。イラン、アフガニスタンと接する地域であるバローチスターン地方は、もちろん現在のアフガニスタンやカシュミールなどの状況とかかわって、なかなか生々しい政治と社会の混乱を反映しているのだけれど、それについてはひとまず語らずにおく。また、この旅で得てきた学術的な成果のこまごまとした詳細については、すでに発表されている『バローチスターン調査概報』（和光大学「象徴図像研究会」編、私学振興財団）および準備中である文部省科学研究費にかかわる報告書にゆだねなければならないし、収集した資料の整理もまだついていないのが現状である。だけれども、少なくとも今回の旅の余白に刻み込まれた断片的な印象についてなら、いくらかの事柄をここに記してみても許されるかと思う。

今回は、イランと国境を接するパキスタンの南西部地域を歩いてきた。一般にはなじみがないだろうけれども、とりあえず動いてきたキーポイントとなる具体的な地名を書いておくなら、マクラーン地方のパンジグールを皮切りに、トゥルバット、グワーダル、ジーワニ、パスニ、オルマラなどの街々が地図上の移動点として押さえられる。百科事典の記載に従って「マクラーン」の項を見てみれば、「パキスタンとイランにまたがるアラビア海岸沿いの山岳地帯名。イラン側はメクラーンという。東西方向に並走する数条の第三紀褶曲《しゅうきょく》山脈列とその間の狭長な河谷平野、および海岸部の小平野からなる。海岸部のパスニの年降水量は一二七ミリにすぎず、砂漠気候に属する。農業は、地下水路（カナート）灌漑、また冬の降雨時の氾濫によりできたワジ中の水たまりの揚水式水路灌漑に依存し、ナツメヤシ、小麦、大麦を産する。とくにナツメヤシの乾果は良質で西アジアでも有名である。海岸部では漁業が発達しつつあり、干魚に加工してインド、西アジア諸国に輸出される。西アジアとインド亜大陸とを結ぶ回廊として重要で、古代ギリシア人にもゲドロシアとして知られていた」などとある（『世界大百科事典』平凡社）。

おおよそ八〇〇キロあまり、こうした地域を自動車で走破し、この砂漠地帯を縦断したわけだが、あちこちのポイントで聞いた限りでは、ここ三年ばかりは一滴も雨が降っていないという。だのに数年前には大洪水があり、いまは水分のかけらさえ見えないワジ（涸《か》れ河）に濁流が走り、村や道路を呑み込んで大災害を引き起こした。その被災者の数は想像を絶する数値に達しているようだが、事態は明確でなく、日本では報道もほとんどなされなかった。道路はあちこちが陥没しており、寸断され、都市部に入っても橋が落ちていて修復もままならない様子だった。しかし、涸れた河床の向こうには青々としたナツメヤシ畑が広がっているから、砂漠地帯とはいえ、豊かな地下水脈のひそんでいることも証している。多くの地図でマクラーンは茫漠たる空白地帯としてのみ注目を引くが、そこには知られざる歴史の断片が、いまなお眠っているはずである。

たとえば「ゲドロシア」というギリシア名だが、これはアレクサンドロス大王のインド遠征にかかわって出てくる地名であって、あまり他には記載例がない。大王は、インダスの流れを目前にしながら将兵たちの抵抗にあってインド侵入を断念し、腹心の部下ネアルコスらにはペルシア湾に向けての海路を調査させ、みずからはゲドロシアの砂漠を進んでペルシアに帰還したのだが、それがこの地名の数少ない記述のはじまりなのである。

しかし、それは楽な旅ではなかった。アレクサンドロスの盟友であるネアルコスは、初めて見る鯨にパニックを起こした兵士たちをなだめてペルシアをめざし、その航海を陸上から支援しようと沿岸を進んだアレクサンドロスは、各地の状況を調べながら、紀元前三二五年にゲドロシアに入ったのである。アリアノスの『インド誌』(『アレクサンドロス大王東征記』大牟田章訳、岩波文庫、所収)によれば、アレクサンドロスは「海路をとる軍隊に十分に水を供給するため」井戸を掘らせ、また沿岸にどのような港があるかを確かめては「市場や停泊地の位置を前もって知らせる準備をおこなった」。しかし、その一方でアレクサンドロスは、みずから率いる一万二〇〇〇におよぶ兵士たちのための兵糧をも確保しなければならなかった。さらに、当時の戦役の常として、この軍隊には兵士たちの家族である何百人もの女性や子どもも従っていた。しかしゲドロシアは予想以上の不毛地帯で、軍は飢えと渇きに苦しみ、海軍のために調達した食糧を略奪する兵士まで出るありさまだった。その結果、アレクサンドロスは数千におよぶ兵士をこの地に失い、戦役よりも手痛い打撃を被ったのである。

また一方、ネアルコスの海軍も苦しい旅を強いられた。季節風の到来を待って十月に出帆した海軍は、停泊できる場所を求めて毎日接岸しながら沿岸ぞいに進み、港でわずかな水や食糧を得たり、アレクサンドロスの本隊が残していった小麦の蓄えに飢えをしのげれば、運がいいと喜んだりしたという。

沿岸の住人が魚をえさにして飼っているまずい羊の肉を、乗組員は仕方なく食べた。また、イクテュオファゴイ人（魚食民）の国では魚が主食になっていた。栄養不足で疲れはてたネアルコスの部下たちだったが、そのうえ先住民との戦いにも臨まねばならなかった。時には住民に襲撃をかけたが、ようやく手に入れたみすぼらしい戦利品は、ほとんどが魚粉なのだった。

（ピエール・ブリアン『アレクサンダー大王』桜井万里子監訳、創元社）

おそらくアレクサンドロスの軍が辛い行軍をしたであろう地域を走り、またネアルコスの海軍の航海した海にも乗り出してみたが、草木の乏しい大地がまっすぐ青い海に溶けてゆくこの光景は、たまさかの旅人にすぎないぼくたちには美しく映ったが、遠く戦いの旅をしてきたギリシアの民には地獄としか見えなかっただろう。土地の魚料理を食べてもみたし、港の水揚げの様子も観察したが、ペリランカに輸出されるというシュモクザメの塩漬けからは、もはや兵士たちの嘆きも聞こえてはこない。

ゲドロシアという響きから連想されるのはこのような光景なのだが、パキスタンの西南部の端から東北部を見つめると、そこはカラコルム山脈の奥深く、インダスの流れの源流近い堅牢な山塊が浮きあがってくる。いままさに紛争のさなかにあるジャンム＝カシュミール地方がそこに広がり、パキスタン、タジキスタン、中国の三国が大きく国境を接するなか、その隙間に割り込むようにしてアフガニスタンに属するワハン回廊が細く延びて中国に向きあっている。この特異な国境線を形成する回廊は、人を寄せつけないヒンドゥークシュ山脈の襞が生みだした複雑なルートなのだが、このヒンドゥークシュの名は「インド人殺し」の意味をもっている。ヒンドゥーの民を拒んで通さない山々というわけだ。この山塊の南側、パキスタン側のカラコルム・ハイウェイがわずかに中国との通路を確保し、フンジュラーブ峠で路を渡している。アレクサンドロスがガンダーラに入ったハイバル峠、ガンジス河畔から内陸を通って帰還しようとするクラテロスの越えていったボラン峠とともに、パキスタンを象徴する峠のひとつである。

ゲドロシアからフンジュラーブ峠を思い起こしてしまうのは、港の市場でイラン製のお菓子とともに中国製の即席ラーメンを見いだしたからである。かつてトルコの都市コンヤで中国製のイスラーム帽を見いだし、それに気づいて注意してみると、じつに多くの中国製品がイスラーム諸国に流通していることがわかる。とくにパキスタンにおいては、日々のチャイ（お茶）を飲む器も、磁器・陶器ならばまず中国製であり、布製品も中国製が多く、また珍重されていた。これにはイスラームのかかわりが強い意味をもっていて、それは中国側でも強く意識されている事実だと思う。パキスタンとインドの国境紛争を現地のさまざまな報道で見ていたが、第三者的な立場でこの両者の姿勢をもっとも盛んに報告していたのは、つねに中国の報道であり、そのリポートのほとんどが新疆から発信されていたことに注目せざるをえない。これは対岸の火事ではないのだ。カラチの中国レストランで中国フェアがあり、これが中国革命五十周年を祝う催しの一環であることは当然だが、経済政策と宗教政策との微妙な関係をかかえながらパキスタンとの関係を模索する象徴的な動きとも見えたのは、カラチに入って初めて台湾地震のことを知った気分ともからんでいる。複雑な気分がしたものだ。

中国語では、パキスタンを一般に「巴基斯坦」もしくはより厳密に「巴基斯坦伊斯蘭《イスラーム》共和国」と表記するが、『中国伊斯蘭百科全書』（四川辞書出版社）にはかなり詳細なパキスタンのイスラーム史の記述があり、またイスラームにかかわる各研究機関についても記載があって、その注目ぶりが窺せられる。いずれ機会を見つけて、この東北部の峠からゲドロシアを見つめなおすことにしたい。

（1999・12）

人文なる語をめぐって

自分の勤めている大学で新しい学部を創り出すことになり、その準備などでこの二年間を忙殺されてきた。その新しい学部は和光大学「表現学部」というもので、従来の人文学部を解体して四学科に分けるという発想である。これまで文学科と芸術学科とから構成されていた学部をそれぞれに分裂させて、表現文化学科と文学科、イメージ文化学科と芸術学科というかたちで改編しようという構想なのだけれど(ぼくは「イメージ文化学科」に属することになる)、ならば、いままさに離脱しようとしている「人文学」なるものとはなんだったのか。いまになって、なんだかやたら気になってくる。

人文学部という名称はラテン語の *humanitas* に由来し、総合的な学問をつかさどるべきルネサンス的な「大学」(*universitas*) の中核をなす概念だが、この「人間なるもの」をめぐる一語はなかなかの曲者で、単純に英語の humanity などに置き換えられるものでもない。とりあえずラテン語としては、人間性、人情、教養、礼儀などと訳せる語ではあるが、英語で見るなら人文科学 (cultural sciences)、人文科目 (the humanities)、人文主義 (humanism) などの訳語が定着しているわけで、そこから見ると、人間が人間であることの意味、人間が人間であることを主張することば、そうしたところにこの語の意味圏が広がっているとわかる。誰がこの語を「人文学」などという微妙な訳語として提示したのか、いまは知らずにいるけれども、人間なるもの（フマニタス）にたいして「人」と「文」とを振り分けて新たな語を置いているところなど、この語の創造者はただものではない。「人」と「文」との融合といえば、たちどころに「文人」（英語なら literary man か）などの語を思いつくのだけれども、となれば語の逆転した「人文」とはなんだろうか。

いま「人文」の語を『大漢語林』（大修館書店）に聞いてみると、

（1）人のふむべき道、人倫の道、礼楽《れいがく》の教えなど［易経］。（2）人物と文物。（3）人類社会の文化。天文・地文。

などとあり、「人文科学」は「自然科学」と対置される学問体系であるともわかる。ここには「天・地・人」にそれぞれ「文」を対峙させる感覚が透けて見えてくるけれども、それならば「天の文」「地の文」にたいする「人の文」を見つめる必要がある。「人のふむべき道」とかいわれれば道徳の匂いが充満してくるのだが、「ふむべき」というからには「ふみそこなった」道も「人の文」の対象となるのではないか。なるほど天の動きや大地の動き（天文・地文）には人為を超えた大きな力がかかわっていて、整然とした運動をおこなっているようだが（四季の動きを見ればいい）、人の動きは、そんな大きな力からはずれだし、しばしばアノマリーな、自然のシステムからはずれたような運動になってしまうことがある。いやいや、ときどきあるどころではなくて、人類史というものは、そうした自然のシステムからの逸脱の歴史そのものではなかったか。そうなると、やっぱり天文などの語と人文なる語のあいだには、大きな溝があるはずである。だからこそ、いったい誰が『易経』の語を借りてきて *humanitas* に「人文」の語をあてたのかが気になってくるのだ。ここで問題となるのは「文」という語＝文字のひろがりではないか。

漢字の「文」はもともと入れ墨の意味をもっていて、その象形は「人の胸を開いて、そこに入れ墨の模様を施すさまにかたどり、模様・あやの意味を表す」ものであると『大漢語林』は説明する。さらに白川静『字統』(平凡社) を参照してみると「文は祭事に文祖・文考・文母のように先人に冠していう語で、文とは死者のいわば聖記号である。死葬のとき、朱をもって胸にその絵身《かいしん》［いれずみ］を加えて屍体を聖化し、祭るときには文を冠してよんだ」とある。また、こうした文身の風俗は出生や成年式のときなどにも用いられたようで、いわばイニシエーションの重要な儀礼として殷《いん》代ころから記録に残るという。そして白川は「人文・文化・文学などはすべて文と称し、孔子はその伝統を斯《し》文《ぶん》といい、斯文の担持者であることを自負した」とも述べている。「斯文」とは「この学問」というほどの意味で、儒教・儒学をさすけれども、まさしくこの文、他に比すべくもないこの文、という孔子の意志が見えている。

とはいうものの、文が人間に冠せられた聖記号であるのなら、なにやら祭祀・儀礼の匂いのする語であることも事実である。自然のくりひろげる大いなる天象を前にして、人はぶつぶつと文を口にするほか術《すべ》はなかったのではないだろうか。もちろんのこと文にはシャーマニズムの名残があり、人間の小ささへの自覚がある。詰まるところ人文学という語には、ギリシアのピュシス (野生) に対峙するノモス（人の法）のようなニュアンスがあり、すると先ほどの理解とは反対に、アナーキーなまでの自然力の強さを前にして小さな秩序を回転させようとする人間の知恵とも思えてくる。いやむしろ、このアンビヴァレンツ、両義性にこそ、人と文との結びつきがあるのかもしれない。だからこそルネサンス（再生）は、しばしば「文芸復興」と訳されてきたのだし、人文主義の再生と理解されてきたのだ。たとえばエラスムスの『愚神礼讃』が神と人との、より正確にいえば形骸化した教会と自由を求める人間との決定的な対峙を描き出したように、人は文を取り戻すことによって新しい秩序を求めようとした。それは神学的な宇宙秩序から見れば小さなものだけれども、個々の人間の身体をもって測りうるほどの身近な尺度であったといえるだろう。けれどもこの人間という尺度は、いまもって有効なのだろうか。

あらためて「人文」なる語の周辺をへめぐってみたのは、自然の様相に向きあう人間の様相の考察こそが人文学の目的であると確かめてみるとともに、その自然とはきわめて神学的な自然、超越的な勢い、人間の秩序をはるかに超え出た精妙かつ雄大なシステムであるという認識を再確認するためだった。こうした認識は、ルネサンスから五〇〇年をすぎたいまでも存在するし、むしろますます微細なレヴェルで拡張しているといっていい。けれども一方で、自然科学の進歩と認識論的な意味の深みへの探求は、ある意味で大きく「人文」を超えつつあるということも事実なのだ。だから、たとえば三浦梅園が「多賀墨卿《ぼっけい》君にこたふる書」のなかで、自然を学ぶうえで書物は有効かと問いかけ、こう書いていることは興味ぶかい（『三浦梅園自然哲学論集』岩波文庫）。

さて書籍というものも、むかしの人びとがそれぞれの見たところを書きつけたもので、造物主が書いたものではありませんので、その人の通じている方面には明らかでしょうが、塞《ふさ》がっている（通暁していない）方面もあります。たとえば人間はものをいうには通じているが、臭いをかぐ方は塞《ふさ》がっていて、犬猫に劣っている、といったようなものです。……が、さればとて天地をとっくりと臍《ほぞ》の下にいれて（徹底的に理解して）書いた書物もないのですから、執《と》れるところがあり、「正しい徴証をとる」ことをしないならば、書物がまた大習気《じっけ》の種子になります。ですから、書物によって自得し、これでこそ徹底完璧、造物主がやってきてじきじきに語ってもこれ以外にありえないと思っても、それこそがまさに習気が人にとりついてそうさせているのかどうか、知れたものではありません。

ここにいう「習気」とは、習慣によって生ずる気分、煩悩を起こしたために習性となって残っているもの、習い性などといった意味で、いわば人間として逃れがたい先入観というほどのニュアンスだろうか。人間はつまるところ、天象・地理を研究するとはいっても「そう現象するからそう数える（計測する）というだけのこと」にすぎないのであって、じっさい自然を学ぶには自然そのものに習わなくてはならない。「聖人と称し、仏陀と号する人も、天地を達観しようという段にあっては、もちろん人なのですから、ひっきょう、わが研究討論の友にすぎず、師とすべきは天地です」。十八世紀半ばに書かれたこの書には、こうした見解がくりかえし語られているが、習気を逃れるということは、いわば反人文的な身振りではないか。

いずれにせよ、人文主義という語に一種の人間中心主義の香りがまとわりついているのなら、より客観的な人間観とより内在的な人間観とを向きあわせ、あらためて人間の問題を語り出さなくてはならないだろう。自然の荒々しさと対峙しながら、その経験を文へと送り返すふるまいを文化というのなら、深い経験をふたたび文から解放し、自然の前へと投げ返すいとなみも試みるべきだろう。それをなんと呼べばいいのか、いまその語を思いつかずにいるのだが（もちろん「表現」といいたいところだが）、いましばらくは「文」と根気よくつきあわねばならない。

（2000・1）

愛と恋の弁証法

愛と恋とのちがい、それはなんだろうか。

文字のできあがり方からすれば、「愛」という文字はもともと「㤅《アイ》」を音符とし、それに「夊《すいにょう》」をくわえた形をしていた。「旡《キ》」は頭をめぐらせてふりかえる人の象形であり、ふりむき見る人の心のさまから、いつくしむの意味になったという。また「夊」は足の象形であり、いつくしむ心がおもむき及ぶのだとされる（『大漢語林』大修館書店）。いつくしむ、めでる、おしむ。つまりは、心をあとに残して、その場から歩み出す人の姿である。そういわれれば、この「愛」の字形はふりかえりながら歩く人の姿に見えなくもないけれど、立ち止まってしまう、あるいはもとの場に帰って心をあらわすほどには定まっていないともいえる。したがって、この文字は不安定な心もちをもしめしていて、曖（かげる）とか僾（ほのか）などに通じている。また「旡」には、むせぶ、贈る（饋）の意などもあり、心を贈るというニュアンスが生まれたと考える人もいる。いずれにせよ、揺れる心をその場に置いて離れてゆこうとする人の姿が見える。思いを残してゆく哀しみが見える。

一方の「恋」（戀）は、引くことを意味する攣《レン》を音符として、「手」にかえて「心」をくわえたもので、そのまま心が引かれることを意味する。こいしい、したう、したいあう。ちなみに「恋愛」の語は、中村正直《まさなお》（敬宇《けいう》）訳『西国立志篇』においてloveの訳語として造語されたものという。この『西国立志篇』は、スマイルズの『自助論』（*Self-Help*）の翻訳であり、明治三～四年に刊行され、当時の若者におおきな影響を与えたというから、「恋愛」の語も広く青年の心に刻まれたのだろうか。

とはいえ、愛にせよ恋にせよ、その用例は古くさかのぼることができ、早くから愛情表現の核となる語として用いられてきている。辞典によれば、たとえば「愛心」の語が『礼記《らいき》』に見え、「恋慕」の語が『後漢書』にあるという。いつくしむ心であり、恋いしたう思いである。古代から愛の情念のあったことはもちろんであるし、ことは中国にかぎるものでもないが、たとえば『詩経』を見れば、それで十分だろう。

また祭礼が愛を確かめる場となったこともある。マルセル・グラネは『中国人の宗教』（栗本一男訳、平凡社、東洋文庫）のなかで、こう書いている。

祭礼が伝統的な盛観を呈するには、森、流水、谷、小高い丘などを含む変化にとんだ土地が必要であった。遠路から車でやってくる集団がここでその荷を解いた。彼らは織り上げたばかりの季節の衣装を身にまとい、その衣装の人の目をひく新しい輝きは各家の繁栄を誇示していた。平常は村に閉じこもり人目にさらされない女たちも、このときばかりは晴れ着を着て連れ立って現れ、雲のように眩しかった。枝葉の模様の衣装、灰色や茜色の髪飾りで女たちは白い木槿《むくげ》や黄櫨《はぜ》の花のように美しく見えた。人々は所々に集まり旧交を温めた。袖を引き、手を取り、長く待ちわびた再会が短期間であるだけに喜びに身をまかせたのである。

こうした農村の祭礼は、社会的交易であると同時に「性の祭典」の様相を帯びるものでもあった。「農村の人々が相互に睦み合うこの祭礼は、婚姻の祭りであり、豊穣の祭りでもあった」。はるか古代には母権制のあったことも想像され、少年たちが婿として交換されていたが、やがて少女たちが交換される対象となり、村のあいだで相互にやりとりされる「人質」とされたのである。「古い歌謡に見られる最も痛々しい嘆きは、見知らぬ村に無理に嫁がされる花嫁たちの嘆きである」。だからこそ祭礼が必要となり、そこから新たな恋も生まれたのだろう。村のあいだでの性の交換は、冷酷な意識による経済学であって、恋愛からはもっとも遠いものだろう。ふりかえる思いが、ここにある。

とはいえ、儒学の伝統のなかでは、恋を語ることは禁止の対象でもあった。未婚男女の恋愛を儒学は蔑視し、生殖に直結しない快楽を否定した。だからこそ逆に、酒池肉林といったような逸脱した快楽の追求が語りつがれ、また現実に性愛に溺れて国を傾けた皇帝たちも、枚挙にいとまない。古代における性の抑圧と解放との弁証法とはちがい、儒教による恋愛の禁止と逸脱とは、広範な制度となって恋愛を抑圧したからである。

中国では恋を表現するのに、固有のことばがなかった。西洋文化が中国に入るまえに恋の事実があり、恋を記述し描写する作品もあった。ところが、不思議なことに恋の概念をあらわすことばはなかった。それだけでなく、恋物語という分類の専門用語もない。十八世紀六〇年代になっても「才子佳人の書」ということばしか見あたらない（『紅楼夢』第一章）。このような状況は近代まで続いた。

（張競『恋の中国文明史』ちくま学芸文庫）

張競によれば、『論語』『孟子』といった儒学の経典に「恋」の文字は見あたらず、儒学に対立する『老子』『荘子』などにもない。『易経』には「恋」の字が見えるが、「思う、しのぶ」の意味であって、今日的な恋の意味ではない。漢代から晋代にかけて徐々に用例が見えてくるが、清代の末になっても恋という字は恋を表現する特定の用語にならなかった、という。また、恋に関係する語として「色」と「愛」をあげ、このふたつの語についても張競は綿密に調べているが、女色をあらわす色はともかく（それについては、ロベール・ファン・フーリック『古代中国の性生活』松平いを子訳、せりか書房、を見られたい）、愛については『孟子』の「昔者《は》大王色を好み、厥《そ》の妃を愛せり」という文が例外的に見られるのみだと説いている。むしろ男女間の恋の感情は「情」の文字で表現されてきた。およそ漢代のころから「情」が恋愛感情をしめすようになり、詩歌や散文に定着してきた、というのである。しかし、この語も概念には昇華しない。一定の情緒をしめすのみである。

また張競は、中国の恋には三つのパターンがある、と書いている。夫婦の恋、未婚男女のあいだの恋、そして遊女との恋である。なかでも夫婦の恋が、中国ではもっとも重要な意味を担っていたというのだが、だからこそ近代になって西欧の恋愛観が移入されてきたとき、恋の感情と姦通とが併置されているのを知って中国人は驚愕するのである。恋愛感情は現実に存在しているのに、その感情の範囲は限定されており、表現も囲い込まれていた。これは中国のみの現象ではなく、あらゆる世界になんらかのかたちで見いだされることであろうし、意識的にせよ無意識的にせよ、恋は足かせをはめられていたのだ。

さて、冒頭の問いである。いまさら愛と恋とを分離して考えることに意味はないかもしれないが、愛が心を残すこと、贈ることであり、恋が心を引くことだとすれば、みずからの心を差し出す身ぶりと引き寄せられる思いということになり、いずれも自分の心の問題なのだが、愛は能動的であり、恋は受動的であることになりはしないか。あるいは、愛は心を渡す喪失感があり、恋は心をつかまえられるという運動性をもつともいえようか。心をつかまえられて新たな感情が芽生え、たがいに心を引きあっていると知れば心を贈ることになるだろう……。とはいえ、これは文字にとらわれた妄想である。和英辞典では、愛を引いても恋を引いても、基本的には"love"の語しか出てこないのだから。なんとなく愛は理念的であり、恋は実際的であるような気もするが、その差は、ぼくには語りきれない。西欧の恋愛観が東洋にはいってから、まだ百年とちょっとしかたっていないのだ。

愛する(*aimer*)と恋をしている(*être amoureux*)の関係はなかなかに微妙である。たしかに、恋をしているに似たものはほかにない……。そしてまた、恋をしているの中になにがしかの愛するが混入していることも確かである。わたしは狂おしいほどに捕えたく思っているのだが、同時に、積極的に与えることもできるのだ。このような弁証法を成功させうるものは誰か。それは女性である。いかなる対象にも向わず、ひたすら施与へと向う「女性」しかない。したがって、恋する者が同時に「愛する」こともなしうるとすれば、それは、彼が女性化し、「大いなる恋の女たち」、「いと心やさしき女たち」の仲間入りをした場合に限られる。
（ロラン・バルト『恋愛のディスクール・断章』三好郁朗訳、みすず書房）

愛する（心を奪われる）と恋をしている（結ばれたいと願う）、この弁証法を、いつぼくたちは発見できるだろうか。

（２０００・２）

中国のアリストテレス

アリストテレスが、マケドニアの王であるフィリッポスに招かれて彼の息子の家庭教師となったのは、紀元前三四二年のことだった。そもそもアリストテレスの父はマケドニア王の侍医であったニコマコスなのだから、それもまたゆえなしとしない。アリストテレスは前三六七年にアテナイへとのぼっており、ということは十七、八歳で親元を離れたことになるのだが、そのままプラトンの創設したアカデメイアで二〇年におよぶ研究生活をおこない、その師の死とともにアテナイを去って、地中海に臨むアッソスやレスボス島で生物学にかかわる研究生活を送り、それからマケドニアに帰ったのである。アリストテレスは、のちに「万学の祖」と呼ばれることからもわかるように、今日的な意味での哲学という範疇に収まらない思考のひろがりをもっている。イデア論を中核とする理念的な哲学体系を志向したプラトンとは対照的に、アリストテレスは自然物のうちに秘められた精妙なシステムに注目してやまなかった（その最大の成果が『動物誌』島崎三郎訳、岩波文庫、である）。科学は、アリストテレスとともにはじまったのだ。

アリストテレスの思想の重要な一面に、その言語観がある。彼は「名辞」「述語」「命題」などの論理学的な基本概念を最初に抽出し、その相関性を徹底的に追求した最初の人だった。その中核は、(1)形相因（それが何であるか、本質）、(2)質料因（それは何からできているか、素材）、(3)始動因（運動や変化を起こさせるもの）、(4)目的因（それは何のためのものか）、という四原因に還元しうるものであるが、こうした原因から自然の諸現象が生起している以上、それを語ることば（ロゴス）のほかは、まさしく万物は現象そのものから語り出さねばならないと規定したのである。もちろんアリストテレスの全思想を、こんな簡単な表現で限定できるものではないが、本質的なるもの（形相）を実体化するもの（素材）との関係性のうちに、「現実態」（エネルゲイア）と「可能態」（デュナミス）という運動性を認めることで、この揺れ動く世界の実相を見つめようとする姿勢は、まさに「驚異こそが科学のはじまりである」と喝破した人物のまなざしを明らかにしている。こうした視線の経験を言語化すること、そのときに言語＝論理を人間のもつきわめて精緻なシステムとしてとらえつつ（『範疇論』や『命題論』）、さらなる実践的な言語使用の問題に向かうこともできたのだ（『弁論術』や『詩学』）。ウンベルト・エーコが小説『薔薇の名前』（河島英昭訳、東京創元社）のなかで、アリストテレスの『詩学』第二部を空想し、そこに笑いをめぐる議論があったと想定して物語の謎の中心においたことは、きわめてしかるべきことなのである。

さて、アリストテレスがマケドニアに戻ったころ、中国は戦国時代のまっさかりであった。春秋時代の中国とはちがい、弱肉強食、道義も倫理もなく、ひたすら強烈な覇権争いが跋扈した時代であったと伝えられる。しかし、それは同時に商人の勢力が増大し、さまざまな政治的議論がわきだしてきていて、いわゆる諸子百家の時代でもあった。この時代を戦国時代と呼ぶ習わしも、漢の劉向《りゅうきょう》の筆になると伝えられる『戦国策』に由来する。古代インド民族の興亡を謳った世界最大の叙事詩である『マハーバーラタ』の例でいうなら、それは「カリ・ユガ」(黒い時代)ともいえようか。しかし、一方からいえば、はるかのちにヘーゲルが沈痛に語ったように、本当の危機の時代にこそ、本質的な智慧の象徴たるミネルヴァの梟《ふくろう》は夜空に飛び立つのだ(『法哲学』序文)。神々と接していた時代のモラルが失われ、人間が人間どおしとして向きあって殺しあう時代が来ると、さまざまな愛憎は人間のリアリティをもってたちあらわれ、神々は忘れ去られて人間の感情が浮かびあがる。アリストテレスが、ある意味で師たるプラトンの理想的な哲学世界(イデア論)を否定し、現実世界のフィールドワークに走っていったことは、戦争に明け暮れていたギリシア世界の現状への批判が生きているのだろう。理念に飛ぶか、現実に向きあうか、これは戦国時代ならずとも、無視できない大きな態度決定を要求する問いであるはずである。

アリストテレスが、荘子や孟子と同時代人であるということは、孔子がソクラテスと同時代人であるとか、プラトンが墨子とほぼ近い年代であるとか、そういうこととは微妙にニュアンスを異にしている。ソロンなどの古代の賢人を祖とするギリシア哲学の歴史は、思いのほか急速に発展し、あっというまに消滅している。その産み落としたものの永遠の豊饒さとは裏腹に、継承はされながら、ギリシアの場からは早々とついえさってしまっている。「すべては水である」と断言したタレスからアリストテレスまでを古代ギリシア哲学の系譜であるとするのなら、たかだか二五〇年にしかならない。すでに、世界は再編成されていた。古代は終わり、国際的なネットワークをベースとする多様な社会の闘争がはじまっていたのである。

さて、なにをいおうとしているのか。アリストテレスが引き受けたマケドニア王子の家庭教師という仕事は、のちにアレクサンドロス大王として知られることになる王子への教育全般を請けおうことだったのである。アレクサンドロスの父であるフィリッポスについては、すでに書いたこともあるけれど（拙著『アジア言遊記』大修館書店）、このアレクサンドロスにたいする家庭教師の仕事は、およそ七年間におよんだという。アレクサンドロスは、正確には同名の三世であって、生年は紀元前三五六年だから、アリストテレスとは二十八歳の年齢差があった。アリストテレスが四十二歳、アレクサンドロスが十四歳であったのだろうか。いわばアリストテレスは、アレクサンドロスの思想形成のすべてに向きあってきたのである。

現世の諸相の一切を科学的に志向しようと求めたアリストテレスが、その哲学のすべてを流し込んだ相手がアレクサンドロス大王であるというのだから、これは簡単な話ではない。大王がインドへの遠征を開始し、アリストテレスはマケドニアに帰って、リュケイオンに哲学の学園を開いた。プラトンの身ぶりに習うものであり、それを哲学史ではペリパトス学派と称している。しかし、現実世界の探求を哲学の命題の主要な部分と考えたアリストテレスは、ここで多くの書物の収集を構想し、最初の図書館ともいえる空間を作りだした。そうして十二年間をリュケイオンでの教育と研究に費やしていたのだが、紀元前三二三年にアレクサンドロスがバビュロンで死去すると、たちまち彼は政治抗争に巻き込まれ、ついにさまざまな訴訟に耐えかねて母の故地に逃れるのだが、翌年になって死んでしまう。その死の真相は明らかではないが、古代世界において最大の版図をつかみとったアレクサンドロスの跡目相続なのだから、それがひとりの哲学者にたまたま波及したといっても、驚くべきことではないだろう。
アレクサンドロス大王のインド遠征は、西にも東にも多くの伝説を残し、また造型作品にも数々の影響を残した。いわゆる『イスカンダル・ナーマ』（アレクサンドロス物語）とか「ガンダーラ美術」と総称される仏教美術の系譜がそれだが、そこにギリシア哲学の痕跡を求めることも、不可能ではない。パーリ語仏典などに見られる「ミリンダパンハ」（那先比丘経《なせんびくきょう》）は『ミリンダ王の問い』（中村元《はじめ》・早島鏡正《はやしまきょうしょう》訳、平凡社、東洋文庫）などに尋ねることができるけれども、それはギリシア哲学とインド哲学との真摯な闘いの記録ともなった。アレクサンドロスの歩み、ひいてはアリストテレス哲学の影響は、まっすぐインドに定着することはなかったし、それが東アジアに届くにはマテオ・リッチなどの宣教師の到来を待つほかはなかったけれども（ストア派神学のなかにこめられて）、この東西の往還は、むしろ無名の者たちの動きのなかにあって、すでに＝つねに通じあっていたのではないかとの妄想がぼくにはある。たとえば『アレクサンドロス大王伝説』（*Legends of Alexander the Great*, Everyman, 1994）という本があり、アレクサンドロスが師たるアリストテレスにインドの状況を語り、その不思議と神秘と夢を語るという形式になっているのだけれど、偽書であるとはいえ、これは幻想物語であるとともに「哲学」の問題を語ってもいるのである。この向こうに「キタイ」（中国）があるのは、もちろんのことではないか。

師よ、わが母と妹とを除きますれば、闘いの困難な場にあってもあなたほどに敬愛を感ずる人はおりません。哲学へと思いをいたす師を知ってからというもの、インドのことども、この地に見られるある種の蛇や人や虫などについてあなたに書き送るたび、人が何ごとかを新たに学ぼうとするふるまいはいつでも、学習と理解とを増大させてくれることを思わずにはおられないのです。

この表明のなかには科学を求める王がおり、アリストテレスの弟子がいる。戦国の世のさなか、アレクサンドロスが中国に参入したなら、世界史はどう動いたことだろうか。夢想にすぎないとはいえ、新たに学びあうことの意味は、可能態として生きている。

（2000・3）

IV

ものみな混沌にはじまる

明代の呉承恩がまとめたとされる『西遊記』は、中国四大奇書の一といわれるが、他の三つがなんなのか、よくは知らない。明代の長編小説というのなら、たぶん『三国演義』『水滸伝』および『金《きん》瓶梅《ぺいばい》』をいうのだろうが、これには異論があるかもしれない。しかし、七世紀に玄奘《げんじょう》がおこなった天竺《てんじく》への取経の旅の物語が、やがて民間伝説となって大いにふくらみ、さまざまなヴァリエーションを呑みこんで不思議な深みをもったテキストとなって現在に伝えられていることは、あらためて玄奘の敢行した旅の衝撃の大きさを思わせる。明代の他の小説と同様に、この物語の成立は、史実→講釈→講釈本（平本）→雑劇→小説、という過程を経てきていると思われるが（小野忍、岩波文庫「解説」）、おおよそ九〇〇年あまりを語り継がれてきたわけだし、たとえば官が護持する「正史」などとはちがって、いわば民間でおこなわれてきた伝承なのだから、その物語の力には驚くほかはない。

玄奘の旅については、彼自身の手になる『大唐西域記』、弟子の慧立《えりゅう》と彦悰《げんそう》がまとめた『大唐大慈恩寺三蔵法師伝』などが原テキストということになるが、もちろんのこと『西遊記』にはその片鱗しか残らない。孫悟空を中心にくりひろげられる活劇と、その背景に広がる壮大な世界観については、ぼくなどの語り出すところではなく、よろしく関連する諸書をひもといていただきたいが、ここで『西遊記』から書き出したのは、その冒頭の一篇の詩に興味がひかれたからである。

混沌未《いま》だ分かれず天地乱れ
茫茫《ぼうぼう》渺渺《びょうびょう》人の見る無し
盤古《ばんこ》鴻濛《こうもう》を破りてより
開闢《あめつちひら》いて茲《これ》より清濁辨《わか》る
群生（万物）を覆い載せて至仁《しじん》と仰がれ
万物を発《ひら》き明らかにして皆善なるものと成す
造化会元《ぞうかかいげん》の功《わざ》を知らんと欲すれば
須《すべから》く看《よ》むべし『西遊釈厄伝《さいゆうしゃくやくでん》』

近世中国の長編小説は、ありふれた事件を語り出すにあたっても天地開闢《かいびゃく》の理《ことわり》からはじまり、この『西遊記』も例外ではない。そもそも時間のはじまりはどこにあったのか、世界の広がりはいかほどであるか、まずそれが語られている。その冒頭に混沌がある。

混沌は、天地の分かれないさまをいう。語義からいうなら、まじりあい、とどまっている様子である。『淮南子《えなんじ》』に、天地は混じりあって定まらず、手の加わらない混沌のままである、というような表現があり（詮言篇《せんげんへん》）、またこれを陰陽の分かれないさまとする場合もある（『雲笈七籤《うんきゅうしちせん》』）。異字に「渾沌、渾敦、倱侻」、同義に「混茫、混淪」などがあり、それぞれに微妙なニュアンスの違いをもっている。もちろん、こうした世界開闢以前の混沌とした未分化な世界イメージは中国に限ることがない。たとえば古代ギリシア神話におけるカオス（*chaos*）があり、これは「あくびをする」（*khainein*）を名詞化したもので「開かれた口のなかのような無底真闇のうつろな空間」をあらわす。ヘシオドスの『神統記』では、このカオスから暗闇（エレボス）と夜（ニュクス）、昼（ヘメラ）、輝ける空（アイテール）が生まれるとするが、のちにオルペウス教では時間の神のクロノスからアイテールとカオスが生まれるとしているから、強くカオスに闇を意識していることがわかる。さらにオウィディウスになると、万物のあらゆる可能性たる種子（*sermina*）という表現をカオスに与えているから（『転身物語』第一章）、その闇は、来たるべき世界の実在性をはらんだ闇だったのだ。ここではいちいち他の文化に見る事例をあげないけれども、さまざまな事象が秩序だった配列をもつ以前の世界を、無秩序の支配する単なる野性の世界ではなく、むしろ充実した可能性の世界、結晶化を待つ過飽和状態の澱みのような勢いをもつ世界と考える例は多い。

さて『西遊記』のいう混沌は、この未分化な宇宙の状態である。そこから盤古《ばんこ》が生まれる。簡単に盤古神話を敷衍しておけば、このようになる（松村武雄編『中国神話伝説集』社会思想社、現代教養文庫）。

太初には何物も存していなかった。ただ一種の気が濛々《もうもう》として広がり満ちているだけであった。そうしているうちに、その中にものの生ずる萌芽《きざし》が始まって、やがて天と地とが現われた。天と地とは陰陽に感じて盤古という巨人を生んだ。盤古が死ぬときに、その体がいろんなものに化して、天地の間に万物が具《そな》わるようになった。すなわち息は風雲となり、声は雷《いかづち》となり、左の目は太陽となり、右の目は月となり、手足と体とは山々となり、流れる血潮は河となり、肉は土となり、髪の毛や髭はかずかずの星となり、皮膚に生えていた毛は草や木となり、歯や骨は金属や石となり、汗は雨となった。

原人《マハープルシャ》（世界巨人）の死体から世界が創造されるという死体化生神話の典型であるが、ここにいう「一種の気が濛々としている」ひろがりが混沌にほかならない。

しかし、一方に有名な渾沌神話があり、それは『荘子』の応帝王篇第七に見ることができる（金谷治訳、岩波文庫、第一冊）。

南海の帝を儵《しゅく》といい、北海の帝を忽《こつ》といい、中央の帝を渾沌といった。儵と忽とはときどき渾沌の土地で出あったが、渾沌はとても手厚く彼らをもてなした。儵と忽とはその渾沌の恩に報いようと相談し、「人間にはだれにも七つの穴があって、それで見たり聞いたり食べたり息をしたりしているが、この渾沌だけはそれがない。ためしにその穴をあけてあげよう」ということになった。そこで一日に一つずつ穴をあけていったが、七日たつと渾沌は死んでしまった。

七つの穴とは目・耳・鼻・口の穴のことだが、この感覚器官、外界の気の流れが注ぎこまれる穴をあけたことによって渾沌は死んでしまうのである。穴のあいていない渾沌とは一切が未分化の「無差別の自然」（森三樹三郎《みきさぶろう》『老子・荘子』講談社学術文庫）のことであり、「非合理極《きわま》るものであって、結局は認識の明るみに将来し得ないものである」（前田利鎌《とがま》『臨済・荘子』岩波文庫）。この「異質的連続」を感覚から区分することによって一定の秩序に腑分けするふるまいは、差別の導入、論理の網の目による切り分け、自然状態の殺戮なのである。「本来何の形式もない〈盲目〉の渾沌は先《ま》ず有という言によってその実在性を確立され、しかして後、なお数概念の適用によって、その個別化を受けるのである」（前田、前掲書）。いわば世界と世界認識とは、死体から生まれたのだ。ちなみに、渾沌に穴をあける儵と忽は、ともに迅速の意をもつ字であり、人間的有為、あるいは人間の〈さかしら〉であると注されている。とはいうものの、いったん世界の秩序づけに走りはじめた以上、もはや人間は止まることはできない。そこで三蔵法師は西に走り、石からは無敵の猿が生じてくるだろう。

ところで、混沌にまつわる文字のほとんどが、さんずいを伴う水の表現であることが気になる。森三樹三郎は、渾沌に注して「水が激しく流れてわきたつこと」としている。渾は、にごる・たまる・まじる、また水がめぐりながら盛んに流れるさまなどをあらわし、また沌は、ふさがる・かたちをなさない、また水の渦巻くさまなどもあらわす。いずれも止まるとともに走り、変化しながら運動する、不思議な二重性を身にたたえている。もとは巨大な水たまりだったのかもしれないが、その奥底には見えざる爆発的な運動性が潜在していると考えられていたのだろうか。荘子は、戦国時代、宋国の蒙（現在の河南省商丘の東北）の人であるといわれている。そこは淮水《わいすい》へとそそぎこむ数々の河が流れる土地であり、水の恵みも厄災もつぶさに経験してきているのではあるまいか。南の海と北の海の帝がいて、その中央に渾沌がいる。中央の海とは書かれていない。では、中央とはどこのことか？

中原から望む大いなる水のわきたつ源、見はるかす空想の黄河源流こそが渾沌の棲む場ではないかと想像すると、ぼくには納得できるものがある。すべての水が流れこむ海の神を供応するには、山深い水源、かすかな水の滴り、湧きあがり、たまり、よどみ、伏流して混じりあう無数の水流のはじまる場こそがふさわしいのではないだろうか。古代から中国の人々は黄河の源流を夢想し、張騫《ちょうけん》が源流を訪ねると天の河のほとりに出たというまでに物語を拡大してきた（『太平御覧』『荊楚《けいそ》歳時記』などに見える。武田雅哉『星への筏《いかだ》』角川春樹事務所、を参照されたい）。地上を覆っていた無差別の自然は、星空へと道を開くべきではないか。ほかならぬ『西遊記』の冒頭に「混沌」の二文字があることから、夢想はどこまでも伸びてゆくのである。

（2000・4）

ヴェトナムの『三国志』

ぼくの手元にある仏訳版『三国志演義』(*Les trois royaumes*, 1960/61)は、インドシナ研究協会叢書(Bulletin de la société des études indochinoises)として刊行された二分冊の大冊で、翻訳と注解は、サイゴン大学のトアン教授(Nghiêm Toan)とサイゴンに本拠のあったフランス極東学院のリコー教授(Louis Ricaud)がおこない、さらに跋文はパリ東洋語学校の中国語学のルールマン教授(Robert Ruhlmann)が記している。本書はユネスコの援助を受けているのだが、この一九六〇年という年記に注目しないわけにはいかない。それというのも、一九四六年から五四年にかけておこなわれたインドシナ戦争が終結したものの、ヴェトナム情勢はますます混迷の度を加え、フランスに代わってヴェトナムに介入をはじめたアメリカが内戦状態に火をつけ、ヴェトナム戦争の泥沼を生み出したのが一九六〇年にほかならないからである。フランスとインドシナ諸国との関係については、これを簡単に語ることができない。きわめて錯綜した愛憎あふれるからまりあいであって、たとえばアンドレ・マルローのインドシナ三部作『征服者』『王道』『人間の条件』などを読んだり、あるいはマルグリット・デュラス原作の映画『愛人』などを見れば、その一端が見えてくる(映画ついでにいえば、ゴダールなどの参加したオムニバス映画『ベトナムから遠く離れて』も必見だろう）。フランスの植民地政策の過酷さについてはいうまでもないのだが（マグレブ諸国のことも忘れてはならない）、一方で、フランスがヴェトナムにおいてきわめてすぐれた文化政策をおこなったことも事実であって、極東学院を中心に展開されたアジア研究の質の高さは、誰しも否定できないところである。この『三国志演義』がフランス・アジア学の精髄の揃い踏みであって、しかも訳者の筆頭にヴェトナム学者をあげているところなど、なかなかのしたたかさを感じないわけにはいかない。やがてユネスコの総裁にはロジェ・カイヨワが就任することになるが、すでになにかのかかわりがあったのだろうか。

さて「インドシナ」という呼称には、いろいろ歴史的な問題がある。これを英語の表記法からいうなら「Indo-China」であって、インドと中国のあいだに挟まれ、かつ両大国の文化的影響を受けていた状況を含みいれた語である。とはいうものの、この語のはらむ認識は近代の植民地政策から生まれたものにほかならない。十七世紀を迎えてから、インドも中国も西欧列強の植民地と化しており、ましてその中間にあった小さな民族国家は、ことごとく近代権力のもとに呑みこまれていった。その意味ではインドシナと呼ばれる諸国は、この英文表記のなかのハイフン（-）でしかなく、インドでも中国でもない国々だったのだ。いま現在では、この差別感にみちた語は一般に用いられていないと信じたいが、無神経な人々の増えた最近では保証のかぎりではない。

政治地理的にいうなら、かつてインドシナと呼ばれていた国々とは、ヴェトナム、カンボジア、ラオスの三国をさし、また広義に東南アジア半島部をいう場合には、タイとビルマ（現在のミャンマー）を含むことになる。しかし、もともとは前者の三国がフランス領インドシナを形成していたことがこの名称の起こりであり、サイゴンにフランスのインドシナ総督府が設けられた一八八七年から第二次世界大戦の終結（一九四五年）までインドシナという名称は権力の代名詞であった（事実上の行政府はハノイ市にあった）。この植民地を圧迫していた日本勢力が崩壊すると、ハノイにヴェトナム民主共和国が成立し、ホー＝チ＝ミンが大統領に選出され、フランスはこれを承認する構えを見せたが、一方で分断的にコーチシナ共和国の成立を画策し、一九四六年の十二月にインドシナ戦争が勃発することになったのである。ここにいう「コーチシナ」(Cochin China) とは「交趾《こうし》支那」のことであって、十六世紀初頭にポルトガル人がインドのコーチン（柯枝）とヴェトナム（交趾）とを区別するために「中国の交趾」と命名したことにはじまる名称であるという(注)。

　とはいうものの、フランスの軍事力の圧倒的な優位がつづいたのは初期段階のみであって、一九五四年五月にディエンビエンフーが占領されると一気に休戦協定が進み、暫定的に北緯十七度線を境界として南北ふたつの政権の存在を認め、五六年七月までに全国統一選挙をおこなう運びとなったのである（ジュネーヴ協定）。しかし、フランス軍の撤退と入れ替わりにアメリカが介入をはじめ、南ヴェトナムに生まれたゴー＝ディン＝ジェム政権を強力に支援し、南北統一選挙を拒否するにいたった。このため五七年ころから反政府勢力の台頭が起こり、六〇年の暮れには南ヴェトナム民族解放戦線の誕生を見て、ヴェトナムは本格的な内戦状態にはいるのである。これがヴェトナム戦争のはじまりだが、これを第二次インドシナ戦争と呼ぶ場合があるのは、こうした歴史的経緯によっているものである。

　いま、あらためてヴェトナム戦争の背景を素描してみたのは、インドシナといい、コーチシナといい、いずれも植民地支配者の都合によって生み出された名称であることを再確認するとともに、この名がヴェトナムへと転換する分岐点にあって『三国志演義』の仏訳が刊行されている、その事実を見ておきたかったからである。

いうまでもなく『三国志演義』（白話小説としては『三国演義』の名称が普通）は元末明初の作家である羅貫中の作とされる一二〇回におよぶ中国最初の長編小説で、魏・呉・蜀《しょく》三国の興亡を軸に、多様多彩な人物群が縦横に活躍するダイナミックな物語である。西晋の陳寿の著した『三国志』をはじめとする正史・雑記・逸文など多彩な資料を十二分に利用し、およそ百年間にわたる闘争の時代を活写する名作だが、この仏訳版の表紙には中国の地図が掲載され、魏（wei）・呉（wou）・蜀（chou）と塗り分けておのおの首府を記し、黄河と長江を配して緊迫した政治地理のありようを印象づけている。こうした装丁の仕方に政治的な意図を読みとるべきものかどうかは判断を避けておくほかないが、跋文や訳者による序論（トアン教授）などは抑制のきいた学術的な文献考証に終始しており、意図するところへの手がかりはない。けれども、刊行当時にこの書を手にしたフランス人、もしくはフランス語を解する読者たちは、ただちにヴェトナムの現状を連想したであろうし、それを念頭におかずに読書をはじめることは不可能だったのではあるまいか。訳者序論の終わりに謝辞を述べる一節があり、わずかにヴェトナム王朝史と本書とのかかわりを暗示してはいるものの、ほんの数語の言及にすぎない。深読みにすぎるだろうか。

ヴェトナムの歴史からいえば、魏・呉・蜀の三国が争いをくりひろげていた時代は、すでにメコンデルタに扶南《フナム》という王朝が成立してはいたものの、漢代以降の長い中国支配のもとでの一時期にあたる。この地域からは前期旧石器時代の遺構も発見されていることから、早くから人々の生活が営まれていたとわかるが、伝説的なヴァンラン（文郎）国の登場はともかくも、前二〇〇〇年紀には青銅器文明の存在が確認されており、前三世紀には趙佗《チョウ＝タ》が秦の末期から漢代にかけて中国に反抗し、南越皇帝を自称したことが記録されている。趙佗はもともと秦から派遣された漢人であるが、少なくともこの時代、ヴェトナムは中国の支配を退けていたのである。しかし趙佗の死後、ヴェトナムは中国に支配されることになる。小倉貞男『物語 ヴェトナムの歴史』（中公新書）によれば、それは大きく三期に分けることができるという。

（1）第一期　紀元前一一一～紀元三九年
（2）第二期　四四～五四四年
（3）第三期　五四八～九三九年

三国時代はこの第二期にあたるわけだが、ヴェトナムではくりかえし中国への反乱があったといわれ、それは中国から派遣される官吏の腐敗によるところが大きかったという。同書によるなら、漢は屯田兵を構成して開墾を進め、権力に忠実な者や支配階級に属する者たちに土地の個人所有を認め、その一方で教育に秀でた者や官僚ポストを得たヴェトナム人にも権力を与えた。漢から来た官僚の子孫たちも次第にヴェトナム化して、この地での支配階級を形成することになった。小さな中国的国家システムが作られたのである。本書によれば、

中国で混乱がはじまり、権力の交代がはげしくなると、そのたびに行政区画が変更された。漢の

宮廷は新しい支配者を赴任させなければならない。ところが中央権力が衰退すると辺境のヴェトナムの地にはほとんど指示が届かなくなり、辺境の地は中央権力から離脱するようになる。またヴェトナムを支配する権力者同士が抗争をはじめ、権力闘争は民衆の利害に関係なく続いた。

こうした状況は中国への反感を強めていったが、まさしく三国時代は、その頂点だったのではあるまいか。この時期のヴェトナムの詳細を知ることは資料の問題などあって困難だが、想像にかたくないところである。

（2000・5）

(注)「コーチシナ」という名称は、マレー人にたいする呼称であった「Kuchi」に由来し、十六世紀のポルトガルの植民者がすでにインドに作りあげていた植民地「コーチン」(Cochin)と区別するために、もうひとつの「シナ」として「コーチシナ」との名称を発案したと思われる。漢語表記としての「柯枝《ケーツィー》」と「交趾《ジャオツィー》」は、隣接するもののまったくの別音であり、この音の区分は中国音を超えた植民地主義的かつハイブリッドな混合音表記であろう。

猟奇的なるものについて

ここに『現代獵奇尖端圖鑑』という本がある。昭和六年に新潮社から刊行されたもので、一九三〇年代初頭の日本における風俗観を概観するには便利なものだが、もちろん猟奇というのだからエロ・グロ・ナンセンスを図版として網羅するのが主要な目的とされていて、その文章についても、いまどきは簡単に引用することはできない。

ともかく目次から大項目を拾ってみると、「エロチック」「グロテスク」「ナンセンス」「レビュー」「奇観」「スポーツ」「尖端」「ポーズ」「珍奇」となっている。ちなみに「奇観」というのは当時の風変わりな建築物や大群衆による人文字、海底火山の噴火による島の誕生などを撮影した写真グラビアで、「尖端」はモダン・デザインやガラス建築、あるいは最新の機械といった科学・工学の尖端であり、また現代絵画、写真、映画、あるいは当時から見た未来像（五十年後の紐育《ニューヨーク》）などといったものからなるグラビアである。画家としては、ピカソ、ミロ、キリコなど、建築家としてはル・コルビジェなどがとりあげられているが、また一方にソヴィエトのポスターなどもカラー図版でしめされていて、当時の趣味感覚がわかろうというものである。「珍奇」とは、まさしく珍しいもの・変わったものの列挙であり、虎の檻のなかでの結婚式、空中レストラン、世界一大きな葉巻などがとりあげられている。こうした嗜好については、同時代のドイツ、アメリカからの影響がきわめて大きいことが見えてくる。その文化史的な意義の総体については、平井正『ベルリン』および『ダダ／ナチ』（いずれも、せりか書房）に詳しいが、考えてみれば、こうした感覚はいまもたいして変わらないのであって、それは適当にネット・サーフィンをしてみれば確かめられることだろう。猟奇ということばこそあまり見かけなくなってはきたが、エロスの追求と先端技術への関心は、案外に背中あわせではないだろうか。

さて、このグラビアの紹介は、ここでの目的ではない。中国に関わるものでグラビアに登場するのは、わずかにラマ教の宗教劇や京劇の扮装が演劇的なグロテスクとしてあつかわれているのみなのだから。むしろ問題となるのは附録として巻末にある「獵奇・尖端の考察」と題する文章群で、ここには十編の論文（？）が収められている。まずは目次を紹介しよう。

モダン・エーヂとモダン・ライフ　新居　格
裸體のエステチック　堀口大學
第二の顔　丸木砂土
カフェ・酒場・舞踊場　北川草彦
映畫艶景物語　森　岩雄
尖端映畫考　飯島　正
世界美人風景　布　利秋

ヂャズとレヴュ界　松井翠聲
支那の怪奇風俗　中野江漢
尖端の心理學　赤神良讓

いまもって著名な人もいれば、誰だかすぐにはわからない人もいるが、ここでは個々人の詮索をしないでおく。まずは本書の総論ともいうべき新居格の文章だが、その冒頭にはヴァン・ドンゲンの文が引かれている。すなわち「われわれの時代はカクテル時代である。カクテル！　それはすべての色彩からなつてゐる。それはすべてのものゝ若干《いくら》かづゝを含んでゐる」というのだ。つまり、現代社会はさまざまな要素の混和からなり、あらゆる趣味を混和し、階級を超えて享受することができる時代なのだ。新居は、こう書いている。

［現代の日本には］あらゆる社會思想が存在する。そしてそれらが國際的氣流の上に交錯する。文學、繪畫のエコールだつてほゞ同様にそれが存在し、劇壇、詩壇の傾向も亦《また》同様の姿態を取りつゝある。風俗が、流行が、生活様式が、時代の好尙がほゞ同じ動向を執《と》つて流れる。高層建築に、橋梁に、街頭照明に、自動車、航空機、バス、メトロ、交通巡査、百貨店、ショップ・ガァル、シネマ館、バァ、ダンスホール、野球、ラグビー、高速度輪轉機、ラヂオ、計算機、メーデー、クリスマス……あらゆるものが國際的混和の姿態を示してゐる。

新居は都市のイメージをこのように列挙したうえで、さらに機械時代がそれに重なり、世界は速度を身に帯びることになったと主張する。またここには情報革命の萌芽が見られ、テレボックス（公衆電話）、テレヴィジョンの進化に触れている。もはや時代はカレル・チャペックの戯曲を事実として見ることができるようになったのだ、と。チャペックの戯曲とは、ロボットという造語を産み落とした『R・U・R』（一九二一年）のことにほかならないが、当時にとっては目を見張るSF的事態であったにはちがいない。

しかし新居は、時代が科学的になるとともに、感情の濃度は減る傾向をもち、恋愛は生理学に取って代わってしまったともいう。そして反面的にだが、時代の科学性は羞恥感を希薄にしたのである。「裸形呈示が時代の好尚ともなつた。それを性的解放の一表象と見てもいゝ」。とはいうものの、ここには一種の道徳的退廃が伴わずにはいない。

オグバーン教授は、發明の連續で世の中は極めて早急に變替《へんたい》する「と述べている」。人間がそれに適應して變化してゆくので道徳はなくなる。法律の影が恐ろしく稀薄になる。受胎した人間の卵が人工的滋養液を入れた硝子《ガラス》瓶で育てられる時、女は母以外のものにならうと考へた。兩性問題の混亂、それに伴ひ生ずる諸《もろもろ》の奇抜な解釋、家族制度の動搖、家庭生活の喪失、愛情の唯物的見解、兩性生活の新しい諸方程式——友愛結婚、三人世帯、その他結婚無用論。思想の咆吼、主義の相剋、廣告、宣傳、ヂヤーナリズム、チエツカ、獨裁、議會主義の破産、かくて複雑を極めた明暗の交錯、そしてあらゆる試みは次から次へ。モダン・エーヂ或いはモダン・ライフとは現代のあらゆる要素を交響して成立するものだ。

長々と引用したが、ここで新居は一九三〇年代風俗の混交ぶりを、明暗の両側で見るべきだというのだが、ここで時代が経験している獲得と喪失のバランスシートは、まさしく現在のものともいえるだろう。ポスト・モダンでもなんでもいいのだが、第一次世界大戦後の世界の変化は異常な速度を引き受けていた。それを新居は「國際的溶解度」と表現しているが、このとき自分には、もはやモダンな世界の姿態と色調をスナップすることしかできないとも告白している。時代と空間とを超えて、一切合切が混在し、ものすごいスピードでぶつかりあい混じりあう世界。ことばと映像がわずかな時間で地球を何周もしてしまう時代。

だからこそ、ここに見える中野江漢の「支那の怪奇風俗」には、心底のけぞってしまうのだ。ぼくはここから一行たりとも引用すまいと思ったのだが、要するに人身売買や公開死刑、阿片窟、悪食《あくじき》の風俗などの報告なのであり、その様子を知るために、あえて冒頭のみ切れ切れに引く。

支那は、エロ、グロの國である。支那の風俗は、五千年といふ長い年月を閲して、エロとグロとの絲で織られた布のやうなものである。……獵奇者にとつては、支那はたしかに天國である。……［支那の］尖端的な風俗の變化は、日本などゝはケタ違ひの進歩である。驚くべき風俗の革命が行はれて居る。

といった調子なのだ。もちろんジョルジュ・バタイユの『エロスの涙』（トレヴィル）を知る者にとっては、中国文化の裏面のすさまじさが考察に値することを否定できるものではない。けれどもここにあるのは、あからさまな蔑視であり、怖いもの見たさの心理ではないか。もちろんここでは、この筆者を批判するものではない。江漢、すなわち揚子江と漢水をペンネームとして名乗るからには、なにがしかの中国通の人物なのであろう。

しかし、ぼくがこの文章に注目してしまうのは、ここには明らかに読者の要求が反映していると思うからだ。当時、こうした中国の裏面を語る書物は数多く、村松梢風の『魔都』であるとか、あるいは満州国警務総局保安局の発行した極秘資料『大観園の解剖』（原書房から復刻版が出ている）であるとか、じつにさまざまな書物がある。人間には本来、異常なものへの強い嗜好が秘められているから、悪場所へのあこがれなどは誰にでもある。けれども一九三〇年代における中国へのまなざしには、好奇心とはちがうものが入り込んでいやしないか。異常なものを見るまなざしには、みずからの異常さを知るまなざしを向きあわさねばならない。他者を高みから異常と決めつけるまなざしは、それ以上にみずからが異様であることを知らないだけではないか。

ちなみに「獵奇」とは日本での造語であって、ひょっとするとフランス語の bizarre あたりが語源かもしれないが、いずれにせよ三〇年代の気分から生まれた語だろう。しかし、この語はすでに日常のなかに深く沈澱してしまい、みずからの異常が見えなくなっている。まさしく三〇年代の風俗は過去のものではないというべきか。

（２０００・６）

鳳凰、来たれり

いま家には生後二ヵ月になる子猫が二匹いて、乳離れがはじまって元気いっぱい、大暴れの毎日である。おかげで腕や足に生傷がたえない。仕事に気を取られていると、いきなり腕に爪を立てて登ってきたり、背中に飛び降りてきたりする。この兄弟は雄と雌で、雄は黒っぽく、雌は白っぽいことから、家では簡単に黒ちゃん、白ちゃんと呼んでいるけれども、正確な名前はフェン、ホアンという。つまりは「鳳凰」(*feng huáng*)。鳳凰が中国の伝説的な霊鳥であることはあらためていうまでもないが、一般に鳳が雄、凰が雌であるとされ、ときに「鳳皇」と書かれることもある。この鳥の姿については、李時珍《りじちん》『本草綱目』(禽部、山禽類)に詳細な記載がある。

前は鴻《こう》、後は麟《りん》、頷《あご》は燕、喙《くちばし》は鶏、頸《くび》は蛇、尾は魚、顙《ひたい》は鸛《かん》、顋《おおがい》は鴛《えん》、龍の文様をもち、背は亀、羽には五采を備えている。高さは五、六尺で、四海を飛びかけり、天下に道徳が行き亘っていれば姿を見せる。翼は竽《うのふえ》のようで、声は簫《しょう》のようである。生虫を啄《ついば》まず、生草を折らず、群居せず、連れだって歩くこともない。梧桐《ごどう》でなければ棲まず、竹の実でなければ食べず、醴泉《れいせん》でなければ水を飲まない。

なお、鴻は「おおとり・ひしくい・くぐい」といった雁科の大きな水鳥、鸛は「こうのとり」、鴛は「おしどり」のことである。また「鳳凰の鳴き声は五音にかない、飛べば群鳥がこれに従う」ともいう。五音とは「宮・商・角・徴・羽」と記される中国の五音階のことである。竽と簫はともに楽器。醴泉は甘い泉水のことである。

『大漢語林』（大修館書店）によれば、鳳の解字は「鳥＋凡」であり、音符の「凡」（*fán*）は風（*fēng*）をはらむ「帆」の象形である。このように凡の字は、あまねく吹きわたる風の意をもっているため、そこから転じて「すべて・おしなべて」の意味をあらわすようになったらしい。寺島良安『和漢三才図会』には「［鳳の］字は凡につくる。凡とは総《す》べるという意味である」ともある。鳳の読みは「おおとり」。この文字の使用は殷墟卜辞《いんきょぼくじ》にはじまるといわれており、殷周時代の青銅器に見られる夔鳳《きほう》文《もん》からも、この鳥が風の神として扱われていたことがわかる。後漢末の字書『釈名《しゃくみょう》』に「風は汜《し》（漂い揺れること）である。その気は博《ひろ》く汜にして物を動かす」（釈天）とある。『説文解字《せつもんかいじ》』には「［鳳は］東方君子の国より出で、四海の外に翺翔《こうしょう》し、崐崘《こんろん》を過《よぎ》り、砥柱《しちゅう》に飲み、羽を弱水に濯《あら》い、莫《くれ》に風穴に宿す」とある。翺翔とは鳥が高々と飛びまわるさまをあらわし、翺は翼を上下にはばたかせる様子、翔は翼を張って滑空する様子をしめしている。崐崘（崑崙）と砥柱は霊山であり、前者は中国の西方にあって西王母が住むといわれ、後者は黄河の激流のなかに屹立して微動だにしない柱のような山である。また弱水は、神話上では崑崙山をとりまく河であるといわれ、つまり鳳は一日にして全世界を飛びめぐる霊鳥というわけである。先に引いた『本草綱目』の文も、基本的には『説文解字』の説を引いたものである。一方、凰の解字は「皇＋凡」であり、皇は大きく偉大なことをあらわす。この鳥は聖天子が世に出るときに姿をあらわすといわれ、ここから逆に孔子は「鳳鳥いたらず」といって天子の世に出現しないことを嘆いてもいる（『論語』子罕《しかん》篇）。また鳳凰は聖なるつがいの鳥でもあるから、夫婦和合の象徴でもあって、婚礼の際の祝辞に引かれることも多い。

この鳥について、前にも紹介した（「中国的象徴的世界」）エバーハルト『中国シンボル事典』は「Phoenix」という項目を立て、もちろんエジプトの不死鳥と関係はないが、と断ったうえで説明を加えている。この鳥についての伝承は前二〇〇〇年紀からあらわれており、『呂氏《りょし》春秋』にも記載がある、まずエバーハルトはこう書くのだが、これは殷墟卜辞のことなどをさしている。この中国の不死鳥は雌をつねに伴っており、それはちょうど麒麟《きりん》（Unicorn）などに似ている。「鳳」は「風」から導き出された名前だが、これは男性性をあらわし、女性性をあらわす「凰」と対峙させることで聖なる性的結合を暗示している。また一方で、このつがいが陰陽を象徴すると考える人もいて、鳳は陽で南に位置する。またその身体は人間性の五つの要素に対応するともいわれ、頭は徳、翼は義務、背中は正しい礼儀、胸は人間性、胃は信頼性をあらわすとする場合があるとのこと（仁・義・礼・智・信からなる「五常」をさすものだろうか？）。

またエバーハルトは「朱色の不死鳥」についても語るのだが、これは朱雀《すざく》のことだろう。『礼記《らいき》』で鳳凰は四霊のひとつに数えられており、四神の朱雀へと鳳凰の性格が受け継がれていることは、多くの研究者の指摘するところでもある。すなわち四霊とは麒、鳳、亀、龍であり、それぞれに神霊的な動物の長《おさ》なのだが、この観念が四神という五行思想と融合していったのである。四神とは四方位をつかさどる象徴的な聖獣であり、東を蒼龍、南を朱雀、西を白虎、北を玄武であらわす。すでに戦国時代から四神像の片鱗が見えているが、この方位観念は星座の運行と深く結びついており、北斗神や二十八宿図などとともに描かれる例も多い。

四神図は中国のみならず、朝鮮半島や日本にも作例が多く、最近の発掘でも興味ぶかい例があり、報道に触れた人も多いと思う。しかし、四神図とはいっても隋唐の時代には四神がきちんと揃うことはあまりなく、本来の基本が龍虎であったろうと思われる節もある。玄武が、図像的には亀に蛇が絡まった図であり、ときに双頭であることは、北方が水とかかわる冬の季節とされ、いわば冬至の時期における死と再生の転換を象徴する図とも考えられるから、こうした宇宙論的な展開を四神図がもちはじめた時期に四霊という観念が図像に流れこんだのではないか。朱雀に鳳凰の性格が移しこまれて生き延び、とりわけ火の精としての鳥という感覚が生まれだしている。方位の細かな意味対応については本誌一九九六年五月号の特集「中国イメージ・シンボル小事典」などを見てほしいが、鳳凰はこのように古代から飛来して、宇宙的な大きさを獲得しているのである。『和漢三才図会』は「鳳凰は天にあっては朱雀となる。羽のある生物《とり》は三百六十種あって、鳳はその長である」と記しているから、朱雀と鳳凰とはすでによく知られた対応だったのだろう。ちなみに、手塚治虫の『火の鳥』では、火の鳥が雄か雌か微妙な感じに描いてあるが、鳳と龍とが組みあわされるときは、しばしば龍が男性性を、鳳が女性性を象徴する場合があって、その点からいえば、鳳は両性具有的なところもあることになる。

ところで『日本書紀』第二十五・孝徳天皇の条に、白い雉《きじ》が天皇に献上されるという記述がある。穴戸《あなと》の国（現在の山口県）の者が正月の九日に白い雉を捕らえたので、このことを沙門たちに尋ねたところ、唐や高麗などのさまざまな例を引いてめでたい兆候（休祥《よきさが》）だというので、天皇に献上するのだ、というのである。それを天皇は喜んで、この年を白雉《はくち》元年とするのだが、天皇は詔《みことのり》して、

聖なる君主が現われて天下を治める時、天はそれに応えてめでたいしるしを示すという。昔、西土（中国）では、周の成王の世と、漢の明帝の時とに、白い雉が見えた。わが日本国では、誉田《ほむたの》天皇《すめらみこと》（応神天皇）の御代に白い鳥が宮殿に巣をつくり、大鷦鷯帝《おおさざきのみかど》（仁徳天皇）の時に龍馬が西に見えたという。このように、いにしえからいまにいたるまで、天のしるしが現われて君主の徳に応えるという例は多い。いわゆる鳳凰・麒麟・白雉・白烏《はくう》、このような鳥獣から草木にいたるまで、めでたいしるしとして現われるものは、みな天地の生むところのものである。……自分にはそのような資質はなく、どうしてこれを受けるにあたいしよう。これはきっと、自分を助けて政治をおこなう公卿《まえつきみ》・臣《おみ》・連《むらじ》・伴造《とものみやつこ》・国造《くにのみやつこ》たちが、それぞれに心のまことをつくし、制度を遵奉してくれるからであろう。

などと述べている。これが西暦六五〇年のことだから、唐で高宗が即位した翌年、玄奘《げんじょう》三蔵が『大唐西域記』を書きあげてから四年後のことである。当然、鳳凰をめぐる情報は十二分に伝わっていたことだろう。

さて、子猫たちの名前としての鳳凰は、発音しにくい、区別しにくいといわれて、家ではあまり使われない。動物病院のお医者さんも名前が覚えられないようだ。この名前を思いついたのは、その母親の名がフェイフェイであり、漢字としては「飛妃」(fēifēi)をあてるのだが、その音の連絡からフェンが浮かびあがってきたまでのことである。意味のない感覚的な命名だが、飛妃の兄弟となる二匹の獰猛な雄どもは、それぞれロン(龍 lóng)とパオ(豹 bào)と名づけ、いちおうは先に飼っていた猫の名の流れを汲んでみた。

(2000・7)

データベース温故知新

いま、さまざまなかたちで文字情報のデジタル化やデータベース化が急速に進められているが、その姿勢には各国・各文化で微妙な差異が見られるようだ。

たとえば『季刊・本とコンピュータ』(トランスアート)二〇〇〇年冬号に、河上進「韓国の電子図書館」というレポートがあって、梨花《イファ》女子大学の情報文献学科に所属する崔錫斗《チェソクドゥ》氏の談話が紹介されている。文献情報学というのは、日本でいう図書館学にあたるものだそうだが、図書館という実体的な閉じた空間、あるいは図書という活字メディアに限定されないかたちを求めて、一九八六年ころから全国的に改称されていったということである。

さて、このレポートの基本的なところだけを要約してみる。韓国では一九九五年から「国家デジタル・ライブラリー計画」が開始され、七つの国立図書館——国立中央図書館、国会図書館、韓国科学技術院、大法院、教育学術情報院、産業技術情報院、研究情報開発センター——がさまざまな資料のデジタル化を進め、将来的には各図書館で構築した電子図書館をインターネットでリンクさせることをめざしているという。またこの計画とは別に、国立中央図書館と国会図書館とは独自に資料のデジタル化を進めている。前者は人文科学分野の博士論文、朝鮮総督府の官報、韓国古典百選、ハングル版古代小説など四万三〇〇〇種を、主に画像データとしてデジタル化し、後者は、国政監査資料や法政資料、政府刊行物などをテキストとしてデータベース化しているそうだ。そのほかさまざまな大学における試みも紹介されているが、興味ぶかいのはテキストを画像としてデジタル化を進めている点で、状態の悪い資料からOCR（光学式文字認識）などをつかって文字を起こすには技術的な困難が多いことなどがその理由であるらしい。

数年前、ぼくは台湾の故宮博物院で「四庫全書」をはじめとする貴重資料に直接ふれる機会に恵まれたが、そのさいに博物院の所蔵する膨大な蔵書のデータベース化をおこなっている現場を見せてもらい、その作業の困難なことを痛感した。なにぶん文字コードにない漢字も多いし、それはすべて手作業で入力しなければならない。時間も人件費も膨大にかかるだろう。とはいうものの、「四庫全書」のデータベースは、現在ではCD-ROMやインターネットでも見ることができるようになり、たとえば「文淵閣〈四庫全書〉〈全文検索版〉」（上海書店）は一七五枚のCD-ROMからなっていて、この叢書の四七〇万頁をすべて画像データとして読みこみ、さらに本文八億字をテキストデータに変換していて全文検索が可能になっている。これだけでも驚くべきことだが、同一のデータを元にしているのかどうかは確かめていないけれど、武漢大学や香港からも「四庫全書」のCD-ROMが出ているし、文学関連の検索も古今の文献にわたってかなり充実してきているから、こうしたプロジェクトが相当に進んでいることがわかる。

さて、ここで韓国の電子図書館レポートに関心が向いたのは、こうした具体的な成果ばかりではない。韓国の「国家デジタル・ライブラリー計画」は急速に推進されており、公開されつつあるわけだが、その一方で日韓の微妙な差異についても報告されているからだ。

［韓国では］データベースのシステムや資料を蓄積する構造、検索システムなど、電子図書館の技術の研究・開発はあまり進められていない。ほとんどがアメリカで開発されたシステムを流用しており、韓国独自のものはないという。そのため、資料の種類によって個別に使用されているさまざまなデータ・フォーマットをどうやって統合するかが、今後の問題になるだろう。

崔氏の分析によれば、日本はシステムや技術の研究・開発に時間をかけてコンテンツづくりには慎重だが、韓国はその逆になっているというのだ。つまり韓国の電子図書館は理論的であるというよりは実践的であるといえるが、ひるがえって日本を見れば、電子図書館の研究は進んでいるが、一般にウェブ上で開かれた実践例が少なすぎる、と河上氏は結論づけている。たしかに、いくつかの大学の個人研究室から手づくりのデータベースや関連するリンク集が発信されているばかりで、国家事業といえるほどのものはあまり見あたらない（日本文学についてなら、国文学研究資料館のデータベースがウェブ上にある）。もちろん特殊なデータベースは存在するのだが、たとえば『日本書紀』に「波斯人」（ペルシア人）という語が何回出てくるか、などということが調べられない。やはり慎重に一語一語拾っていくしかないのだ。それが当然の基本だといわれればそれまでだが、近隣諸国の取り組みを見ていると、少しはあせってみてもいいと思うのだが（もちろん『日本書紀索引』は存在する。『六国史索引』

吉川弘文館、山田宗睦『日本書紀史注』風人社、など)。

とまあ、こういうことを書いてみたのは、大学の授業で一年生に辞書の引き方を教えていて、百科事典、専門事典の種類と歴史、索引や参考文献などレファランスの利用法などについて話していると き、つくづく昔の辞書はすごいなあと思ったからだ。

たとえば先回に「鳳凰」のことを書いたが、あらためて『古事類苑』で「鳳凰」の項を読み直してみると(動物部)、そこに引かれているのは九種の書であり、列挙するなら『和名類聚抄』『下學集』『重修本草綱目啓蒙』『延喜式』『日本書紀』『本朝通鑑』『鳩巣小説』『羅山文集』『風俗文選』であり、さらに『和名類聚抄』については「箋注」と「段注」として『説文解字《せつもんかいじ》』なども参照・引用しているから、半端な検索ではない。

一八九六年に刊行がはじまり、一九一四年に完成したこの百科全書は、一八六七年(慶応三年)までの日本の歴史に見る制度・文物および社会全般の事項について、古今の書籍・文書などから関係する資料を原文のまま引用して理解させようとするものだが、その総体は三〇部一〇〇〇巻、和装本で三五〇冊におよぶ大事業であった(『世界大百科事典』平凡社)。この事業は一八七九年に建議され、国学者の小中村清矩《こなかむらきよのり》、榊原芳野《さかきばらよしの》、漢学者の那珂通世《なかみちよ》を編纂掛《がかり》として出発したが、定められた期間内に完成するめどが立たず、一八八五年にいったんは編纂中止となった。しかし翌年になって文部大臣の森有礼が事業再開をはかり、以後も何度か中止の危機や編纂者の死亡などの困難があったが、一九〇七年に編纂を完了し、さらに六年をかけて未刊分の校訂をおこなって一九一四年に完成した。同年には、加えて総目録索引一巻を編纂してもいる。おおよそ三十五年をかけてなされた大事業だったのである。

ここで驚くべきは、それぞれの項目についてじつに微細な文献まで丹念に博捜していることで、たとえば「異禽」という項にこのような引用がある。

安永三年卯月なかばゞかり、まだ宵のことなりしに、夜の御殿のうへに、手車をひく音して、いとおどろ〳〵しく、後桃園のみかどきこしめし、あやしみおどろかせ給ふ、女房殿上人なども、あともわきまへず、いかなる故ならんと恐れあひぬ、御めのとのこゝろきゝたるが、御庭にいでゝ御殿のうへを見やりたるに、鳩ほどの鳥、夜のおとゞの棟がはらのうへにゐたり、月のころなればよく見ゆ、志《し》ばし見ゐたるに、南をさしてとびければ、あやしきひゞきたちまちにやみけるにぞ、かの鳥の声とは志られけるとなむ、後日御前にまゐりけるに、くはしく勅語あり、程へて或人かたりしは、東山若王寺の深林に、うめきどりとなづけて、たま〳〵なく事ありとぞ

これは柳原紀光《やなぎはらのりみつ》の著した『閑窓自語《かんそうじご》』という書物からの引用である。安永三年なら一七七四年、江戸時代も後期にはいるころで、宮中に関係する人の記録と知れるが、このようなテキストにどうして遭遇できるものだろうか。たしかに一時期『古事類苑』の編纂は神宮司庁に委託されていたから、こうした文献に通暁していた人でもいたのだろうか。ちなみにこの文献の前に引かれているのは室町時代の貞成親王《さだふさしんのう》（伏見宮）の日記『看聞日記《かんもんにっき》』（『看聞御記』ともいう）からの引用であり、応永二十三年四月二十五日、北野神社の二股の杉に怪鳥があらわれ、大竹を曲げるほどの声で鳴くので社殿も揺れ

るほどであったため、神社に仕える者が弓で射落としたところ、頭は猫、体は鳥、尾は蛇のようで目は大きくて光っていた、云々とある。これは一四一六年のこと。怪異のレヴェルが違うが、これまた不思議な引用ではある。

ところが学生にこの書物を見せると、日本語じゃないから読めないという。たしかに漢文混じりだけれど、ほとんどの引用が日本の書物からなんだがなあ。だから、まずは『古事類苑』などのすぐれた百科全書をCD-ROM化してみてはどうだろうか。これは逆説なのだが、そうすればこうした古典的辞書にも意識が向くのではと思えなくもないし、読めようが読めまいが、ともかく検索してみようという気も起きるのではないか。いずれにせよ、日本古典文献の基本的なデータベースが公開できれば、中国・台湾・韓国のデータベースとつないで東アジアの総合的な古典研究ネットワークが開けそうな気がする。しかし、まず学生に『古事類苑』を読ませてみなければ。

（2000・8）

中国に現代美術は存在するか

　中華人民共和国の現代美術について考えること、それは容易なことではない。まず第一に、なにが中国にとっての現代美術なのか。その意味を日本や欧米とひとしなみに扱うわけにはいかない。また第二に、中国の現代美術を考えるには、その政治との関係を抜きにはできない。そして第三に、伝統と現代という大きな問題がある。中国美術の大いなる伝統は、ときとして現代性を否定するくびきとなるからだ。だから、かえって中国の現代美術運動は、強烈な体制批判、自己否定、危険な賭けとなって噴出する。そして第四に、中国の多彩な民族性がある。多くの少数民族は、それぞれに固有の芸術性＝イメージの宇宙を包含していて、単純ではない。また第五に、芸術作品の提示は、それ自体が大きな経済市場でもあるという点がある。つまるところ、中国の現代美術という問いは、中国のかかえこむ問題性をすべて含み込まないではいないのだ。

　たとえば『アジアの美術』（美術出版社）という本は、福岡アジア美術館の収蔵品と活動とを概観するものだが、アジアのさまざまな国のなかでも、中国は特異な立場を見せている。

　ラワンチャイクン寿子による簡潔な報告にしたがうなら、一九八〇年代から九〇年代にかけて中国の現代美術をリードしてきた世代は、少年時代に文化大革命を経験し、その心の傷が美術表現に影を落としつづけてきた人々だという。一九七五年に北京で結成された星星画会《シンシンホアホエイ》が中国で最初の現代美術グループであるとされるが、この美術運動は短命に終わった。やがて一九八〇年代にはいって改革開放政策が進むと、欧米の現代美術が紹介されはじめ、やがて八五美術運動として複数の都市で現代美術への希求が開始されるのである。とはいえ、この運動は欧米の現代美術の模倣にすぎなかった。新たなイメージとの邂逅に大きな熱狂がわきおこったものの、中国自身が創造的に美術を生みだしたとはいえなかったのである。では、中国の現代美術はいつ出発したのだろうか。

> 中国現代美術が独自のものを確立したのは天安門事件が起こった一九八九年である。中国現代美術展（同年二月、中国美術館）での呂勝中《リュ・シェンジョン》や徐冰《シュ・ビン》の作品がそのことを語っている。つまり、彼らが中国文化伝統の剪紙や漢字を用いてインスタレーションという現代の語法で語りはじめることで民間芸術や漢字が現代美術として再生され、中国独自の現代美術の在り方が初めて呈示されたのである。これにより中国現代美術は時代を画するものとなり、中国現代美術は世界中に知られた。（前掲書）

ここにいう徐冰の作品は『天書』という書物のかたちでまとめられているが（一九九一年）、その書物に書き込まれている文字は漢字のようであって漢字ではなく、アルファベットを漢字の偏や旁《つくり》のように変形したうえでコンピュータから入力できるようにし、一定の文字列を打ち込むと（たとえばローマ字で）独自のシステムでそれらを組みあわせ、一個の自立した文字のように見せるのだ。システムを知っていれば文字として読めなくもないが、それ自体としては歴史も意味ももたない新しい記号なのである。

それにしても、五四運動が新たな美術運動を生みだしたこと、あるいはやはり天安門事件を大きな契機とした「今天《ジンティアン》」グループの地下出版活動などを連想してしまう。実際、「星星画会」と「今天」との双方に主要なメンバーとして加わっていた画家の黄鋭《ホワン・ルイ》は一九五二年生まれであり、十六歳から七年間を内蒙古に下放している。中国の芸術運動には巨大な政治のうねりがいつでも付きまとっている。いや、芸術と政治とがまるで関係ないかのようにふるまっている日本の状況の方が異常なのであって、本当は事態が逆かもしれないけれど。いずれにせよ中国の現代美術は、民主化への大きな動きとその挫折感に基盤をもっている。したがって、この美術運動は当局の監視下に置かれざるをえなかったし、それに見合うだけの過激さを秘めてもいた。ここで「中国現代美術展」の様子を見てみよう。

一九八九年二月、中国現代アート展が中国美術館で開催される。美術評論家の栗憲庭《リー・シェンティン》が全体のプランを担当した。ここに八五年以来中国各地に展開された現代美術の精華が集結した。しかし開館当日の五日十一時十分、肖魯《シャオ・ルー》・唐宋《タン・ソン》がパフォーマンス「銃撃事件」で実弾を発射、警察に拘留される。その後五日間閉館、また十四日には美術館爆破予告の手紙が「北京日報」社、北京公安局、中国美術館に届けられ、二日間閉館というアクシデントが続く。展覧会は予定どおり十九日まで開かれたものの、中国現代アート自体のもつキナ臭さがそのまま現実と化している。

肖魯と唐宋は高級幹部の子弟という理由で三日の拘留後に釈放、この事件が結果的には北京公安当局の不正を暴くこととなり、そして中国現代アートが七九年の「星星事件」以来、反体制的姿勢を持ち続けてきたことを明らかにした。彼らはこうして体制的なアーティストを中国美術館から閉め出したが、同時に自らが地下に入ることを余儀なくされた。そして彼らの反体制的行動は四ヶ月後の「六四」天安門事件の前哨となった。
（牧陽一『アヴァン・チャイナ』木魂社）

こうした経緯は、日本で広く知られているとはいいがたく、画家たちの過激な活動の報道もほとんどなかった。

以後「ポスト八九」というかたちで中国現代美術の疾走がはじまるわけだが、そこにはふたつの興味ぶかい現象があらわれている。ひとつは一種のアジールとでもいうべき芸術家村の誕生、もうひとつはポップ・カルチャーとの融合である。

一人の前衛作家に出会うと、地下組織ではありませんが、どんどん人脈が広がっていきます。あんなに広い国ですが、こと現代美術のネットワークには想像以上に早くアクセスすることができます。［こうした現代作家たちの世界は］国営芸術の外にある世界です。国に管理された情報ではありません。それらは一見バラバラに勝手にやっているもののように思われがちですが、中国各地を結ぶ強いリンクと海外の美術の動き、そして政治や経済などと関係して、総合的な現象として現われてきます。

（和多利浩一「中国のコンテンポラリー・アートが見つめるもの」『チャイナアート』所収、NTT出版）

こうした感覚をルポルタージュ風に書き記したものに、麻生晴一郎『北京芸術村』（社会評論社）がある。北京近郊の通県にある芸術家村の探訪なのだが、およそ百人にもなろうという芸術家たちのコロニーには、公認されざる画家やパフォーマー、すなわち自称「自由芸術家」たちが住みついていて、発表の場もないままに制作活動を続けている。すでに一九九〇年代初頭、高名な芸術家村がふたつあった。円明園芸術家村とパフォーマーを中心とする北京東村とである。当初は七〇人ほどの人数ではじまった円明園は、モダン・アートという共通項はもっていたものの、やがてロック・ミュージシャンや詩人、小説家から宗教家や占い師など怪しげな人々をも引きつけて、ついには千人にもおよぶコミューンと化してしまった。いわば無頼の徒の集団であり、梁山泊に近いものである。そのうち何人かのすぐれた画家が脚光を浴びはじめ（方力鈞《ファン・リジュン》、劉煒《リュウ・ウェイ》、張暁剛《ジャン・シャオガン》など）、あれこれ海外のジャーナリズムでも取りあげられるようになったため、一九九五年の八月から九月にかけて、このふたつの芸術家村は一斉摘発を受けて消滅することになったのである。これは一種の社会現象であり、中国の芸術が初めて経験する事態でもあった。栗憲庭はこう書く。

> 自由職業を追求する芸術家が九〇年代初期に円明園福縁門の農村で一つの集合体を形成すると、円明園芸術家村というテーマを社会と報道が頻繁に取り上げるようになった。しかし私は円明園芸術家村現象と呼びたい。なぜなら、円明園に集まったのは単なる偶然にとどまらず、ある種

の象徴性、ドラマ性の効果を帯びているからである。この現象の背後に象徴される社会現象こそが最も重要なのであり、それはすなわち芸術が自由と流浪を意味することである。実際、われわれの社会制度以外の国家では、芸術家は本来自由な職業であり、流浪を意味するものである。だから、円明園芸術家村現象は中国の社会に対応して生産されたものである。

（麻生『北京芸術村』中の引用による）

しかし芸術家村の画家たちの作品は、やがて商業化し、ポップでキッチュな性格をもつようになっていくのだが、さて、これから中国の現代美術はどこに向かって走ってゆくのだろうか。政治経済のみならず、美術シーンにあっても中国は大きな変貌の可能性を秘めている。

（２０００・９）

図書館を建てるということ

奈良の天理図書館が刊行した『天理図書館四十年史』（天理大学出版部、一九七五年）の「概説」に、この世界有数の図書館を創設した二代目真柱、中山正善のことばが引かれている。中山正善は、あるとき伯母から「お前のお父様は子供の為にとて、読みもせぬ書物をあつめたが、お前も亦《また》横文字の書物を蒐《あつ》めるのやろうな」といわれたことがあったようで、彼は後年になって伯母のことばを回想し、自分の現在が予言されたかたちになったと述べたのである。

ここにいう「お前のお父様」とは、天理教の初代真柱、中山新治郎（一八六六〜一九一四年）のことにほかならない。開祖である中山みき（一七九八〜一八八七年）の死後、教団は「本席」を務める飯降《いぶり》伊蔵（一八三三〜一九〇七年）が指導していたのだが、世界宗教をめざした天理教は明治政府の弾圧を受け、そのさなかに伊蔵が没すると、中山家の当主である新治郎が「真柱」として教団の中心に立つことになったのである。とはいうものの、没落農家の長子としての新治郎は、いわゆる学歴はないに等しかったのである。中山正善は、こう書いている。

父は学問に対する興味は非常にもっておりまして、年とってからも、自分は学校へ行けなかった、学問が出来なかったということを非常に淋しく思っておったようであります。これも母からの話ですが、父は常に「京学したい」と、京都へ学問に行くという意味らしいんですが、京学したいということをお祖母様（教祖様）にお願いしたが、「真之亮［初代真柱の異名］が京学するのなら、玉さん［初代真柱夫人］も私も一緒に行こう」と教祖が仰言ったので、それでとうとう自分も勉強、学問が出来なかった。だから自分は書物を買い集めておいて、若い子供達に読ますのだ。自分の出来なかったことを今度はこの土地で、いながらにしてやるようにしたいのだ、とこういうようなことが、父が書物を集め出した口実のようであります。

（「私の読書遍歴」）

中山新治郎の本の蒐集は半端なものではなく、相当な規模にのぼっているが、これは正善の祖父が新治郎に託した思いそのものであったらしい。祖父もまた多くの書物を集め、これを新治郎に伝えたのだが、それについて正善は「［祖父が］自分の果たせなかった勉学に対する熱情を、いわば父に託したのではないかと、そう云う気がせんでもないのであります」とも述べているからである。「祖父の父に対するところの思いやりが、今日の図書館の発展の源になったのではないかと、私は考えているのであります」。ここにいわれる「祖父」とは中山みきの長男である秀司（一八二一〜八一年）のことだろうか、いずれにせよ三代にわたる勉学への希求を図書館というかたちで実現しようとしていたわけである。

大正十三年、中山正善は天理教青年会長に就任し、図書委員を任命して図書の蒐集に着手している。

当時の蔵書は二〇〇〇冊程度のものであったが、翌年の「教祖四〇年祭」にあたって図書館書記に就任した中西喜代造が図書購入への寄付を精力的に募り、ただちに規模を八〇〇〇冊にまで拡張することになった。ここに天理図書館の母体が成ったのである。大正十五年に中山正善は東京帝国大学に進んだが、同年に教会学校や青年会などに分散していた書物を総合して二万六〇〇〇冊とし、独自の図書分類と検索法を採用して、昭和四年にはほぼ五万冊にのぼる蔵書を収容するにいたった。ここでは、昭和二年に教団の語学校が専門学校として認可され、朝鮮語、中国語（二部）、マレー語、スペイン語、ロシア語、英語の七学部が成立し、語学校図書館として一般にも開放されたことが大きな力となっている。昭和三年、関係者を引き連れて東洋文庫および東京帝国大学付属図書館を訪問した中山正善は、この経験から天理図書館の意義を新たに発見している。

［天理図書館の］創設を考えて私の念頭に浮かんで来るのは、亡くなられた姉崎［正治］先生であります。姉崎先生は当時震災後の新築まもない東京大学の図書館長をしておられて、私はまだ学生であったのでありますが、この図書館が出発するようになったので、先生に一ついろいろ知恵を拝借しようぢゃないか、ということになったのです。というのは、先生は講義のはしばしに新築の東大図書館について、ああだ、こうだとずいぶん欠点をおっしゃる。そこで先生のところへ行って「いよいよこちらで図書館をやることにしましたので、ご指導いただきたい。ついては実際にこちら［東京大学］の図書館をお使いになってみてご不満の点のあったところは改めたいと思いますから、それをおっしゃって下さい。東京大学の図書館で意に満たないところは、私の方

で改めます」。こういうふうな今から考えれば実に率直な話でありますが、正直に学生が先生につっかかるごとくやったところが、先生豈計《あに》らんや「俺の図書館には欠点は一つもない」というお答えであったのです。それで、「それは先生違います。この間の講義の時にこうおっしゃったではないですか。ああおっしゃったじゃないですか。学生には嘘をおっしゃっているんですか」といってつっかかったことを今でも覚えているのですが、それがご縁となりいろいろお教えをいただきました。

（「創立の日をかえりみて」）

宗教学者として、また評論家としても高名であった姉崎正治（一八七三〜一九四九年）は、宗教現象の実証研究に新たな視点を見いだして宗教評論や文明批評の分野で活躍した学者だが、天理図書館にとっては、二代目真柱の姉崎との出会いと、加えて神田の古書店一誠堂の反町《そりまち》茂雄との交友とが重要な意味をもってくる。それにしても、いかに天理教の真柱とはいえ、一学生が帝国大学の図書館長に「自分がもっといい図書館を作るから大学図書館の欠点を教えよ」といっているわけである。すごい話ではないか。

のちに中山正善は、真柱として天理教団の改革と発展に寄与したばかりでなく、国際的な宗教学者としてもすぐれた仕事を残した。昭和六年には「日本文化研究会」を発足させ、やがて柳田國男、古野清人らの助力を得て民俗学研究に関する蔵書の拡大をもはかっている。この研究会は、終戦直前に「天理教亜細亜《アジア》文化研究所」となり、戦後は図書館機関誌である『ビブリア』に研究活動の場を移行させるのだが、ここでその詳細に触れる余裕はない。激しく弾圧されたことの反動からか、のちには国家神道に大きく傾いた時期もあり、戦後に開祖の根本精神への復帰が叫ばれてその本道を回復してゆくことになるのだが、多くの分派活動を経験する火種も抱え込んでいたわけで、教団としての歩みを簡単に要約できるものではない。

ともかく、こうした経緯のなかで天理図書館はできあがっていった。

昭和四年に提出された中山正善の卒業論文は「天理教伝道者に関する調査」という題目であったが、そこでは天理教のみならず、世界の諸宗教の誕生と発展の歴史を概観しつつ「伝道布教の盛衰こそ宗教の生命を測度するバロメーターである」との見解をしめし、そこから図書館の蒐書方針を「天理外国語学校、つまり外国布教という点から布教者を養成する学校の生徒を対象におく。そのための参考図書館とするのが目的で、その意図から本を集めてゆく」(「天理図書館二十五年の回顧と将来を語る」)、そこにおいたのであった。

もちろん開館当時の天理図書館の閲覧者は、その大半が教団内部の人々であったが、しかし一切の閲覧料を徴収せず、満十二歳以上の者に完全開放された図書館であったから、教団外の人々の来館もかなりの数に達していたようである(詳しい統計が『四十年史』に見られる)。そして興味を引かれずにいないのは、天理図書館が実態として宗教学図書館であるばかりでなく、すぐれてアジア文化をめぐる壮大な資料体《コルプス》そのものであるということなのである。

この『四十年史』の付録として添付された小冊に『天理図書館三十周年寄稿文集』がある。その名のとおり、昭和三十五年に計画された開館三十周年記念の館史のために寄稿された文集である。この計画が遅延して『四十年史』となり、ここに併冊されたわけだが、そこには姉崎正治が図書館建築や図書の配架の細部にまで目を配っていたことが紹介されているし、またたとえば吉川幸次郎の「天理図書館の中国文学書」などといった文章も見えている。

さて、なかに元県立奈良図書館長という肩書きで仲川明の「奈良県に於ける天理図書館」という一文が載せられていて、その末尾にこのような文がある。この文章を引きたくてここまで書いてきたのだ。

我が国が第二次世界戦争に敗れ、米国が侵入して来た時に、この図書館から西南に当る飛行場を拡張して米軍の飛行基地にしようとした時、我が国の文化の宝庫である天理図書館がここにあることを理由に、当時の知事がその実施を阻んだので、米軍もこれを諒承して中止したということだが、これはあまり人に知られない秘話である。これほど皆様に大切な文庫がわが奈良県にあることをわれわれは誇りとしたいのである。

幕末の貧しい農民の意志が、ここに根づいたといえようか。

（2000・10）

花を食べ、血を吐く鳥を思う

李氏朝鮮には「花煎遊び」（ファジョンノリ）という風習があったという。かつて朝鮮の上流階級（両班《ヤンバン》）に属する家庭の女性たちは、自由に外に出かけることができず、厳格なしつけのなかで育てられ、あるいは婚家のしきたりに従属していた。女性には、嫁いだうえでの実践的な約束事として、次の四つの原則を遵守することが求められていた。すなわち、(1)仕舅姑（舅、姑によく仕えること）、(2)奉祭祀（先祖を祀る法事をしっかりやりとげること）、(3)接賓客（訪ねてきた客を立派にもてなすこと）、(4)針線紡績（縫い物、掃除、洗濯を上手にすること）である。

このように女性は家庭に閉じこめられ、はなはだしい場合には、婚約者が死んでしまったというのに死者の霊と結婚させられ、婚家で両親にかしずかされるだけの生活をおくる例もあった。韓国の小説や映画でしばしばあつかわれる主題だが、さぞかし辛いものだったろう。だからこそ「花煎遊び」が、じつに華やいで見えてくるのである。

朝鮮の野山につつじの花が咲く四月のころとなると、ふだんは家庭内に閉じこもって滅多に外部との接触を許されない女性たちだけによる天下御免の花見の機会がやってくる。これを「花煎《ファジョン》ノリ（遊び）」という。この日が決まると長老格の女性からお布令《ふれ》がまわされ、各自持参物の分担がきまり、当日は村中の老若の女性たちが打ちそろって近くの野山へとくり出す。一日をゆっくりと花見して、日ごろ接触していない者どうしの情報交換も楽しむ。野外で各自の持って来た材料や道具で食べものを造って食べるほかに、つつじの花びらをつんで来て、小麦粉とこね、用意された鍋で油でいためて食べる。これを花煎《ファジョン》という。

（鄭大聲《チョンデソン》編訳『朝鮮の料理書』「解説」、平凡社、東洋文庫）

ここで食べているのはチゲのようなものなのだろうか。赤いつつじか白いつつじか、女性たちの波打つような笑い声が聞こえてきそうだ。そして夕暮れになると一同は車座になって、その日の思い出を歌にし、あとで回し読みしてそれぞれに書き写しておくのだという。

つつじを漢字で書くと「躑躅」となり、これを「てきちょく」と読むが、本来は足踏みするさま、行きつ戻りつするさまであるという。躑は蹢に同じ、ともあるが、躑はたちどまる、蹢はひづめ。躅は踏むの意。いずれの字も、これ以外の熟語を辞書に見いだせないし、難訓とある。どうしてこの字がつつじとなるのか。なんと五〇属一五〇〇種もあるツツジ科ツツジ属の植物は、オーストラリアをのぞく全世界に見られる植物だといい、コケモモやブルーベリーもツツジ科に属するようだから食べても不思議ではないが、文字とのギャップは不思議である。ちなみに、つつじは英語で azalea という。学名ではオランダツツジにあたり、ギリシア語で「乾き」を意味する *azaleos* を語源とする。かの植物学者リンネが乾燥地によく育つとしたことから命名したもので、神話的な響きはない。

つつじは「うつろいやすさ、はかなさ」をしめすとされる。この印象は、むしろ中国の杜鵑《とけん》（ほととぎす）に由来するものだろうか。杜鵑花といえば、これはツツジ属の総称であり、ほととぎすの鳴くころに咲くことから異名としてある。また「鳴いて血を吐くほととぎす」ともいうように、この鳥の鳴き声は独特で、悲しげに聞こえる。姿と鳴き声とのギャップも影響しているか。この血を吐く鳥という話は四川省の民話が元ともいわれるが、白居易の詩「琵琶行」の一句から広く知られることになったものだろう。すなわち、

其間旦暮聞何物　其の間　旦暮《たんぼ》　何物かを聞く
杜鵑啼血猿哀鳴　杜鵑は血に啼き　猿は哀しく鳴く

このとき白居易は潯陽《じんよう》（現在の江西省九江）にあって病いをえていて、血を吐くようなほととぎすの声ばかりをむなしく聞いていたのだ。

また、ほととぎすの声をまねると血を吐いてしまうとの言い伝えもある。日本ではこの鳥を「魂迎《たま》え鳥」と呼んで死後の世界とつなげて考えるし、中国でも蜀《しょく》の王である望帝の魂がほととぎすになったとする俗信がある。正岡子規は『ホトトギス』を主宰したが、子規という筆名もまたほととぎすの異名にほかならない。彼は明治二十二年五月に最初の喀血をしており、それで子規と号したのである（本名は常規《つねのり》）。あるいは東アジアからヨーロッパの東辺にまで分布する民話モチーフに「ほととぎす

と兄弟」があり、飢えからくる邪推で盲目の兄が弟を殺してしまい、ほととぎすとなって前非を悔いながら鳴きつづける、というものである。

J・C・クーパー『世界シンボル事典』(岩崎宗治・鈴木繁夫訳、三省堂)「アゼレア」の項には「【中国】女性的優雅、偉大な能力。アゼレアはまた、残酷な継母によってカッコウに変えられた少年の血涙から芽生えたとされる悲劇的な花」との記述がある。なお、ここにはカッコウとあるが、カッコウはホトトギス目の一種であるし、ほととぎすを英語で「(a little) cuckoo」ということから、こう訳したのだろう。ともかく、さんざ捜したのだが、この事典の引く話の出所はよくわからない。いずれにせよ、つつじのはかなさは、ほととぎすの吐いた血を受けて赤く染まる花びらからの連想だろうか。女の悲しみにこそふさわしい。

つつじの咲くころに女性たちの遊びが許されたのはなぜか。日本をはじめとする東アジアでは、農耕のはじまりを象徴する花だったからではなかろうか。五月に花咲く赤いサツキツツジという種もあるが(皐月《さつき》[旧暦五月]に杜鵑の名をあてる慣習は、植物学上は誤りだという)、赤いつつじの花は神聖視されてハレの日には神仏への供え物とされ、その一方でケの時(日常)になると、赤いつつじの花は火事を持ち込むといって忌避される。じつに両義的であって、はかない聖化の時である。思うに、農耕のはじまりとは女性を耕す(性交・出産)はじまりの暗示でもあるのではないか。つつじの咲き方から一年の農耕の予兆が見えるともいわれ、この花で作柄や天候を占う風習もある。そして朝鮮の女性たちは、この花をいそいそと野原で食べるのだ。つかのまの自由。日本の花見は、若者にとって外の村の異性と会う手だてだったし、奔放な性愛もこの時ばかりは黙認された(柳田國男「春を楽しむ術」）。中国にも似たような風習のあった事実にはすでに触れたことがあるが（マルセル・グラネ『中国人の宗教』栗本一男訳、平凡社、東洋文庫）、朝鮮でおこなわれた女性だけの花遊びには、そんな性愛の匂いは見えてこない。「花煎ノリ」に性の暗喩を見ることは強引かもしれないが、その場に赤いつつじを花咲かせ、ほととぎすを飛ばせてみたいとは思う。

日本でも桜や梅、菊、桔梗などの花を食べることがあるが、お祝い事や式典といった場に出されることが多いという印象がある。たとえば桜湯などがそれで、桜の花の塩漬けを湯に入れて飲む。よく結婚式場などで出されるが、これは婚礼にかかわる場で「お茶を濁す」というタブーを避けるためだとの説もある。中国には蘭の花の塩漬けがあり、これが元ではないかともいうが、いずれにせよ儀礼的である。カリフラワーやブロッコリーも花なのだが、そういわれなければ花という感じはしない。

さてここに鄭琳枝『花的料理』（渡假出版社有限公司、台北）という一冊があり、五〇種の花を使った料理百品のレシピが収められている。この本は「實用生活叢書・園藝系列《シリーズ》」に属していて、ほかにも盆栽や観葉植物を扱う本などとともに、薬として用いる花（『薬用花卉』）とか野草のガイド（『食用野草』）などのタイトルが見えるし、版も重ねているから、けっこう普及しているものなのだろう。残念ながらツツジ属（*Rhododendron*）の花はないけれど、見ていて楽しい。

日本でなら、橋本郁三『花料理はエレガントなぜいたく』（農山漁村文化協会）があって、ハーブと並べるようなおしゃれなスタイルだが、花料理、花のサラダ、花のソースやゼリー、ジュースなどが紹介されている。イスラーム世界にも薔薇水というものがあり、薔薇の香りと色のついたほのかに甘い飲み物で、砂漠を越えて村にようやく着いたときなどにふるまわれると、まさに甘露である。花が都会では鑑賞の対象にしかならなくなってしまったのは、いったいいつごろからなのだろう。

せっかくなので『花的料理』から例をお見せする。たとえば繍球花《しゅうきゅうか》（紫陽花《あじさい》の一種）は、よく洗って花びらを取り、塩をし酢につけて脱水し、胡麻を少々と醬油などたらすと最高の風味である。あるいは黄槿《こうきん》（芙蓉の一種）は天麩羅にするとよろしい、などとある。手元には日本の植物図鑑しかないので、学名から花のいちいちを和名に同定することはできないが、そこは楽しくご想像されたい。ところで黄槿はアオイ科フョウ属なのだが、ハイビスカス、木槿《むくげ》、葵、オクラなどが同じ属にある。そして木槿は朝鮮で無窮花《ムグンファ》といい、古来よりねばり強さと多産の象徴とされ、朝鮮のことを「槿域」（木槿の咲く土地）と呼ぶこともあった。現在、木槿は韓国の国花となっている。これを食べることなど、あるのだろうか。

（2000・11）

妓女を語る男たち

以前、本誌で「中国史のなかの女性たち」という特集があったが（一九九九年十一月号）、古くは陳《ちん》碩真《せきしん》、あるいは近代の秋瑾《しゅうきん》などテロルの匂いをもった女性、また薛濤《せっとう》や窅娘《ようじょう》などの才にあふれる娼妓や舞姫に心が動く。高世瑜《こうせいゆ》『大唐帝国の女性たち』（小林一美・任明訳、岩波書店）には、無名の女性たちが数おおく登場して生き生きと躍動したり、憤りをぶちまけて闘いをはじめる女性たちも見えているが、その一方、これほど多くの女性たちの記録を残した文化は同時代のユーラシアを見渡して珍しくもある。

九世紀末ころの成立と思われる文書に孫棨《そんけい》の『北里志《ほくりし》』がある。北里とは長安城の中核をなす皇城近くの坊、平康里の東北部にあたり、妓館の集まる一画であった。いわば『北里志』とは唐代の妓女たちの見聞録であって、おおよそ十二人の名のある娼妓をあつかっている。なかには娼妓を引退したあと若い娘たちをかかえて商売する女性（「義母」などと呼ばれる）もいて、こうした女性たちは生涯をこの街で暮らしたのだろうと想像させる。この街の様子を概観する文章にも、義母に金を納めたり、特定の人のお供をするという理由がなければ、街から出るのは難しかったなどとある。この街に通う男たちは、科挙の受験者やその年に及第した進士などであったらしく、朝廷に出かけたり宿直の役を与えられないような身分の者が北里に通ったようである。いずれも田舎では裕福な家に育ったのだろう若者たちは、費用さえ惜しまなければ山海の珍味を取り寄せた宴を開けた。一方の娼妓たちは詩を吟じ、美しく舞い踊り、またさまざまな学問の話にもすぐれていたというが、それでも所詮は売られてきた身であり、生家との貧富の差をいやというほど見せつけられてきたことだろう。だから彼女たちは客の誰をもあざなで呼び捨てにし、男と同席して酒を飲んでは談笑するという特権を享受するかに見えるのである。

高世瑜も、妓女の生活の二面性として、彼女たちの心理をこう想像している。

妓女の生活は悲惨な辛いものであったが、それがすべてではなく別の一面もあった。生活は最下層に属していたが、いつも紅灯の巷で酒色にふけり、豪華に着飾っては美食を楽しんでいた。一年中あくせく働いても衣食にこと欠き、甚だしくは生死の境をさまよう、あの労働する女性たちに比べるとより幸福だったと思う。

この文章の前で、高世瑜は妓女のなめる辛酸を細かく描写するが、その生活は「身分は卑しく、生活は苦しく、命は虫けらのように人の踏むにまかせられた。彼女たちは官府や仮母の言いなりになり、圧迫されたばかりでなく、常に社会の各方面から蔑《さげす》まれ、いじめられた」という有様なのである。なぶられ、おもちゃにされ、ときに殺されたりすることもあり、また自分の容色の衰えや病いのために客の遠ざかることを恐れつづけ、あるいは老人に身請けされたあげく妻たちにいびり出されたり、ついにはのたれ死にするなどの事例が列挙されると、それでも農村の暮らしよりはましだと腹をくくるほかないのではあるまいか。

さて『北里志』には、筆者みずからの恋愛経験もつづられている。それは「王団児」の節に見られるもので、すでに義母となった王団児は数人の妓女をかかえていたが、「私」は科挙の試験勉強に疲れると、しばしばこの店に従兄弟たちと通って遊んだのである。そこにひとりの妓女がいた。名は「福娘《ふくじょう》、源氏名を宜之《ぎし》という。色がとても白く、太くも細くもない。ちょうどよい体つきをしている。話しぶりは上品で趣きがあり、しかも立居振舞いはきちんとしている」という印象であった（『教坊記・北里志』斎藤茂訳、平凡社、東洋文庫）。あるとき孫棨が宜之に詩を送ったところ、彼女はこの詩をいたく気に入って、壁に詩を書けと言い出した。そこで三首の絶句を書きつけたが、すると翌日、壁の残った部分に宜之が詩を書き添えているのが目に入った。

苦《ねんごろ》に文章を把《と》りて　人を邀《むか》え勧む
吟じて好箇《こうこ》を看れば　語言新たなり
相如《しょうじょ》の賦に及ばざると雖《いえど》も
也《ま》た黄金の一二斤にも直《あたい》す

「この詩は私の心を迎え入れ、励ましてくれます。とっても新鮮。司馬相如には及ばないとしても、黄金の一、二斤には値しません」。そのときから宜之は宴席でもふさぎがちになり、迷いと悲しみのことばを吐いては泣くのである。そしてある日、彼女はそっと詩箋を差し出すと、泣きながら「私」に拝礼した。見ると、このような内容の詩であった。「毎日を悲しんではいても、どうしようかという考えもない。つまらぬ男に心の内を話す気はないから。でもあなたは私と離縁（覆水）したわけではないから、盆に収めることもできるでしょう。あなたには私を娶《めと》ってくれる気はありますか」。「私」としては「受験生の身ではそれもかないません」と答えるほかはなかった。やがて「私」は洛陽に行くことになり、都に戻ると宜之はすでに金持ちに身請けされたあとだった。年が明けたある日、宜之の身内の者から彼女の詩を渡された。そこには彼女の哀しい別離の決心が託されていて（泥蓮　既に移栽の分没《な》し／今日分離するも　人を恨む莫《な》かれ——「家庭に入る資格のない私、お別れしますが恨まないで」）、「私」は嘆くばかりだった……。

　これが実話なのかどうか、ぼくには知るよしもないけれど、当時の妓女にとって結婚することなど叶わぬ夢だったともいうから、女性の側から求婚するなどは例外中の例外といえるかもしれない。ふたたび高世瑜にしたがえば、

　妓女たちは、他のどのような女性に比べても、男性と親密に交際する機会にめぐまれていたが、しかし、真の愛情や円満な結婚とは無縁であった。彼女たちは身分の卑賤によって、生れた時から単なる男の玩具にすぎず、男女の平等による真の愛情を手にすることはきわめて難しかった。たとえ彼女たちが真心から人と愛しあったとしても、賤民と良民の身分の隔たりは、恋人同士が

最終的に夫婦になりたいという願いを徹底的に断ち切った。

という次第である。もちろんこうした女性の境遇は、古今東西に変わらないことなのかもしれないが、仮にそうだとしても、これほどの記録や物語がある以上（高世瑜はその典型として『霍小玉伝《かくしょうぎょくでん》』をあげる）、それでも妓女たちは愛を求める心を失わなかったのではないか。

さて、おもしろいのは男の視点である。『北里志』の序に「時おりは、やはりその中へ［遊郭へ］ひそやかな遊びに出かけたが、もとよりそれは興にさそわれたわけではない。物事が極まると反転する例《なら》いをいつも思っては、北里の繁栄が長続きしないのではないかと感じていた。それで、北里の様子を記述し、後の話のたねにしたいと、つねづね考えていた」などとあるが、これは調子のいい言い訳でしかない。けっきょく北里は戦乱に焼け果てて、筆者もその戦火のなかを逃げまどったあげく、せいぜい「太平の世をしのぶよすが」を記述するにとどまる。

一方、崔令欽《さいれいきん》『教坊記』は、おそらく八世紀後半に成立したものと思われる。こちらは妓楼の周辺に展開する芸能の記録であって、音曲や曲芸の名を多く留めるが、実態はよくわからない（前掲書）。ただ興味を引くのは、その「序」や「後序」の文の調子が道学者先生まるだしの説教調で、古今の典籍を引いて「女子の歌舞に溺れる風潮」の起源を問いただし、その害を憂うことである。

述べ記す。いったい、清くいさぎよい美しさを自らの道とする者は少なく、驕《おご》り淫《みだ》らな醜さにのめりこむ者は多い。どうしてか。志が低く、欲求が強いからである。もし、険しい道を通るのであれば、必ずしも皆が死ぬわけではなくとも、人は懼《おそ》れることを知っている。しかし、音楽や女色に溺れれば、必ず命を縮めることになるのに、そのことを考えない。なんと惑っていることだろうか。……亀鑑となるものが無いことはない。おのずから人の行いが鑑《かがみ》となるのだ。そこで私はこの短い文章を書いて、あえて後代の賢人にそのことを告げる。（後序）

さんざ遊んだあげくの先生の言と疑うけれども、その歌舞音曲への造詣の深さを見てみると、どっぷり巷の快楽に溺れたあげく、その経験を書き残しておきたいと思いあぐみ、先生めいた言辞をもってテキストをサンドイッチしておいて、やれやれこれで恙《つつが》なしじゃ、などとほくそえんで回想に耽《ふけ》ってみたものか。

いや、このようにいやみったらしい感想を書き連ねるのは、ほかでもない、ここには鋭い知見があることを否定しないけれども、記述の対象となる女性や芸人たちへの共感が見えないからである。哀しい運命を甘受する女性たちに涙するとともにテロルへと走る女性たちを鑑とする所以《ゆえん》ではある。

（２０００・12）

新たな暦のための暦

来年のことをいうと鬼が笑うというが、三〇年ほど前、街の暗がりを走り回っていた血気あふるる少年のころには、二十一世紀などは夢のまた夢、自分はけっして見ることのないはずの、はるかな未来と思えたものだ。

ところがいつのまにか年月は過ぎ去って、世紀の変わり目まで指折り数えるほどの年になってしまった。まさしく、光陰矢の如し。とはいうものの、ぼく自身は世紀が変わろうがどうしようが、あまり関心はない。仮にイスラームのヒジュラ暦でいうなら、いまは一四二一年であって、西暦でいう二〇〇一年の三月二十六日に一四二二年になるはずである。ヒジュラとは「聖遷」と訳され、ムハンマドがクライシュ族の迫害を受けてメディナに逃れた年を紀元とする。もっともヒジュラ暦の制定はムハンマドの死からかなり年月を経てからであり、またこの暦法は太陰暦だから新月の宵から月を数えはじめるので、かならずしも史実と日時は一致しない。またヒジュラ暦の一年は三五四日もしくは三五五日であり、この暦の百年は西暦（太陽暦）の九七年ほどにあたる。このイスラームの暦法が西暦に次いで広く用いられているものであることは、くりかえし思い出しておいていいだろう。あるいは仏滅紀元という暦法が東南アジアでおこなわれていて、タイやカンボジアではシャカの寂滅を西暦の紀元前五四三年におき、それを紀元としている（通説では、シャカの寂滅は紀元前三八三年とされる）。またほかにも西暦の紀元後七八年を紀元とするシャカ紀元があり（シャカ族の王がインダス川流域を制圧した年を記念するもの）、ミャンマー（元のビルマ）などでは仏教伝来を記念する紀元（西暦六三八年）もある。では、それらの暦では今年は何年かというと、それがよくわからない。紀元とされる年がまちまちであり、また太陰太陽暦が用いられているためであって、簡単に計算できないからだ。

いずれにしても、世界にはさまざまな暦がある。キリストの生誕年を紀元とする暦法、いわゆる西暦（キリスト紀元）が世界でもっとも広く普及している暦法であることはたしかだが、これも西暦五五〇年ころの制定であって、それ以前はローマ皇帝ディオクレティアヌスの即位の年（西暦二八四年）が紀元とされていた。とはいえこの皇帝は、なによりキリスト教徒の迫害者として有名であって、キリスト教を国教とした後のローマにとっては、これはいかにも不都合なことだったろう。そこで神学者にして年代学者であったディオニシウス・エクシグウスが新たな暦法としてキリスト紀元を提唱したのである。

もっともこの暦法が、西欧世界に普及するのは、ようやく十世紀をすぎるころのこと。またグレゴリオ暦というのは閏《うるう》年を算入した太陽暦の施行であって、教皇グレゴリウス十三世の名のもとに一五七七年に改暦をおこなったものだが、この暦法が広く世界に採用されたのは十九世紀から二十世紀にかけてのことだった。西暦に親しむようになったのは、ごく最近のことである。ちなみに『紀元後』をあらわす略号のA.D.はラテン語の*Anno Domini*（神の年）のことであって、対するB.C.は

Before Christ の略号にほかならない。このラテン表現を嫌って「紀元後」を A.C.（After Christ）とする人もあり、またさまざまなキリスト伝承からいえば、その生誕は五年ほどさかのぼる方が正確だと考える人もいる。

いやいや、新世紀を前に思いを新たにしようという気持ちに水をさそうというのではない。さまざまな尺度のひとつが大きな節目を迎えたことには、もちろん重い意味がある。暦という文字は、本来「日を分けそろえる」という意味の会意であり、いずれの暦法にあっても、過去を見送り未来を迎え入れる、その新鮮な思いに差はないだろう。

古代ローマの街の入口には、背中あわせに二面の顔をもつヤーヌス柱（*Jānus*）が立っていた。門の守護神であるヤーヌスは、旅立つ人を見送り、訪れる人を迎え入れ、戦地に赴く軍勢を励まし、やってくる敵をにらみつけた。古代ローマの市城の門は、平和時には閉じられており、戦時になると開かれたという。そしてこの門を、時間も通り抜けていたのだ。往く年を見送り、来る年を迎え入れる。一月を「ヤーヌス月」（英語の January）と呼ぶ所以《ゆえん》である。古代バビロニアでは十二進法が基礎となっており、一年を十二ヵ月、一日を十二時間＋十二時間として計算することなどは、この古代文明の遺産なのかもしれない。バビロニアはすでに十二ヵ月を一年とし、閏年も設けていたが、太陰太陽暦との関係もあって、その設定はきわめて流動的なものであったらしい。

バビロンでは、暦のずれを正すために閏月がおかれ、これが六番目の月になったり、十二番目の月になったりした。それは刈り入れに対応する時期、あるいはさらにナツメ椰子の収穫に対応する時期を調整するためで、そこには播種用の種子を買うための貸し付けの「価格表」と収穫時の返済を記載する法的な「契約書」が付随する。これは古い農事暦の名残なのである。……一日は十二の「時間《ベールー》」に分かたれた（現代の二時間にあたる）。……一時間は六〇分に分かたれ（現代の二分にあたる）、これがまた秒に分かたれる。現代では一日を二四時間に分けているけれども、現代の時計も十二時間の文字盤を保存している。われわれはその点でバビロニア人の後継者なのである。
（マルグリット・リュッタン『バビロニアの科学』矢島文夫訳、白水社）

このように閏年の設定は年ごとの収穫期に合わせて調整されたのであり、そのことで収穫期を貸し付けの徴収期限に合わせたわけである。

英語で暦をあらわすcalendarはラテン語の*calendārium*を語源とするが、この語はもともと両替屋の「（貸し付けの）利子台帳」をあらわしていた。古代ローマにおいては、毎月の一日《ついたち》（*calendae*）に利子の支払い期日が満期となったので、それにちなんで月々の一日に開く利子台帳のことを*calendārium*と呼んだのである。やがてこの語が本来の会計簿的な意味から遊離して、月日の節目を知る手だてという意味に移り変わり、ついには暦の意味をもつようになったのだ。その意味では、バビロニアにおける閏月の設定が（金銭であったかどうかはともかくも）貸し付けの取り立てとかかわっていたことは、奇妙な符合というほかはなく、むしろ文化的な通底が歴史の奥深くにひそんでいたと考えた方が納得できる。

バビロニアでは三六〇日を理想的な一年の日数とし、これに十二ヵ月と閏月を配置して実状に合わせていた。きわめて高度な天文学を有していたバビロニアならではのことであって、毎月のはじまりを決定するのは占星術師の役割であり、それは王令をもって公布され、知事によって全臣民に伝えられた。一年のはじまりは春分におかれ、天体と農耕との関係によって一年が細分され、次の春分を測定して一年の日数が決定された。

ついでながら十月をあらわす英語のOctoberはラテン語の*octō*（＝8）を語根としてもっており、もともとは「八月」を意味していた。これは、より古くバビロニアの第一王朝では秋分を一年のはじまりとしていたことから来ていて、一年の第八の月が新年だったことに由来する。古代ローマにおいても*Octōber*は八月であり、一年は十ヵ月であった。すなわち一年は軍神マルスに捧げられた月*Martius*（英語のMarch）を一月としてはじまり、*December*の十月で終わる。のちに*Jānuārius*と*Februārius*が付け加えられて十二ヵ月となるが、この二ヵ月は一年の休息期間と考えられていて、長く*Martius*が一月とされていた。新年を*Jānuārius*からはじまるものと定められたのは紀元前一五三年からのことで、これ以後、語としては七月～十月という意味をもつにもかかわらず、*September, Octōber, November, December*は二ヵ月ずつずれてしまうことになったのである。

さて、このような次第で暦というものは変化しつづけてきたし、定着するにも長い年月を必要としてきた。キリスト紀元やグレゴリオ暦がなかなか根づかなかったのは、教会の権威による押しつけへの反発があり、宗教や民族の闘争が反映していた。しかし、いまや宗教や民族へのアイデンティティ以上にコンピュータ言語への畏敬の念が勝ったということか。二〇〇一年はもちろん重要であるにしても、あの「二〇〇〇年問題」のような事態はおこらないわけだから（もうすでにこの語が何を意味するかわからないかもしれないが)、もはや西暦という名のもとにしめされる数字は歴史も意味も振り捨てて、安定したクロックを刻むための基礎数となり、データの永続性を保証する新世紀の利子台帳(*calendārium*)となったのである。世紀の変わり目に関心がなくなったと書いたのは、この意味においてなのだ。

しかし、問題が残らないわけではない。中国における十干十二支の制度は殷《いん》代にはじまるわけだし、バビロニア王国(前一八二六〜前一五二六年)には遅れるものの、ここにも十二という数字のあらわれていることに謎を残す。その組み合わせの総数(一二〇通り)の半数をもって還暦となすわけだが、これはどこから湧きだしてきた計測数か。新世紀を迎えるにあたって、バビロニアから東方を眺めてみようか。

(2001・1)

百年前の新世紀には……

二〇〇一年一月一日？　だから、どうしたの？

世紀（century）という語は、ラテン語の *centum*（＝100）からきているけれども、百を大きな単位としてみる習慣は、十進法からきている。たとえば手の指の数は、両手をあわせて十本、足の指の数も同じ。つまり10^2＝100というわけであって、はじまりのゼロ年がない以上、一年目から数えて百年目でひとめぐりする勘定である。「世紀」の語は十二世紀の古フランス語の用例が最古とされるが（こちらはラテン語の「世代、百年」を意味する *saeculum* を語源とする。現代フランス語では siècle）、一般化するのは十七世紀に入ってからといわれている。

こうした大きな年紀単位はユダヤ＝キリスト教世界では古くから存在していて、五〇年あるいは二五年を単位とする紀年法もあった。また近頃いわれる millennium は千年を単位とするわけだが（*mille*＝1000）、こちらは至福千年あるいは千年王国を暗示するもので、キリストが再臨してこの地を統治する神聖な千年間という信仰を背景にもつ教説である。ギリシア語源から chiliasm と呼ばれる場合もあるけれど、いずれにせよ一種のメシア（救済者）待望論であり、現実世界の不完全さに注目すれば終末論的な様相を帯び、メシアによる救済を熱望する意識からすれば強烈なユートピア願望ともいえるだろう。そこから紀元一〇〇〇年ころには中国の「杞憂」にも似た終末論的な衝動が駆けめぐったり、ヨーロッパへの異民族の侵入や疫病の流行、あるいは暴政をしく支配者をキリスト再臨の予兆としてのアンチ・クリストと見る風潮も広まったのである。その意味では、千年王国運動は政治的な要素も強くもっていて、現代におけるさまざまな新興宗教の過激な活動のうちに同様の姿勢を見てとる人もいる（ノーマン・コーン『千年王国の追求』江河徹訳、紀伊國屋書店）。

しかしここでは、それを問題にしたいわけではない。そもそも「世紀」という観点が日本に移入されたのはいつごろなのだろうか。そのことが疑問なのだ。訳語としてとか西洋事情の一端としての知識ならば、その移入はかなり早かったものと想像されるが、生きた庶民感覚として世紀の変わり目を経験するのは、じつは今回が初めてなのではないか、そう想像してしまうのである。

明治三十三年十二月三十一日付の石井研堂にあてた幸田露伴の書簡がある。すなわち一九〇〇年の大晦日、十九世紀最後の日。そこに露伴は書いている。

拝啓。只今《ただいま》竿治店の者まゐり竿をとゞけ候。鮒かいづ兩用強めなる兄弟竿一組、弱めなる兄弟竿一組、其弱き細き方よくもこんなに細く輕く間に合はすを得たるよと精巧驚くばかりに候。十五本つぎも亦《また》精巧堅牢可驚《おどろくべし》、其代りこれは一八〇と改價を請求され申候。大阪よりハス鉤五本とゞき申候間《あいだ》二本進上すべく候。是《これ》亦奇物也。

（『露伴全集』第三十九巻、岩波書店）

以下、追記もただこれ釣り竿のことばかりで、大晦日も世紀末もあったものじゃない。釣りを愛する同好士への書簡とはいえ、かの露伴が、あまりにもそっけないじゃないか。

ならば森鷗外はどうだろうか。このころの鷗外は、ドイツ留学、日清・日露戦争への出征をへて、いわゆる小倉左遷という立場にあった時期である。『舞姫』の発表や坪内逍遥との「没理想論争」などといったためざましい活躍期からは十年をすぎており、九年という時間をかけた『即興詩人』の訳業がようやく完成を迎えようというころのことだ。その「小倉日記」には、こうある（引用にあたっては句点などを加えた）。

明治三十三年十二月三十一日
雨。始《はじめ》て僧俊《しゅんこう》虠を安國寺に訪《おとな》う。

明治三十四年一月一日
天晴れたれども、雨後の道、賀客を悩ます。三樹亭の女、美貌を以て聞ゆ。終日これを傭《やと》ひて客に酒を勸《すす》めしむ。是日《このひ》同窓の博士學士にして四方に散居せるもの、伊勢國山田なる五二會館に集まり、淹留《えんりゅう》三日の夕に至る約あり。予故《ゆえ》ありて往《ゆ》くことを果さず。乃《すなわ》ち電音［電報］を飛ばして云はく。
初日影せめては伊勢へたよりせん。

（『鷗外全集』著作篇、第三十巻、岩波書店）

これまた露伴と同様、少しも世紀に触れることがない。どういうことなのだろうか。「獨逸日記」明治十九年元旦の項では、つぶさにかの国の正月風景を描写するのに。

そこで有島武郎を見てみる。幼いころには薩摩武士の嫡男として徹底した儒教教育を受けながら、父の横浜転勤を機会にアメリカ人の家庭に通いはじめ、ミッション・スクールで初等教育を受けることとなった有島は、やがて農業改革を志して札幌農学校（現在の北海道大学）にすすみ、そこでキリスト教と出会うことになった。やがてアメリカに留学することでキリスト教に批判的とはなったが、その思想的な揺れ動きのなかには、つねにキリスト教との葛藤が見え隠れしている。さて、次にひく日記は、有島がキリスト教の感化の渦中にあった時期の文章である。

明治三十三年十二月卅一日
十九世紀最後ノ日ハ拭フガ如キ晴空ニ昇リ山色水聲共ニ一段ノ風景ヲ副《そ》ヘヌ。神ハ罪悪多カリシ十九世紀ヲモ其去ルニ臨ミテハ之レヲ寛恕シ、永遠ニ之レヲ拉《くだ》シ去ルモノノ如シ。余ハ余ガ生レテ成育シタル十九世紀ニ別ルルニ遇フテ、余ヲ愛育シタル乳母ニ別ルルノ感ニ堪ヘザルナリ。早朝入浴シテ身體ヲ溫メ、直チニ河邊ニ下リ河心ニ突出シテ勢躍獅ノ如キ巖頭ニ跪坐《きざ》シテ、滔々トシテ流レ去ル流水ヲ望《のぞみ》テ默考スルコト半頃ニ及ビヌ。……（『有島武郎全集』第十巻、筑摩書房）

この十九世紀との別れの文はかなり長く、以下、天地への賛美、神エホバへの褒《ほ》め称《たた》え、アダムとエヴァ以来の人類の歩みへといたって、現代人の無力を嘆く。

歴史アリテ以來人類ガナシタル勞作ト勤勉トハ著《いちじる》シキ進歩ヲナス可《べ》クシテ、而《し》カモ十九世紀末葉ノ今日、人類ハ其表面ニ於テ華麗ナル建築ト美妙ナル外衣ト滋養アル濃味トヲ得タル外、宇宙ノ理想トスル所ヲ探ルニ於テ依然タル太古ノ賤民ナリ。世紀ノ去リ世紀ノ來ル毎ニ純白雪ノ如キ其表ニ汚點黑斑ヲ殘スモノハ實ニ人類ニアラズヤ。嗚呼《ああ》義人ナシ。一人モアルコトナシ。誰カ人類ノ深遠ナル墮落ノ爲《た》メニ胸ヲ打ツテ哀哭《あいこく》ノ涙ヲ垂レザルモノゾ。

そして、なにより自分は留学して飲酒を断ち、魂を浄化して人類の進歩のために尽くそうと決意を述べる。「永遠ヨリ永遠ニ流レテ休ムコトナキ豐平河源ノ清流」に恍惚としながら、二十三歳の青年は新世紀に向けての誓いをあらためて嚙みしめるのである。

アメリカ人家庭での学習も影響してはいるだろうが、なにより有島にとって目前の世紀の変わり目が切実だったのは、みずからをキリスト者として自覚することに関わることだったからだ。おそらく露伴も鷗外も世紀の変化を知らないはずはなかった。しかし、ひょっと話題にしたかもしれないが、手紙や日記に書くほどのことではなかったのではないだろうか。まだまだ異国の風習なのだ。なお、ここでは旧暦正月のことは略しているが、この三人を比較するかぎり、あまり問題ではない。ちなみに日本における太陽暦の施行は明治六年（一八七三年）のことであった。

ところで、ぜひ、ここでもうひとつの日記を引いておきたい。南方熊楠の日記である。熊楠は明治三十三年十月十五日に長い海外生活から帰国し、和歌山の弟宅に寄宿していた。孫文と頻繁に連絡を取りあっていた時期である。

明治三十三年十二月三十一日 〔月〕晴
朝早起、土宜法竜《ときほうりゅう》へ状一〔通〕出、人に頼む。梅之丞氏を訪、酒贈る。それより湯に入。夕、フロクコート着、帰宅。楠次郎〔弟〕と外出、酔て夢中になり帰り臥《が》す。嘔吐す。

明治三十四年一月一日 晴
昨日酔て嘔吐、本日終日臥す。

(『南方熊楠日記』第二巻、八坂書房)

ああ、しょうがないなあ。有島とは正反対だ。そこが熊楠の魅力なのだが、晦日まで高野山中を駆け回って粘菌の採集をおこない、夜は観察と読書に明け暮れていたのだ。少々はめをはずしたくなったのだろうが、イギリス帰りの最初の正月が二日酔いでダウンとはね。新世紀もなにも彼には関わりがない。もっとも、わたしも人のことを笑えた口ではないが。

さて、それぞれの新世紀。「百年の計は元旦にあり」とか。世の人々はどのようなことを新しい日記に書きつけるのだろう?

(2001・2)

億劫と刹那

空海は『般若心経』のなかの真言「掲帝《ギャーテー》　掲帝《ギャーテー》　般羅掲帝《ハーラーギャーテー》　般羅僧掲帝《ハラソーギャーテー》　菩提僧莎訶《ボージソワカ》」について「劫《こう》を経《へ》ても尽くしがたし」と述べた（『般若心経秘鍵』）。玄奘《げんじょう》三蔵もこの経典を訳すにあたって、この真言については「本来不翻」だと書いているが、そのようにこの真言は奥が深く、人間の理解を超えているというわけである。中村元《はじめ》の試訳では「往《ゆ》ける者よ、往ける者よ、彼岸に往ける者よ、彼岸に全く往ける者よ、さとりよ、幸いあれ」と訳されているが、もとより決定的な訳ではないと断っている（『般若心経・金剛般若経』岩波文庫）。訳しようのないものは云々しようもない。ここではただブツブツと口のなかでつぶやいてみるまでのこと。なお『大正新脩大蔵経』には、玄奘三蔵訳のほか数種の『般若心経』訳が載っているが、いずれもこの真言を訳すことがない。表記はさまざまだけれども、みな音転写にとどまっている。ちなみにこの経典のサンスクリット写本はインドにも中国にも残らずに、ただ法隆寺蔵の貝《ば》多《い》羅《たら》葉《よう》写本が存在するのみである。

さて、ここでは『般若心経』からは離れて、空海の語った「劫」という語に注目してみたい。これはサンスクリット語の *kalpa* を訳したもので「こう」と読む。古代インドにおける最長の時間単位であり、さまざまな解釈があるが、きわめて宇宙論的な時間単位であり、基本的には梵天(Brahmā)の一日を単位と考えるものである。しかし、その時間の長大さは半端ではない。この時間観念をあらわすための比喩的な物語が『雑阿含経《ぞうあごんきょう》』に見え、「芥子劫《けし》」「盤石劫」と呼ばれている。まず「芥子劫」は、四方と高さが一由旬《ゆじゅん》ある鉄城があり、そこに芥子粒が充満していると想定する。なお、由旬とは牛に車を引かせてゆく行程からくる距離の単位で、およそ七キロメートルになる。一辺が七キロある立方体を想像すればよろしい。そこにぎっしり詰まった芥子粒を、百年に一度、一粒だけ持ち去る。そうしてついにすべての芥子粒がなくなっても、まだ一劫は終わっていないという。ついで「盤石劫」だが、四方と高さが一由旬ある硬い岩山があり、その山肌を男が百年に一度、カーシー産の劫貝《こうばい》で払う(カーシーは今日のバラナシ)。この劫貝とはカルパーサと呼ばれる樹の繊維で織られた白氈で、絹糸よりも細いといわれる。このように繊細なものでなでてはいても、山肌はかすかに摩耗し、その結果、大きな岩山がすっかり平らかになっても一劫はまだ終わっていない。別の伝に、金剛《ヴァジラ》(ダイヤモンド)でできた一辺が一由旬の岩山に百年に一度だけ天女が舞い降りてきて、その空気よりも軽いやわらかな袖で山をそっとなでて帰り、ついに山がなくなったときに一劫となるとの話もあり、好きな話ではあるが、茫漠たることに変わりはない。この長い長い時間が一億単位まで延長された時間のことを「億劫《おっこう》」といい、把握できないほどの長い時間の意味だが、これが俗語化して「おっくう」となっているのだ。

宮坂宥勝《ゆうしょう》『暮らしのなかの仏教語小辞典』(ちくま学芸文庫)も、このような例をしめしている。

劫のうちでも阿僧祇劫《あそうぎこう》というのは最大の時間単位である。阿僧祇はアサンキャ（asaṃkhya）の音写で、無数と訳す。邦語でも「未来永劫」という場合の劫はカルパのことで、限りなく遠い未来をいう。

ところが仏典にしたがえば、このアサンキャも漠然たる長さではなく、正確には一〇の五十九乗にあたる数値が与えられるものなのだ。「このような大きな時間が何のために論ぜられるかというと、仏の修行の長い長い時間を表わすためである」（定方晟《さだかたあきら》『須弥山《しゅみせん》と極楽』講談社現代新書）というのだが、それにしても、あまりに広大な時間感覚ではあるまいか。

また一方、インドには「劫」とは対極的な極小の時間観念も存在する。それを「刹那」（kṣaṇa）という。この時間も比喩的に語られるのだが、たとえば指を一回はじくあいだに六十五刹那が経過しているという。また『大毘婆沙論《だいびばしゃろん》』によれば、刹那はこのように説かれている。すなわち「二人の成年男子が何本ものカーシー産絹糸をつかんでひっぱり、もう一人の成年男子が中国産の剛刀でもって一気にこれを切断するとき、一本の糸の切断につき六十四刹那が経過する」というのである。これも時間の数値があり、厳密にいえば七十五分の一秒だというのだが、いずれにしても一瞬のことである（定方、前掲書）。

仏教的に理解するなら、この世のすべての存在物は、実体をともないながら持続的に存在しているように見えるが、実際は一刹那ごとに生滅をくりかえしていて、だからこそ持続する実体など存在しないのだ。この考えを「刹那生滅」とか「刹那無常」といい、一瞬たりとも止まることのない刹那の連続を観念して「いま」を生きる教えとしている。ここから刹那は「念」と意訳されることもあるのだが、俗語の「刹那主義」もここに起源を有している。ふたたび宮坂の『小辞典』によるなら、刹那主義とは「今のときの間を充足すればよしとする考え方。よい意味では生き甲斐のある一瞬にかけて生きることであり、わるい意味では享楽主義と同義語に用いる」とある。

また宮坂は吉田兼好『徒然草』から、刹那をめぐって次のような文を引いている（第九十二段）。

道を学する人、夕には朝あらんことを思ひ、朝には夕《ゆうべ》あらんことを思ひて、かさねてねんごろに修せんことを期《ご》す。況《いわん》や一刹那のうちにおいて、懈怠《けたい》の心あることを知らんや。

たちまち『論語』の「朝聞道夕死可矣」（朝《あした》に道を聞かば夕《ゆうべ》に死すとも可なり）を連想させるが、一方の「懈怠」の語は心がゆるんで事をおろそかにするという意味で、こちらは『法華経』に由来する語である。仏教の無常観をベースにしながら、その一方で世間におこることどもを注意ぶかく観察していた兼好の姿勢は、鎌倉時代の末期にあって可能となったサンクレティスム（混成主義）のあり方を代表しているだろう。あやしうこそものぐるほしけれ。

さて、インドを切り口にして極大と極小の時間について紹介したのは、結局のところ、目がくらむような莫大な時間の流れも、ついにはかすかな刹那のなかに生滅する一瞬の生の断続的なあらわれが集積したものなのだ、という感覚を見るためなのである。たとえばヴァルター・ベンヤミンは「歴史哲学テーゼ」において、

「ホモ・サピエンスのけちな五万年は」と近代の一生物学者はいう、「地球上の有機的生命の歴史にくらべれば、二四時間の一日のおしまいの二秒ほどにあたる。開化した人類の歴史は、この尺度にあてれば、最後の一時間の最後の一秒の五分の一ばかりだろう」。〈いま〉という時間が、メシア的な時間のモデルとして、全人類の歴史をおそろしく短縮して総括するとき、それは、人類の歴史が宇宙のなかにおかれたときの、〈あの〉イメージとぴたりと符合する。

（『暴力批判論』野村修訳、晶文社）

と書いている。ベンヤミンは「歴史という構造物の場を形成するのは、均質で空虚な時間ではなくて、〈いま〉によってみたされた時間である」と考えている。だから逆にベンヤミンは、過去のなかに隠されている無数の可能性を救い出し、その一瞬を取り出すために歴史的な時間のなかに身を投げること、ゆるやかな流れをなすかに見える時間のなかに激しい裂け目を入れることを歴史哲学の仕事だというのである。「現在の微小な個人とその仕事は、この膨大な時間のシリーズの遠い結果であり、結果としての個物や個人のなかに、人類史どころか宇宙史が圧縮されて保存されている」と今村仁司はこれを解釈している（『ベンヤミン「歴史哲学テーゼ」精読』岩波現代文庫）。芥子粒のような一個人の時間が、壮大な宇宙の時間と向きあったとき、それは自己の小ささの確認であると同時に、その壮大な時間が一瞬ごとに生成し生滅する現場に生きている「わたし」、というか、自分自身がその現場そのものであると自覚しうる「わたし」が立ちあがるのである。ここでベンヤミンのいう「〈あの〉イメージ」を明確に説明する余裕をもたないが、ダイヤモンドでできた山に天女が舞い降りて袖をはらりとふるう、その刹那の姿とでもいっておこうか。

みなさんがこの文章を目にしているとき、おそらく暦は年を越え世紀を越えて日常の日々を刻んでいるだろう。しかし、いまぼくは、まだ世紀のこちら側にいて（ぼくは二〇〇〇年十二月に、この原稿を書いている）、不思議なタイム・ラグを感じている。

余談のごとくに注記しておくけれども、広田栄太郎『近代訳語考』（東京堂出版）という本に「〈世紀〉という語の定着」の一文があって、幕末から明治中葉までの諸書を検証してcenturyの訳語の変遷をたどっている。「紀」「世」「百年紀」などの語のあらわれたあと、孟徳斯鳩《モンテスキュー》『万法精理』（『法の精神』）という明治九年（一八七六年）の訳書のなかに一例のみ「世紀」の訳語があり、これが日本における初出であろうと説かれている。しかし「世紀」の語が人口に膾炙《かいしゃ》するのは昭和になってからではないかというのが結論なので、やはり日本人は、総体として二〇〇〇年が世紀末の初体験なのだろう。今度は、天女が飛んでくるかしら。

（２００１・３）

V

「棺の木」を求めて

フランク・キングドン－ウォード（一八八五～一九五八年）という人物がいる。職業は「プラントハンター」。世界各地の珍しい植物を採集し、植物学の標本として提供したり、観賞用の新種栽培に利用したりするために、生涯を世界の辺境や山岳地に旅する人のことである。こうした職業は、もちろん一方に博物学の発達やダーウィン、リンネといったような学者たちの影響もあって生まれたのだが、また他方に、ウォードの生地であるイギリスには自生植物が少ないという理由もあって、珍しい植物は熱狂的に求められていたのである。

ハンターたちの植物探索の聖地はアジアにあり、なかでも東アジアは彼らの垂涎の的だったようである。ここで彼らの栄枯盛衰を語る余裕はないが、たとえば彼ら植物狩猟者たちの系譜を描いた白幡洋三郎の著作『プラントハンター』（講談社学術文庫）などをご覧いただきたい。それにしても、「ハンター」たちがアジアの「未開の」土地の奥をまさぐって植物を「ハンティング」するさまは、学術的探求とも一攫千金をめざす山師の無謀とも違い、一種の求道者のような不思議な意識が感じられる。ここでウォードの名をとくにあげたのは、彼の困難な旅の詳細が日本語で読めるからだ。すなわちウォード『植物巡礼』(塚谷裕一訳、岩波文庫)がそれで、たとえばスヴェン・ヘディンやオーレル・スタインなどのシルクロード紀行とともに、記憶されるべき希有な記録と思うのである。アジア各地にまたがる彼の回想を、ひとつひとつ紹介することはできないが、興味ぶかい一章に触れておこう。この章は「棺の木」と題されたタイワンスギ(*Tai-wania cryptomerioides*)を求めての旅のあらましで、その記述は次のように魅力的な書き出しからはじまっている。

英国人は、全く当然のことながら、生活費用が上がる一方なのを心配している。中国人は、特に裕福な中国人は、同様に、死の時のコストが上がる一方なのを心配しているのに違いない。中国では、良き葬儀は良き誕生祝よりも重要なことである。人生で最も重大なことは、手厚く葬られることだ。良き葬儀の、最も確かな徴は、立派な葬式であり、立派な葬式のシンボルは、立派な棺である。中国人はこういうことわざを言う。「人生で求むべき最良のことは、良き葬儀なり」と。

その棺は、埋葬後も三年は形を保っている必要がある。それが、死後の遺体が完全に土に還る前に必要な時間、「さなぎが蝶になるときに殻を脱ぎ捨てるように、肉体が脱ぎ捨てられる」ために必要な時間だからだ。その間、遺体は完全な骨格を保っていなければならず、そのまま魂の世界に入らねばならない。もし遺体が不完全であると、ふたたび現世によみがえるとき、不完全な身体を引き受けねばならないからである。したがって、不完全な遺体は再生できないという考え方も生まれてきた。

身体に欠損があり、五体満足でない刑死者や戦死者などは、なぜ蘇生できないと考えられたのであろうか。その解答を、人とその霊魂は同じ衣服を身につけ、同じ性格をもっているという霊魂観をもつ独龍族《トーロン》流にいうならば、死体に欠損のある者の魂もまた同じように損傷していて、魂もまたアブノーマルだからだ、ということになろう。正常でない魂は死体を再生することはできない。逆説的にいうならば、正常な魂は死体を再生することができる。したがって、人が死んだ場合、その死体をなるべくもとの完全な姿で保存しておこうとする葬俗が発達した。

（伊藤清司『死者の棲む楽園』角川選書）

貧しい人々は、もちろん高価な棺を買うことはできないから、安手のまがい物しか購えない。するとその棺は、たちまち朽ちてしまってバラバラになり、遺体は動物たちに食い荒らされて原形をとどめなくなってしまう。これは死者にとってのみならず、親族や祖先にたいしても、恥辱の極みと思われたのだ。いわば魂が傷つけられたのである。

こうした中国独特の死生観は、当然のように文字にもあらわれている。山田利明「冥界と地下世界の形成」には

魂魄《こんぱく》と書いて「たましい」と読む。死者の霊を意味するのは、日本も中国も同じである。ただし、中国では本来、魂と魄を区別して用いた。『礼記《らいき》』郊特性篇の中に、「魂気は天に帰り、形魄は地

に帰る」という。人の死後、魂は気となって天に昇り、魄はその形をあらわして地中に埋まっていく姿を描いたもので、魂がいわゆる霊魂であり、魄は死骸そのものである。魂の字についている云とは、雲の云と同じで、もやもやした気体を示す。……人死すれば、その精神は気となって上昇する。これが魂である。魄の字の白とは白骨を示す。腐った肉体が白骨となり、朽ちて土に帰る姿である。

（田中純男編『死後の世界』東洋書林）

とある。いずれにせよ、死者の魂と遺骸とは、天と地に分かれようとも同じひとつのものなのだ。だからこそ、人は死を迎えるにあたって高価な棺を求めようと奔走する。遺骸を守って完全な骨格のまま土に帰ること、これは魂を守るための必死の願いだったのである。

ところがウォードにしたがえば、中国には多くの種類の樹木が自生するにもかかわらず、一級の棺に適した樹木はごくわずかであるという。それはヒノキ科のリボケドルスやスギ科のコウヨウザンとタイワンスギ、あるいは香木のタブノキ属、また熱帯地方のクスノキ科の木などに限られる。そして種類が限定されている以上、こうした木材は急速に消費され、価格はますます高騰するわけである。最高級の棺ともなれば、その重量は二〇〇キロを優に超し、これを運ぶための苦力《クーリー》も十人では足らなかったという。ここからウォードは「富裕層が良い棺の木を求めて熱狂的な衝動に駆られたことが、おそらく中国人をして、東南アジアの熱帯のほぼ全域に進出していく推進力となったのであろう」と書くのだが、棺の木だけが目的だったかどうかはともかく、熱意の一端ではあったろうか。

すでに何度か中国で植物ハンティングをしていたウォードは、あちこちで「棺の木」の話を聞き、また素晴らしい棺をいくつも見てきていたのだろう。そこで彼はタイワンスギの名を知り、調べたのではないか。彼は、こう書いている。タイワンスギという学名は、日本の植物学者、早田文蔵の命名で（訳注にしたがって名前を訂正）、その標本は一九〇六年に台湾で発見されたものだった。数年後、この樹木が北ビルマ（現在のミャンマー付近）にも自生していることがわかるが、雲南地方の中国人たちは、昔からこの木のことをよく知っていたという。一九一〇年代、タイワンスギの取引はビルマと中国の国境地帯でおこなわれ、その中心地はカンファンという傈僳《リス》族の小さな村の周辺にあった。ウォードは、おそらく一九一五年ころ、険しい山道を何日もかかって越え、この土地を訪れることができたのである。彼は、この産業を管理する華僑たちに生木を見せてほしいとねばり強く頼み込んで、ある日とうとうマル族のひとりの男から木を見せてもらう約束を取り付けた。数日のあいだ深い山塊を登り降りしたあげく、広葉樹の森に満たされた山峡に着き、そろそろ「棺の木」があるはずだと感じはじめた。

［マル族の男は］灌木の茂みの中あくせくと進み始めた。やがて彼は私を招きじっと目を凝らし、指さした。山稜上の開けた松林と対照的に、急でしかも周りを囲まれた斜面上の森は深かった。最初私は、常緑広葉樹林だということ以外、何も認識できなかった。しかし明らかにそこには多くの異なる種があった。自分の目でその方角を求めるうち、やがて私は少し下の方に、赤っぽい木の柱を一本、根本の方は小さな木々に隠れて見えなかったものの、ダーツのように真っ直ぐの木を見つけだした。それはおとぎ話の魔法の豆の木のように、天を突き抜けて視野から消えるか

のようだった。
「〈棺の木〉だよ、だんな」
私は頷《うなず》いた。「あそこへ降りよう」すぐに言った。実際私は、興奮してほとんど口が利《き》けなかったのである。

このタイワンスギは、目測で高さが六〇メートル以上、いちばん下の枝まででも一五メートルはあった。樹齢は少なくとも二〇〇〇年を超えている。ウォードにとっては最高の経験だったろう。長々と引用した次第である。

おそらくこの木は現存しないだろう。マル族の男は、この木はもっと大きくなるから売る気はないといったという。子孫に残すつもりだったか。しかし、その後の海外勢力の進出のもと、そんな思いは巨大資本の論理に吹き飛ばされたのではないかと想像してしまう。もしまだこの木が生きているのなら、すでに三〇〇〇年の樹齢を重ねていることだろう。棺桶はいらないが、木は見たい。

（２００１・４）

切手のなかのマオ

いまぼくが前提抜きに「マオ」について語りはじめたとすると、その語られている対象をすぐに理解できる若者がどれほどいるだろうか。

もちろん、ここで言っている「マオ」とは毛沢東のことなのだが、もうすでに、毛沢東とは誰であるかとか、その名字にあたる「毛」という字を日本の一般の中国音表記で「マオ」と書くならわしであるなど、あれこれくわしく説明しなくてはならないのが現状である。まさか空海の幼名が「真魚《まお》」であるとか、現代中国語の常用文字のなかで「mao」の音をもつ同音字が三〇字をはるかに超える（猫、矛、冒、……）ことなどを指摘したところで、あんまり意味はなさそうである。

こんなことを書き出すのも、内藤陽介『マオの肖像』（雄山閣）という本が手元にあり、この書名だけから毛沢東を連想する若者がどれほどいるだろうかと疑っているからである。もちろん表紙には毛沢東の顔が刷り込まれていて呵々《かか》と笑っているのだし、こうした図像には記憶の一端が引っかかりそうなものだが、それでも毛沢東でさえ過去の人となってしまっている現実を感ずる。本書の副題は「毛沢東切手で読み解く現代中国」となっていて、少なくとも二十世紀の中国でくりかえしマオの肖像の複製が生み出されてきた経緯が語られているのだが、現代の日本では、こうした図像さえも消費の対象としては使い捨てに等しい意味しかもっていない。個人崇拝とかイデオロギーとか、そういう批判のレヴェルではないのだ。それが誰であっても、個人の顔などは、たまさかの記号として以上の意味はもたない時代なのである。

数年前、中国北部の辺境の村に行って小学校を訪問したとき、階段の踊り場に黒板があって「われらが英雄の雷峰に敬礼」といった意味のスローガンが書かれ、ぼくらには見慣れた肖像画が貼りこまれていて驚いたものだが、もはや多くの注釈をつけることなしには、日本で一般に理解されるものではないだろう。

特定の個人に象徴的な崇拝をしめしたり、その肖像を神聖視したりすることがないのは精神の健康にいいとは思うが、タレントのように一時的な熱狂のなかで図像が貼られたりはがされたりすることがいいとも感じられない。多くの国家で政治的指導者の肖像が貼られたりはがされたり、プラカードに見えたり激しく燃やされたり、いずれにせよ政治的なメッセージの対象として扱われて称揚され、毀損されている。毛沢東ならば、たとえばジャン＝リュック・ゴダールの映画のなかでたびたび象徴的に扱われ（『中国女』一九六九、など）、マオイストであろうとなかろうと、誰もが何らかの反応をしめしたものだし、あるいはアンディ・ウォーホールが毛沢東の肖像をモチーフとして版画作品を提示すれば、それはマリリン・モンローの肖像と同じように流通するイメージ＝記号への批判として機能できた時代があった。それは、硬直したような偶像崇拝にたいする批判でもあったし、その一方で希有な存在にたいする畏敬の念を意味するものでもあった。しかし、批判も畏怖もないままにイメージを消費するだけの状況が生まれだして、そのイメージの過去を知っている者にとっては奇怪なキッチュとなり、知らない者には異質な図像としてしか意味をもたなくなったとき、あえて「マオ」について語ることは微妙な冒険となるのではないか。

やはり中国の東北部を旅していたとき、たまたま車中で毛沢東の事績に話が及ぶと、若い中国人が「誰ですか、それは。そんな人のことは知りませんよ」と冗談めかしていったのだが、すると韓国籍の老学者が怒り出し、その中国人を叱りとばして「君に毛沢東を批判する資格はない」といいはなった。

もうひとつ思い出話を書かせてもらうなら、長く日本に在住していた中国国籍の学者と天安門広場に行ったとき、門に掲げられた毛沢東の大きな肖像画の上のテラスに、ひとりの中国人観光客が広場に背を向けて立っていることに彼は心底驚いてしまった。とりわけ彼には文化大革命時代に経験した広場の印象が強かったのだろう。くだんの男は、たぶん広場の風景を背景に記念写真を撮っていたものかと思うが、門の上のマオの肖像と、その上に立つ男の背中を向けた姿勢とが本当に激しいショックであったと見える。この様子に憤慨した彼は「なんということだ」といいながら、この風景をしっかり写真に収めていた。若き紅衛兵として活動しながら、その一方で少数民族のひとりとして状況に批判的であった彼は、だからこそこの偶像破壊に等しい行動を許せなかったもののようだ。彼が毛沢東思想についてどのような総括を与えているかは知らないけれども、たとえ一時的にせよ、熱狂的に声はりあげて賛美した偶像的イメージが傷つけられているとき、思想信条を超えて違和感が走ったのではないか。

さて『マオの肖像』だが、毛沢東が描かれている切手はともかく無数にある。まずマオの肖像は「建国以前の解放区の時代からその死を経て現在にいたるまで、中国共産党の支配地域で発行された数多くの切手に登場している」けれども、まっすぐマオを主題にしていないまでも、その生家についてのイメージや『毛沢東語録』を引用するもの、あるいは風景のなかにマオの肖像が組み込まれているものなどを含めると、まさしく数え切れない。またさらに、中国との関係を重視する諸国家の切手にも毛沢東は登場しており、たとえばアフリカ諸国の切手なども精査するとなると、すでにシンボルと化しているこの人物の肖像は、もはや調査しきれるものではない。台北にさえ「マオ」という名のプレイスポットがあり、マオの肖像をシンボルとして繁盛しているという。

切手に限っていっても、著者の言にしたがえば「毛沢東の肖像を切手の主たる題材としている〈純毛沢東切手〉と、毛沢東そのものは切手上の副次的因子にすぎない〈準毛沢東切手〉とに大別される」ということである。ぼくに切手収集の趣味はないが、昔の手紙を捜してみれば、何十枚かの毛沢東切手が見いだせることだろう。とくに文化大革命の時期には、毛沢東と関係のない中国切手は存在しないかに思えたものだった。

本書は切手のデザインを一種の政治史の資料として見るものであり、その記述は一定の時代区分にしたがっておこなわれる。時代区分を序文にしたがって概括するなら、(1)抗日戦争の終結まで、(2)(第三次)国共内戦期、(3)中華人民共和国の建国初期、(4)大躍進とその前後、(5)文化大革命前期(狭義の文革期)、(6)文化大革命後期(文革の終結と毛沢東の死まで)ということになるだろうが、毛沢東の顔の描かれた最初の切手は一九四四年三月に発行された解放区切手であり、山東省の戦時郵務総局発行となっている。いま「解放区切手」なるものの詳細を引用する余裕がないが、いずれにしても日常的な郵政業務を保証することが革命解放の意味の一端を担っていたことはいうまでもない。

しかし、一九四四年という発行日時には、多少の疑問を抱かずにはいられない。もっと早くから毛沢東切手があってもおかしくないのではないか。

まず著者の分析によれば、抗日戦の根拠地で発行されていた切手には、次の五つのパターンが認められるという。すなわち(1)国共合作を反映したもの（青天白日旗など）、(2)抗日戦争を象徴するもの（デモ行進の図など）、(3)郵便や交通を象徴するもの（船や飛行機など）、(4)切手の発行地を象徴するもの（風景など）、(5)中国共産党を象徴するもの（五角星など）、などである。ここには毛沢東個人の反映はない。しかし事実上の中国ソヴィエト（評議会）政権の支配者であった毛沢東は、その気になりさえすれば自分の肖像を切手にすることなど簡単なことだったはずである。ではなぜ、一九四四年という抗日戦争の末期になって初めてマオの肖像切手が登場することになるのか。それは一九四二年から翌年にかけておこなわれた「整風運動」に淵源がある、と著者は分析する。ごく簡単に要約してしまうが、これはソヴィエト連邦主導の国際マルクス主義に抗して中国独自の共産主義運動、すなわち「毛沢東思想」を提示して、革命勢力からソ連留学派を一掃する闘争にかかわっていたというのだ。ありそうなことではある。『マオの肖像』はこう述べる。


かくして〈党〉と同一視されるようになった毛沢東は、以後、その肖像じたいが党（あるいは国家）の象徴となった。換言するなら、毛沢東の肖像は、もはや、毛個人の肖像であるだけでなく、中共の党にとっての〈公共物〉の地位を獲得したのである。

こうしてマオの肖像は、中国全土に氾濫することとなったのだが、はたしてそれを御本人が歓迎したかどうか、それはよくわからない。ともかく以後の数十年は、中国といえば「マオの肖像」が浮かぶような状況となった。この感覚を微細に分析できるのは今しかない。

ところで、フィリップ・ローソンとラズロ・レゲザーの共著『タオ』(大室幹雄訳、平凡社)のなかに、いささか皮肉っぽい記述ではあるのだが、次のような写真キャプションが見える。その写真は一九六八年に湖北省でおこなわれた紅衛兵のパレード風景で、毛沢東の肖像画が高く掲げられ、その両脇に赤い「囍」の文字が担われている。この写真に著者は「毛沢東主義者の示威行進に反映された民衆的タオイズムの遺風」と注しているのだ。そうなのかもしれないが、簡単に断言されても困る。考えてみようか。


(2001・5)

音のはざまに道を尋ねる

いま手元に一冊の本があり、王小甫『唐・吐蕃・大食政治関係史』（北京大学出版社、一九九二年）という題目なのだが、つまりは唐代（とりわけ八世紀）における中国・チベット（吐蕃）・アラビア（大食《タージ》）の政治的な交渉史を論ずるものであり、きわめて興味ぶかい書である。これは北京大学中国伝統文化研究センターの刊行するもので、「中国史研究叢書」の第五巻となっている。ところが、この本がよく読めない。ぼくが中国語をろくに知らないというばかりでなく、中央アジアとか西域の地名や人々の名が簡体字で記されているために、音で想像のつくものはいいのだが、想像を乱される綴りのあることに迷ってしまうのだ。

たとえば本書に見える例だが、人名として「馬伯樂」と書かれると、脳裏に伯楽の伝説などが浮かんでしまって音に気がおよばない。これは「ma-bo-le」に近い音として読むのだろう（別の音もあるけれど）。四声やなにかを無視していうのだが、仮に日本語で発音すれば「マーポーレ」あたりか。ところがこの人名は、フランスの中国学者アンリ・マスペロのことなのだ。マスペロか。近いといえば近いが、口頭でならともかくも、字で書かれると辛いものがある。マスペロの著作にはいくつか邦訳があり、たとえば『道教』（川勝義雄訳、平凡社ライブラリー）や『道教の養生術』（持田季未子訳、せりか書房）を読むことができるけれども、中国学者としてのマスペロはそれ以上に多くの論文を残していて、より広範に紹介されていいはずであると思う。

手元にあるマスペロの著作のなかでも、なによりも重要な一冊がある。『道教と中国の諸宗教』がそれなのだけれど、これはぼくの座右の書であり、ことあるごとに読み返している。マスペロは、若くして大学に職を得ていたのだが、ドイツによるフランス占領後、レジスタンスに参加して活発な活動をおこない、フランス解放の数日前に逮捕・射殺されたと伝えられる。彼の父はガストン・マスペロというエジプト学者で、ルーブル美術館のエジプト室はガストンの創設になる。フランスの威光を担ってガストンはイギリスとエジプト研究の覇権を争い、とりわけ大英博物館のエジプト室を創設したワリス・バッジと競いあってエジプトの考古学を大きく促進させた（バッジについては「景教徒、巴《パ》里《リ》へ（一・二）」ですでに触れた）。たとえば上野の東京国立博物館を訪れる機会があったなら、本館を正面にして右手にあたる東洋館をぜひ訪れてほしいと思う。ここには、収集の経緯の位置づけが曖昧な収蔵品もあって、所蔵者の不明な品々も多い。というのも、アジアへ日本が侵略＝進出していた時代の収集品にかかわるからなのだが、ここで「侵略＝進出」などという、それこそ曖昧な語を使っているのは、これが単純に語りきれない事情をはらんでいるからである。いま、そのことは措いておくが、この東洋の精髄を蒐集した博物館は一見の価値がある。ぼくは授業の一環として、この博物館の訪問をかならず通過すべき関門として課していたものだが、いまは自分の時間がなくて果たせないことが残念でならない。

いやいや、そういうことが本題ではない。この東洋館の一階から二階に移る階段のあたりにエジプトのミイラの実物が展示されていることに注意していただきたいのである。このミイラは、日本とフランスとの友好を願って寄贈されたエジプトでの発掘品であり、まさしくガストン・マスペロがその寄贈者なのだ。その細かないきさつを知らないが、その息子アンリ・マスペロが東洋に惹かれた一因がここにあったとしたなら……。

さて、マスペロの『道教と中国の諸宗教』に収められている論文は「歴史的展開から見た中国の宗教」「近代中国の神話」「古代中国および近代タイの社会と宗教」「なぜ仏教は中国に導き入れられたのか」「中国の宗教信仰における道教」「阮咸《げんかん》と竹林の七賢」「紀元一世紀の道教」「道教の神々」「道教の養生術」、以上の九編である。宗教論がその中核をなしてはいるけれども、その記述は広範な科学の横断となっていることが見えてくる。とりわけ社会学の影響の強さがきわだっているが、ここにはデュルケームを基点とするフランス社会学派との深い交流が背景にあるからだろう。当然ここで思い出されるのは、マスペロの偉大な先達であったマルセル・グラネがデュルケームとシャヴァンヌに師事することで研究生活を開始したことであり、またマルセル・モースの方法を大胆に中国研究へと導入したことだ。これは奇妙な類似なのだが、グラネは一九四〇年、ドイツ軍がフランスに侵攻したことを聞き憤死したと伝えられる。その微妙な状況については知ることが少ないが、この時期にフランスは、すぐれた中国学者を相次いで失ったのである。

ようやく冒頭に触れた『政治関係史』に戻るが、著者の王小甫はじつに多くの言語ができる人のようで、巻末の参考文献表を見てみると、中国語はいうまでもないが、英語、ロシア語、フランス語、ドイツ語、日本語の文献が縦横に引かれているし、もちろんアラビア語の知識もあるらしく、さらにはチベットの古文献を比較言語学的に考証する論文も付載されているから、どれほどの言語ができるものか想像もつかない。確かに多様な言語圏にまたがる中央アジアの歴史を研究する人には、驚くべきポリグロット（多言語使用者）がしばしばいるけれど、この著者も相当なものだ。本書は一九八九年に提出された博士論文をもとに書かれたというから、比較的に若い人なのだろう。詳しい著者紹介がないので確認できないが、いずれどこかで聞いてみることにしよう。

しかし、ここでマスペロの名に驚いてしまったのは、その名の登場を予想していなかったからである。カールグレン（高本漢）とかオーレル・スタイン（斯担因）などなら予想がつくけれども、どうしてマスペロなのか。ここで引用されているマスペロの論文は、スタインのおこなった第三回中央アジア踏査のおりに収集された中国語文献の考証であり、戦後になってロンドンで刊行されたものなので見落としていたのである。なるほどなあ。

近年、じつに多様な言語でさまざまな研究が進んでいるし、その流通もすさまじく加速している。一人の語学力でついてゆけるものでもない。

大正十二年に刊行された桑原隲蔵《じつぞう》『蒲寿庚《ほじゅこう》の事蹟』（平凡社、東洋文庫）を見れば、速度ばかりが力ではないとわかる。この書は唐宋時代の中国に在住していたアラビア人の足跡を追跡するもので、当時として入手しうるかぎりの文献を徹底的に精査した、膨大な注の集積として成立している。その注解は漢文・欧文による多彩な引用で満ちていて、とてもここに引用できないが、本書を日本東洋学の草創期に成った最高の書とすることに異論はあるまい。もとは大正三年に学会でおこなわれた研究報告が本書の土台なのだが、やがて学会誌に連載して内外の研究者と討議を重ね、さらに改訂増補を重ねて書物として公刊された。じつに十年の歳月をかけて書かれたのである。ゆったりとした時間のなかにことばを置き、そこから多くの議論をわきたたせて醸し出される書物もあるのだ。あわてることはない。いつか『政治関係史』も読めるだろう。

あらためて『蒲寿庚の事蹟』の第二節「大食人の通商」を見てみると、その注として「アラブ文献上に見えたる日本朝鮮の国号」という文が見える。そこで朝鮮は「Syla」もしくは「Sila」と表記されるけれども、これはもちろん新羅（斯羅《シーラ》）の音訳からくる。しかし朝鮮音からすれば「Sira」となるはずなのにL音を採っているのは、この国号をアラブ人がまっすぐ朝鮮人から聴き取ったのではなく、中国人が伝聞もしくは書物を通してアラブ人に伝えたからであって、なぜなら中国音にはR音が存在しないためLをもってRに代用するからである、と述べている。R音がないという見解には疑問をもつ方も多いだろうと思うが、マスペロの著作にある中国音表記対照表を見ると、ウェード式にもフランス式にもRの表記はない。たとえば拼音の「ru」にたいしては「ju」「jou」が対応している。また明治三十五年に再版が刊行され（初版刊行年が奥付からは不明。「例言」は明治三十九年一月付）、半世紀あまり版を重ねた岡本正文編『支那聲音字彙』（文求堂）の改訂増補第三十七版を見ても、やはりウェード式を採用しているためにR音の表記がない。ここから桑原の解釈が妥当なのかどうかを判断する力はないけれど、それでもいそいそとマスペロをひもとくのである。

なお日本の国号としては、倭国の呼称から来る語の「Wakwak《ワクワク》」がアラビア文献にあるという。

（2001・6）

アジアの科学へ

ジョージ・サートンが大著『古代中世 科学文化史』の初巻を上梓したのは、一九二七年のことだった。その序章においてアジアの科学について触れながら、彼はこのように書いている（平田寛訳、岩波書店。引用にあたって旧字を新字に改めた）。

私の中国の部の概観の主な事柄は、これがこの種の最初の企てだということである。しかしながら、それによって研究が鼓舞され、ことに、引用された科学論文のあるものの考訂版や翻訳が促進されさえすれば私は本望である。同じような表現は、日本の科学についてもなされる。……要するに、私が東洋（回教徒を除く）の科学について与えることのできた指示は不十分であり、説明的よりもむしろ示唆的である。しかし現在のところ、これ以上指示することはむずかしかろう。これらは、わたしの地図における未知の国々である。

サートンは一八八四年、ベルギーに生まれた。両親を早くになくした彼は叔父の手によって育てられ、ゲント大学の哲学科に進むが、やがて哲学に嫌気がさして大学を去ってしまう。一年間を独学してすごしたのち、自然科学に方向転換して大学に戻ると、化学、結晶学、数学を学び、もっぱら実験科学の世界で成果を収めた。しかし、彼は次第に科学史と科学哲学に目を開き、一九一二年にいたって科学史を中心とする季刊誌『イシス』の発刊と『科学文化史』のための資料収集を開始した。ところが第一次世界大戦の勃発によって研究生活は中断されてしまい、さらには自宅がドイツ軍司令部として接収されるにおよんで、彼はオランダ経由でイギリスに逃れ、さらにアメリカへと流れていき、一九一五年、職のあてもなく、まったくの無一物でニューヨークにたどりついたのである。おそらく『科学文化史』のための資料収集も、ここからはじまる悪戦苦闘のなかで一から再開されたのだろう。のちに「二十世紀の民族移動」(ローラ・フェルミ)と呼ばれる状況のなかに彼もいた。

しかし興味ぶかいのは、サートンのもつアジアへのまなざしであって、これは当時としてはきわめて特異なものであった。おそらくは彼自身の学問の変遷や亡命という経験のなかで得た感覚も影響しているのだろうが、中国のみならずその周辺諸国、すなわち中央アジア、東南アジア、極東アジアにまでも科学史の目をそそいでいる例は先駆的というほかない。また通常の科学史の枠を超え、一種の一般文化史に広がる構想を控えていることは、たとえばコントやポアンカレの思想的影響、あるいはダンネマンの『大自然科学史』(一九一〇~一三年)やH・G・ウェルズの『世界文化史大系』(一九二二年)などといった新たな歴史観への冒険などが響きあっているかもしれない。

とはいえ彼の『科学文化史』は、いわゆる通俗・啓蒙とは無縁の書であって、それ自体が一個の思想的結実であったと確認しておかなければなるまい。これはまさに「未知の国々」(*terra incognita*)

に向かう冒険の旅の書でもあるのだから。

サートンは中世科学の研究に邁進するようになってから東洋の諸言語を集中的に学び、とくにアラビア語に関しては自由に駆使できるほどに上達したという。やがて『科学文化史』の初巻を上梓してのち、一九三一年の秋から翌年の春にかけてベイルートに滞在し、エジプトやマグレブ地方の諸都市を精力的に訪れてはイスラーム世界のさまざまな資料を収集して回った。また、中断を余儀なくされていた『イシス』を復刊し、さらに不定期刊の『オシリス』をも発刊して、研究成果の公開と共有をはかったが、こうした活動が今日の科学史におけるアジアの位置づけに一大革新をもたらしたことは確かである。

一九五四年、今度は本当に本格的な中国科学史が刊行されはじめることになる。ジョゼフ・ニーダムの『中国の科学と文明』(東畑精一・藪内清監修、思索社)にほかならない。その第一巻第三章「文献ノート」の冒頭に、サートンに関する丁寧な記述がある。

われわれの知るかぎり、中国語であれ西欧語であれ、本書で計画される研究分野を覆いつくす書物は全く存在しない。しかし、この本の主題に関連して、触れておくべき何冊かの本がある。サートンの五巻本『科学史序説』〔『科学文化史』のこと〕は、科学史を扱ったすべての本のうちで、最初に中国の科学者とその業績の詳細に触れたものであり、この点がこの本の最大の功績の一つである。この本はさらに、中国名、日本名を漢字で示す索引が付けられている。しかしもちろん、そこで採られた百科全書的方法は、世界の特定地域においての科学の発展について一貫した物語を与えるにふさわしいものではないし、ましてや、なぜ近代科学技術が東アジアにではなく、西ヨーロッパに発展したかの問題を提起しようとしたものでもない。サートンが著書に費やしたかなり多くの紙数にもかかわらず、科学に貢献した非常に興味ある相当数のアジア人をやむなく省かざるをえなかったし、紀元後一四〇〇年代で記述を終わらざるをえなかった。ほんとうは、これ以後、イエズス会士が渡来するまでの二世紀の間こそ、中国本来の科学の最もすぐれたいくつかの成果が現れた時代だったのである。彼の偉大な、欠くべからざる労作は、本書の著作にあたっても、資料の百科全書の役とともに、研究に対して絶えず示唆する宝庫の役を果たしてくれた。しかし、このような偉大な業績がすでに存在しているにもかかわらず、あえて世界の特定地域での特殊問題の研究にささげた、本書のような専門書を苦心して仕上げることを、誰もが（サートンその人を含めて）不必要だと考えないであろう。

長い引用とはなったが、すでにサートンの業績が忘れかけられている今日、これは引いておかなければならない。

もちろんニーダムのこの文章には、先のサートンの期待に応えようとする意欲と、中国の科学について知りつくしていることへの自負が見え隠れする。じっさいサートンは極東アジアの歴代の科学者の名を漢字で列挙してみせたが、それは列挙であっても説明ではなかった。サートンが中国語を解したかどうかは知らないが（少なくとも中国語を理解する協力者はいた）、中国科学の奥底に踏み入るには、まだ機が熟していなかったことは確かである。生化学の専門家であったニーダムは、第二次世界大戦下の中国に滞在して研究を持続し、中国人に前線で講義をしていた人物である（その生涯については別の機会に語りたい）。その特異な経験のなかで、彼は多くの歴史的資料を得たばかりでなく、具体的に多くのすぐれた中国人科学者たちと知りあい、啓発されてきたのだ。そのごく一端を『中国の科学と文明』の序文に見てみよう。

一九四三年の初頭、初めて昆明に行ったとき援助してくださった人たちの中に、歴史学者の雷海宗と聞一多《ぶんいった》とがおられた。……首都の重慶では、すぐれた考古学者、歴史家で、後には中国の文化的方面で指導者として高い地位を占めた郭沫若《かくまつじゃく》博士らの指導を受けることができた。……それらの出会いのうち、あるものはとりわけロマンティックであった。陝西省寶鶏で、ある日私は隴海線を鉄道人夫のトロッコに乗り、湖南大学の最後の疎開先である武眞寺に向けて下った。そこは、支流である汧水《けんすい》が渭《い》河《が》に注ぐ地点で、渭河流域を越え南方の秦嶺山脈を見晴らす、黄土層の絶壁に建つ立派な古い道観が、大学の疎開先の一つとして使われていた。その日の午後、私は李相傑教授とともに書庫をあさった。みごとな蔵書であったが、引き続く疎開に書物はいたみ、目録はもはや見あたらなかった。多くの書物はなお古びた神像の脚下に束ねられ、ちょうどその日か、あるいは二、三日前、汗にまみれた人夫が天秤棒からどさりと下ろし、置き棄てにしたままといった状態であった。ケンブリッジの一生化学者であった私が、李相傑から『道蔵』には四世紀以来のおびただしい煉丹術の研究、それも最大の興味あるものが含まれていて、しかも他の文化社会の化学史家にはほとんど知られていないことを伝えられたのは、そうした状況のもとであった。このような紹介は、けっして忘れ去ることのできないものである。こうしたリアルな経験なしには、ニーダムにサートンを超える科学史の構想は生まれなかったのではあるまいか。

サートンは、中国が記録への偏執をもっていたことを熟知していて、古代の科学者の年代決定にはまったく苦労しなかったと述べている。とはいえ「この年代学上の正確さも、科学文書の内容についてわれわれが一般に無知であることにくらべての、ささやかな慰めでしかない」と付け加えることを忘れてはいないが。この慰めをいやすことが今後の課題だとサートンは書く。それにニーダムがひとつの返答を投げたのであれば、さらに多くの返答が生まれるべきなのである。

（2001・7）

医王たらんと欲す

だいぶ以前にテレビで放映されたソヴィエト映画に『若き日の偉人』という作品がある。これは哲学者、医学者としてあまりにも高名なイブン・シーナー（ラテン名アヴィセンナ、九八〇〜一〇三七年）の波乱にみちた青年時代を描くもので、ウズベキ・フィルムとタジク・フィルムの共同制作である（制作年代は不詳）。この映画のタイトル画面の直後に、興味ぶかい場面が映し出される。イスラームのヘジュラ暦で三七七年、西暦でいえば九八七年の場面とされるが、なぜかイブン・シーナーがチベット仏教の寺院に姿をあらわし、老いたる医学僧に教えを請うているのだ。そこではこのような問答がかわされる。「死の原因には九種のものがあるが、一番目は無知だ……この石でも正しく調合すれば、どんな病いにも効く。薬には種々の成分が必要で、薬草、鉱物、動物の内臓など、すべて役に立つ」と僧がいうと、「どんな病気でも治せるというのですか？」と少年のイブン・シーナーは尋ねる。「百一の病いを除けばすべてじゃ。前世の悪行が原因の百一の病いには効かん」。すると少年は、こう言い放つ。「難病を治してこその学問です」。僧は驚いて、「よくも言いおったわ。百一のうちのひとつでも治せれば〈学聖〉じゃ。……おまえに祝福を与えよう。神よ、行かせたまえ、この子に真理の道を」。

この対話は、年代からいえばイブン・シーナーが七歳のときということになるが、これは眉唾だ。多くの評伝は、彼は十歳のときにコーランの学問を究め、十四歳にして哲学および自然科学の研究においてあらゆる教師を凌駕し、十七歳になって「あまり難しくはない」医学を本格的に学ぼうと決心したと述べている。これもすごい話だが、彼の自伝の記述に基づくものだろう。映画では、母の病気を治したいがために医学に関心を抱くことになっているが、それにしても仏僧との対話は、架空の話であるにちがいない。

とはいえ、中央アジアの都市ブハラの近郊に生まれたイブン・シーナーには、チベット僧の教えを受ける機会がまるでなかったわけではない。イラン系ソグド人の都市国家としてはじまるこの都は、イスラーム化された後にはサーマーン朝の首都ともなり、商業都市としてのみならず、広く学問を奨励する文化都市でもあった。政府の役人であった父は、息子に最高の教育をほどこしたが、あまりにも早熟なイブン・シーナーは、その学識のほとんどを独学で習得したといわれる。しかし、この都には世界各地から学者や知識人が来訪していて、おそらくこの少年は、多くの異邦の学識と対話していたことだろう。ともかく強烈な好奇心のかたまりのような人物であったらしく、たとえば「尋常学究の徒とははるかに選を殊《こと》にし、絶倫の精力家であつたばかりでなく、豪宕卓落《ごうとうたくらく》の気象を具《そな》へ、飲食漁色甚《はなは》だ常軌を逸した」（小川政修『西洋医学史』真理社）などとも評されているほどである。彼の母語はペルシア語だったが、アラビア語はもちろんのこと、ギリシア語なども早くに熟知していたといわれる。だから画面にチベット密教の読経が重なっていても、驚くことはなかった。

たしかに仏教医学（医方明《いほうみょう》）は前世のおこないから生ずる病い（業病）を列挙していて、基本的には、(1)殺生と暴力、(2)怒りや恨み（瞋恚《しんい》）、(3)妄語、(4)悪口、(5)その他のさまざまな悪行（呪いや姦淫）、などに分類される。たとえば『摩訶止観《まかしかん》』は、あらゆる病いの原因を分類して「四大不調、飲食不節、坐禅不調、鬼、魔、業」などとしている。

ここにいう四大不調とは、地・水・火・風という四大要素のバランスが崩れることをいい、そこから生ずる病いを衆病・寒病・熱病・風病と呼んでいる。また内病と呼ばれる内臓疾患は四大不調が主たる原因なのだが、その数は四百四であるといわれる。映画のチベット僧が、不治の病いを数えあげて百一としていることは、ここらあたりに根拠があるだろうか。素人としてはこれ以上を言及できないが、なかなかに納得できるエピソードではある。

また、記憶だけで書きしるすのだが、かつて『American Science』誌だったかにチベットの仏教医学についての論文があり、毒物であるはずの水銀をチベットでは微妙に薬物として使用している事実を報告していたことを思い出す。またホメロスが『オデュッセイア』に歌ったことに従えば、エジプトでは「地には薬草、毒草が生え、誰もが名医である」ということだが、仏教医学にあっても同様の見解が見え、すべての草木虫魚が薬品たりうるとの認識があった。とある経典によれば、仏教医学の師が弟子を連れて草原にゆき、大地に円を描いて「ここから薬品たりうるものをすべて採集せよ」と命じたところ、弟子は「先生、どうしてここに薬品たりえないものを見いだせるでしょうか」と答え、師は「もはや免許皆伝じゃ」と応じたとの伝承が見える。この世のすべての物質は、毒にもなれば薬にもなる。たぶん、本当にそうなのだろう。そしてこの世でえられるすべての経験は、すべて毒にもなれば薬にもなる。前世のことはともかくも、物質的世界としての現世においては、哲学者としてのアリストテレスであろうとも、経験的で具体的な世界の事柄との現象学的とでもいうべきかかわりなしに科学ははじめられず、医学も存在しえなかったはずである。

さて、チベット医学の基礎を築き、さまざまな科学の端緒を切りひらいた希有な存在として、ユトク・ニンマ・ユンテン・グンポ（七四二〜八六六年）があり、また同名のユトク・サルマ・ユンテン・グンポ（一一二六〜一二〇一年）がいる。通常は、前者を古ユトク、後者を新ユトクと呼びならわすが（「ニンマ／サルマ」が「古／新」をあらわす）、チベットでは新ユトクは古ユトクの生まれ変わりといわれ、ともに薬師仏の化身とみなされている。この二人の医学の大家のあいだにイブン・シーナーの生涯が横たわっていることは、単なる偶然だろうか。アジアの医学の展開における、一種のシンクロニシティ（同時同調性）が働いていたと思わざるをえない。

古ユトクはチベットのラサ近郊に生まれ、三歳で文字を習得し、幼少時から医学を学びはじめ、十歳にして父親から医学の伝授を認証する薬師如来にまつわる儀式を受けたとの伝説をもつ。そこから十三代を経て、新たなユトクが世にあらわれるのだが、こちらはツアン地方に生まれて、八歳にして医学の教育を受け、十歳のとき奥義を伝授され、さらに彼は十八歳の時から前後六回もインドに旅して多くの医学の秘儀を受けたとされている。こうしたことのあらましは『ユトク伝』（中川和也訳、岩波文庫）に詳しいが、この超常的なできごとにみちあふれた記述のなかにも医学の本質に向かう真摯な姿勢が反響している。

尊者［古ユトク］が三歳になった時、彼は母の膝に坐り、そして叫んだ。

「ああ、お母さん、哀れです、哀れです！」

「誰に言っているの?」母親が尋ねると、「病人が、病気の人が！」と答えるのだった。

その後、彼が父親の膝に坐っていると、上の方を指さしながら言った。

「あそこ、あそこ！」そこで父親は彼に尋ねた。

「あそこに誰かいるの?」父親がそう尋ねると、彼は、「薬師仏と聖仙と持明者と女神と教えを広めることで有名な五十七人の医師たちが、病気で苦しむ人たちのためにここにやって来られました」と答えて、次のように祈りはじめた。

「三毒によって引き起こされる病の苦しみを追い払うことができるあなた様、
あなた様は卓越した五つの身体［五身］と最勝の功徳を成就しておられます。

あなた様を見るだけで病の拘束は解かれ、あなた様の御名を聞くだけで障害は取り除かれます。

あなた様の御心を思い起こすだけで人は菩薩の道に入ることができます。

どうかわたしと六道《りくどう》の衆生《しゅじょう》を、あなた様の慈悲の鉤でしっかりとつなぎ留め、わたしが衆生を利益することができますように、わたしを祝福してください！」


本書の解説に、チベット医学の歴史についての概観があるが、そこにはソンツェン・ガムポ王の時代（五八一〜六四九年）にインド・中国・ペルシアから医師を招き、彼らは自国の医学書を翻訳して王に献上したとあり、ペルシアの医師のガレーノスは宮廷医となってチベットに留まり、その息子たちも医学や教育に力を注いだという。また、ティソン・デツェン王は東ローマやインド、中国、カシュミール、ネパールなどから多くの医師を招聘し、数々の医学書を翻訳したのみならず、チベット医学の根本となる埋蔵宝典『ギュー・シ』も、まさしくこの時期にもたらされたという。『ユトク伝』にも古ユトクと外国医との対話が記録されているが、このように山深いチベットにも深く医学知識のネットワークが編みなされていたのである。彼らの声をイブン・シーナーが聞きつけ、あるいはイブン・シーナーの声にチベットの医僧が耳傾けたとしても、不思議はない。

かつてロシアのブリヤート共和国を旅したとき、チベット医学をめぐる見事なマンダラを眼にして感嘆したものだが、ここにイブン・シーナーの声が反響していたならと、そう夢想してしまうのだ。

（2001・8）

女媧と憂鬱

中国神話についての伝統的な解釈にしたがえば、人間を創造したのは女媧《じょか》という神であるといわれている。たとえば孟慶遠ほか『中国歴史文化事典』（小島・立間・丸山訳、新潮社）は、屈原の『楚辞』「天問」のなかですでに「女媧に体あり、孰《だれ》か、これを制匠〔制作〕せしや」とあり、この神が人面蛇身であることを謎としていることから、女媧という存在が古くから知られていたとする。

この女神には、人類を生み出したとする伝説と欠けた天をおぎなったとする伝説とがつきまとっていて、前者については、松村武雄編『中国神話伝説集』（社会思想社、現代教養文庫）にその要約が見えている。つづめて引用すると、

天空と大地とができても、人間はまだ一人もいなかった。女媧という女神がそれをひどく物足りなく思った。

「せっかく広い大地ができても、住むものがなくては、ほんとにつまらない。わたしだって寂しくて仕方がない。ひとつ人間をこしらえることにしよう」

女媧は黄色い土に水をまぜて、それを練って人間を造りはじめた。しかし、一度にたくさんの人間を造ろうというので忙しく、すっかり疲れてしまった。そこでしばらく考えて、縄をどろどろの土のなかで引き回し、ぽたりと落ちる泥から人間を造った。

こうして人間には、丁寧に土を練ってこしらえたものと、乱暴に縄を引き回して造ったものとがある。だから人間には、出来の良いものと悪いものとがあるのだ。

とある。これは、もとは後漢の応劭《おうしょう》が著した『風俗通義』に見える伝承とされ、『太平御覧』に引用されて知られている。すなわち「俗に説《い》う、天地開闢《かいびゃく》するも、未だ人民あらず、女媧黄土を持して人を作る」という次第である。

前漢に成立した『淮南子《えなんじ》』には、古代に天地が壊れて大地が引き裂かれてしまったとき、女媧が五色の石を練って蒼天を埋めあわせたとある。いずれも、この女神が大地の力を用いて人間を創造したり宇宙を修復したりする機能を強調しており、一種の大地母神としてあらわされている存在だろうと想像できる。先の『事典』が「女媧に関する神話・伝説は原始社会の母権制時代の影響を反映している」と書くのも、ありそうなことではある。

また、しばしば女媧と対の存在として描かれる神格に伏羲《ふっき》がいる。五帝の最初の帝とされる神であり、初めて網を作って人民に教え、獣や魚を捕る技を知らせたので伏羲の名で呼ばれたという（「悪を去り、善を施す」の意がこの名にはある）。犠牲の牛を飼って料理の法を伝えたことから庖犠《ほうぎ》とも呼ばれたが（『荘子』）、さらには八卦《はっか》を作り、十二支や暦を作って四時《しいじ》（季節のシステム）を定め、楽器を作り、婚姻規則を整え、姓氏を正したのもこの神であるとされる。ふたたび『事典』にしたがえば、伏羲に関する伝説は「原始社会の漁猟・牧畜の発展状況を反映している」ということになるだろう。

さらに『事典』は、伏羲を東夷族の族長とされる大昊《たいこう》であるとする説をあげているが、この人昊は人頭蛇身であるとされ、蛇もしくは龍をトーテムとする部族の長だったのだろうか。晋の葛洪《かっこう》の著した『抱朴子《ほうぼくし》』に「大昊は蜘蛛を師として網を結んだ」とあることから、伏羲との同一視がおこったと『事典』は述べているが、いずれにせよ伏羲を域外のシャーマニスティックな存在とかかわらせて考える説には、なんともいえない魅力を感ずる。

ひるがえってここで唐の張彦遠《ちょうげんえん》『歴代名画記』を見ると、その巻頭にある「画の源流を叙《の》ぶ」に、次のような文章があることに気づく。本書の読み下し文をいくぶんやわらげて引用してみよう。

> 絵画は教化をなし、人倫を助け、神変をきわめ、幽微を測り、六籍『詩経』『尚書』『礼記《らいき》』『楽《がっ》経《きょう》』『易経』『春秋』と功を同じくし、四時と運用を並ぶ。これ天然に発するなり、述作によるにはあらず。古聖・先王、天の命を受け、図録に応ずれば、すなわち亀字は霊をいたし、龍図は宝をしめす。……庖犧氏は龍図を滎河《けいが》のなかに発見し、典籍・図画ここにきざす。……蒼頡《そうけつ》は四目を有し、仰いで垂象《すいしょう》［天文］を観る。よりて鳥亀の跡をならべ、ついに書字の形を定めたり。……この時、書と画とは同体にして、いまだ分かれず。その象制《しょうせい》ははじめて創せられて、なお略なり。もってその意を伝うるなし。ゆえに書あり。もってその形を表すなし。ゆえに画あり。これ天地・聖人の意なり。

「亀字」とは、たとえば「亀文鳥跡」という表現もあるように、亀の甲羅の模様をあらわす。ここにあるように、文字を生み出したとされる蒼頡は、鳥の足跡を見て文字を考案したといわれ、後漢の許《きょ》慎《しん》『説文解字《せつもんかいじ》』にもその指摘があるが、亀の甲羅の模様という連想には、甲骨文字のイメージも反映しているだろうか。

ともかく伏羲は、ここでは絵画の発見者でもある。文字も絵画も自然から生じたものであって、人間のさかしらとは異なるものだ、という考えは中国独特のものだろう。少なくとも西欧の思考とは、ずいぶんと差がある。また「書画同源」という発想も古いものだが、すでに許慎が文字の生成における象形の仕組みを精緻に理論化しているのだから、その起源において同体であるというばかりでなく、むしろ絵画にたいする中国の志向が、積極的に文字との融合を求めたというべきなのかもしれない。

さて、女媧と伏羲のことにこだわるのは、漢代の画像石におおく見られるこの対をなす神のイメージによるばかりではない。韓国の国立中央博物館には、中央アジアで発見された女媧と伏羲のみごとな図が保存されているが、これは西本願寺のおこした大谷探検隊の発見した文物であり、このイメージが広く西域にも広がっていたことを例証するものである。張騫《ちょうけん》の例を出すまでもなく、漢代にはすでにさまざまなかたちで西域と中国との交通が存在していたが、たしかに女媧と伏羲の交尾図は中国から流れ出したものであるにしても、その源流が元来は騎馬遊牧民にあるのではないかとの説に魅力を感じてしまうのは、この広がりなのである。

陸思賢『中国の神話考古』（岡田陽一訳、言叢社）によれば、漢墓に見いだされる画像石の女媧・伏義図には、おおよそ二通りの形式が認められるとされる。

一つは伏羲・女媧がそれぞれ手に太陽と月を捧げ、伏羲は太陽神、陽精であることを意味し、女媧は月神、陰精であることを意味し、日光と雨露が万物の成長を育む意味をもつ。もう一つは、伏羲・女媧がそれぞれ手に規《き》と矩《く》［コンパスと定規］をもち、伏羲が規をもって円を描き、天を象徴することを意味し、女媧は矩をもって方を描き、地を象徴することを意味し、伏羲・女媧が天地宇宙の主であることを意味する。

つまりここには「太陽＝陽／月＝陰」という対立、あるいは「コンパス＝円＝天／定規＝方形＝大地」という対立がひそんでおり、それが男神と女神との交尾という姿で結びあわされているというわけである。

たとえば聞一多《ぶんいった》に『伏羲考』という著作があり（『中国神話』中島みどり訳に所収、平凡社、東洋文庫）、人首蛇身像から龍にかかわるトーテムを求めている。ここでは苗《ミャオ》族との種族関係が問われているけれど、やはり漢民族の域外に伏羲の源流を望もうとしていることは興味ぶかい。近年になって発掘のはじまった揚子江流域の良渚《りょうしょ》文化の遺跡からは「人龍形神徽《しんき》」と呼ばれる人龍図が出土しており、陸思賢はこれを龍の形象のなかでももっとも高貴な「人龍」であるとし、「これは後世の帝王の独創ではなく、先民たちが神を創造した本意である」と述べている。彼はこうした図像を仰韶《ヤンシャオ》文化の遺跡に認められる龍にまたがる図像と関連づけ、ここに伏羲の原イメージを求めようとしているわけである。

こうした議論の展開を問う余裕はないが、女媧と伏羲がそれぞれに定規とコンパスをもっていることは、たちまち別の連想をも生み出してくる。つまりそれは、アルブレヒト・デューラーの版画「メレンコリア（Melancholia）」（一五一四年）であって、ここに描かれた憂鬱そうな女性は、大きな翼をもつにもかかわらず頬杖をついて彼方を見つめ、脇では犬と天使が眠りこんでいる。ギリシア語の「黒い胆汁」（*melan*＋*cholē*）に由来するこの語は、新プラトン主義によって哲学や芸術の源泉である「神的狂気」（プラトン）がメランコリアから生まれると論じられたため、ルネサンスのお気に入りの主題となったのである。

さて、この女性は、その手元に定規とコンパスをたずさえており、彼女が幾何学と深い関係にあることを暗示している。大地の表象たる女神ガイアを測《メトリア》ることが幾何学（*gaia*＋*metoria*＞*geometry*）の目的なのだが、その大地こそ、世界の神秘を腹蔵する知の貯蔵庫なのだ。彼女に女媧と伏羲のことを聞いてみようか。

（2001・9）

なぜ何人もの妻をもつのか

おそらくは一九一〇年代の終わりころ、クリスマスの夜に、マルセル・グラネは北京の教会で一人の中国人と語りあう機会を得た。キリスト教会でおこなわれる「化体」の儀式、つまりパンと酒を神の肉と血と見て人々にわかち与える行為について、その意味を尋ねられたためである。中国語で苦労しながら説明すると、彼はグラネの親切なふるまいに感謝するとともに、グラネが中国の伝統的な婚姻形式に関心をもっていると知って、次のように語った。

中国の富裕階級の家庭では、妾を愛して妻をないがしろにする人々が多い、そう外国人に批判されることがたびたびだったのだろうか、この知識豊かな中国人は、その習俗が道徳的な面で誤解されてしまうことを強く懸念していたのである（引用は拙訳）。

私たちの習慣が欧米の習慣とまったく異なるとはお考えくださいますな。あなた方と同じく、若い男がやってきて娘を嫁にもらいたいといわれれば、娘がちゃんと幸せになれるかどうか調べもするし、その保証を求めもするのです。どのような保証かといえば、その男の家柄がきちんとしたものであり、娘との縁組みに不満はないとわかったときでも、男に、少なくとも娘の存命中は妾をもたないこと、あるいはさらに、もし娘がなにかの理由で死ぬようなことがあったとしたら、娘の姉妹と再婚することを求婚者に求めることもまれではないのです。

この興味ぶかい対話は、一九二〇年に発表された「封建時代の中国におけるソロレート的一夫多妻婚とソロレート婚」という論文の冒頭にしめされている（グラネ『中国に関する社会学的研究』谷田孝之訳、朋友書店）。「ソロレート（*sororat*）」とは民族学用語では「姉妹逆縁婚」などと訳され、死んだ妻の姉妹と優先的に再婚する制度と理解される。また、姉妹が長兄の支配を受ける家族制度のことをもさし、この反対概念は「レビレート（*levirat*）」と呼ばれる。こうした婚姻概念はもともと古代のユダヤ法からくる民族の掟をもとにする語であり、夫を亡くした子のない寡婦は、亡夫の兄弟かもっともそれに近い近親者が妻にしなければならない、という義務をあらわしている。その意味で、この語は一種の歴史的な法律用語と呼んでもいいが、こうした婚姻上の規則は数多くの社会で見られるものである。

たとえばユルマズ・ギュネイが監督したトルコ映画『路《ジョル》』（一九八二年）を思い出す。この映画は、政治犯として長く獄中にあったギュネイ最後の作品であり、この映画の制作中も拘留されていて、刑務所のなかからの指示によって完成されたといわれている。だからこの作品の末尾には、実際に撮影・編集したもう一人の監督の名も記されているのだが、たしかギュネイは完成作を見ることなく獄死したのではなかったか。

ともかくこの作品は、仮出獄を許された五人の囚人がそれぞれの旅をするロードムービーである。

なかの一人がクルド人の青年であり、トルコの東部へと向かい、故郷の村に着く。大地にひれ伏して祈りを捧げ、いざ村に入ろうとすると激しい銃声が響く。クルド・ゲリラの掃討作戦がおこなわれ、兵士によって男たちが殺されたのだ。死体を検分させられているとき、彼の目には村の娘が目にうつる。彼の恋する娘なのだ。しかし家に戻ると、ゲリラとなった兄が死んだことを告げられる。青年は辛そうなまなざしをして暗く沈んだ兄嫁の部屋に入ると、泣き崩れる彼女にたいし、しきたりによって自分があなたの夫になるという。そして彼はみずからの恋をあきらめ、獄に戻ることを拒否してゲリラになるのだ。

けれども民族学者の報告によれば、多くの場合、弟は亡き兄の単なる代理人となるにとどまり、また新たな結婚式もおこなわない。つまり、このとき亡兄の妻は「死者と結婚している」ことになっていて、弟は兄の妻と同棲しているのみであり、新たに子が生まれてもその子は亡兄の子として扱われるのである。さらに極端な場合、子どものないままに死んだ男性があると、死者の親族が死者の名義で結婚し、そこで生まれた子を死者の跡継ぎとする事例もある。一種の亡霊婚といえるが、もっとも、こうした事例はアフリカの父系社会に見られるものなので、映画に描かれたクルド人の社会ではどうなのか、よくはわからない。より緩やかな例としては、亡兄の弟が兄が妻にたいしてもっていた権利と義務とを受け継ぐ風習があり、また明確に再婚という形で弟が亡兄の妻と婚姻する例もある。この場合は、新たに生まれた子は弟の子とされる。日本ではこれを「逆縁」と呼んでいるが(ソロレートの場合が「順縁」である)、これはタブーではなく、むしろ奨励されるもので、各地に多様な名称で知られていた風俗だった。

いずれの例も「複婚」、つまりは一夫多妻制や一妻多夫制という社会システム（polygamy もしくは polygyny）に対応しているが、ここからすぐに思い出されるのが『コーラン』第四章の記述である。「女」と題されたこの章には、いわばイスラームの婚姻法が説かれているのである。

孤児《みなしご》にはその財産を渡してやれよ。よいものを（自分でせしめて）その代りに悪いものをやったりしてはいけない。彼らの財産を自分の財産と一緒にして使ってはいけない。そのようなことをすれば大罪を犯すことになる。もし汝ら（自分だけでは）孤児に公正にしてやれそうもないと思ったら、誰か気に入った女をめとるがよい。二人なり、三人なり、四人なり。だがもし（妻が多くては）公平にできないようならば一人だけにしておくか、さもなくばお前たちの右手が所有しているもの［女奴隷］だけで我慢しておけ。
（『コーラン』井筒俊彦訳、岩波文庫）

有名な「四人妻」の規定であるが、これをもってイスラーム社会は一夫多妻制を容認しているとする批判が生まれている。多くは近代の欧米的な道徳観からなされているものだろうし、たぶんにハーレムなどのイメージが余計な連想を生んでいるのだろうが、複婚という風習もしくは制度はあらゆる文化にあったものといっていいし、むしろ一夫一婦制の方が珍しいといってもいいくらいだろう。まさしくクルド民族はイスラームを信仰するものだが、彼らの伝統的風習では原則的に一夫一婦婚なのであり、レビレート婚の制をとるとはいっても、同時に複数の女性と婚姻関係を結ぶということはないのである。

さて、いま引用した『コーラン』の一節を理解するうえで重要な点は、「孤児」と訳されている語「yatāma」が「父のいない子」(複数形)という意味をもっていることであり、この語は「母のいない子」や「両親のいない子」とは厳格に区別される。つまりこの子には母のみがいることになるのだ。孤児の財産を守ってやらなければならない、孤児を公正に扱わねばならないという義務の要求は、夫を亡くした母にも向けられている。

今日の解釈によれば、この章がムハンマドの口から発せられたのは、六二五年のウフドの戦いの直後であったとされる。この戦いはメッカ軍とおこなわれたもので、イスラーム軍は敗北を喫し、このときに多くの「孤児」が生まれたとされる。この戦いで妻子を残したまま死んだ男性が多くいたということだ。したがって、この『コーラン』の表現は、戦争孤児や未亡人の権利を守るための規定をしめすものであった。

イスラーム以前のアラブ世界は強烈なまでの男性中心社会であり、また一夫多妻も一妻多夫も多く見られたというが、それにたいしてムハンマドは弱者の権利を守ろうとしたというのである。だから先の表現は、死んだ父の権利を守ってやれ、それが難しいなら寡婦となった女性を妻として迎え入れよ、と読むべきだろう。その表現が残るかぎり、『コーラン』を聖典とする社会では一夫多妻が現代においても否定されないわけだ。とはいえ、ぼくの知るかぎりでは、ムスリムであっても複数の妻をもつ男性はきわめて少ないし、裏に回れば、複数の妻をもつと秘かに軽蔑されることを覚悟しなければならない場合もある(とくに知識人にはその傾向が強い)。

さてグラネは、この中国人との対話から、ソロレート婚を求婚者に要求することが、これからの娘の幸福を保証するという観念に興味をいだき、さまざまな古代文献を渉猟することになるのだが、そこから生まれたのが一九三九年に刊行された大著『古代中国における結婚のカテゴリーと近親関係』であった（谷田孝之訳、渓水社）。のちにレヴィ＝ストロースは『親族の基本構造』（福井和美訳、青弓社など）において「グラネの理論」という一章をもうけ、じつに詳しくこの大著の分析と批判とをおこなっているが、ぼくの関心を引いたのは、冒頭に引いたグラネの対話なのである。中国にソロレート婚が存在するのは確かとしても、ソロレート婚もレビレート婚も容認する日本とちがい、中国は伝統的にレビレート婚を避けている。この中国人は、娘の幸せのために男を自分の家系の女性たちとの婚姻で縛ろうとするのだが、息子の幸せのためにその兄弟を一人の女性と結びつけつづけることには嫌悪感があるというのだろうか。

いずれにしても、この背景には中国における「家」という観念の歴史が横たわっているにちがいない。

（２００１・10）

零《ゼロ》は零ではない

「戈麦《ゴーマイ》」という字は、中国語なら「割麦《ゴーマイ》」（麦を刈る）という熟語を連想させるだろうか。しかし「戈」は、あくまでも〈ほこ〉であり〈いくさ〉である。麦を刈る農民の鎌ではない。歴史的な語としては「干戈《かんか》」（盾と矛）を連想するはずだ。たとえば「干戈を倒置す」（『礼記《らいき》』）とは武器を後ろ向きにして車に載せるという意で、戦争をやめて平和が戻る、という姿である。杜甫は歌っている。

嘆息当路子　嘆息す　当路の子
干戈尚縦横　干戈　なお縦横
掌握有権柄　掌握　権柄あり
衣馬自肥軽　衣馬　おのずから肥軽

七六四年、成都において張何某《なにがし》から毛織り絨毯を贈られようとしたおりの答礼詩である。この「太子張舎人遺織成褥段」と題する詩では、絨毯の寄贈を固辞したうえ、その理由として困難な社会状況をあげ、なにより富貴に走る為政者が世の乱れを生んでいるというのだが、上記の一節はその返答に見える。訳してみれば「嘆息せずにおられないのは、いま要職にある人々が、いまだ天下に戦禍が広がっているというのに、勝手に権力をふりかざし、軽い衣を身にまとい、肥えた馬に乗っているということです」といったところか。もとより「戈」という字形は、そのまま〈ほこ〉をかたどっている。

七六四年は、安禄山と史思明らによる反乱（いわゆる安史の乱）が鎮圧された翌年にあたるが、彼ら二人は、いずれもイラン系ソグド人の血統を引いており、一方の蜀《しょく》に逃れた玄宗は帝位を粛宗にゆずったが、その粛宗はウイグル人の軍の助力を得て洛陽を奪還している。なんとも国際的なことだが、杜甫についていうなら、成都でもさまざまな乱が起こっていたし、また長安に吐蕃《とばん》［チベット］の侵入があったりしたので、数年を他国に逃れて、ようやくこの年になって帰還してきたのである。白居易の「長恨歌」を見るまでもなく、なんともやりきれない年月ではあったろうが、いずれにせよ政治の腐敗が戦火を導き寄せたのである。

しかし、ここで杜甫を語ろうというわけではない。冒頭に記した「戈麦」とは、ある詩人のペンネームである。本名は褚福軍《チュ・フージュン》、一九六七年生まれ。ということは、生きていれば若い気鋭の詩人だったろうに。彼は一九九一年に北京で自死を遂げている。若くして世を去った詩人は、どうして筆名に「戈」の字を採ったのか。もちろん、ぼくには知るよしもないが、麦を刈るというような牧歌的なニュアンスではない。すでに「今天《ジンティアン》」グループや詩人の北島《ベイタオ》について書いたことがあるが（「氷河期は過ぎ去った、なのになぜ……」）、彼はこれら「朦朧詩」と称された文芸思潮の影響を強く受け、まったく新たな中国現代詩への挑戦をなした人物であるらしい。「らしい」などと曖昧な表現しかできないのは、彼の残した作品はすべて死後出版なのだし、その短い生涯についても情報は少ないという。またしてぼくには『戈麦詩集』（是永駿訳、書肆山田）という一冊のほかに資料はないのだが、どういえばいいのか、身近に似たような存在がいたこともあって、気になってしまうのである。

もとより詩の世界に「詠み人知らず」はつきものであって、『唐詩選』でも『万葉集』でも無名氏が数知れずあらわれる。とはいえ、それは千年を超えた昔のこと。現代ではむしろ、名を秘すことの方がむずかしい。もっともその名は記号としての名であって、その人が誰であるのか、いかに生きようとしてきた人なのかは、昔も今も他者に明かされることではない。詩語の一端が残されたからこそ、無名氏の存在に後世の思いがはせられるのである。さらに戈麦は、同時代人なのだ。いまようやくその名を目にしたにしても、同じ時間の空気をともに吸っていたことが実感できる。その生きてきた状況を、わずかながら想像できなくもない。だからこそ「戈」の字にこだわってしまうのだ。

戈麦は二十四歳で夭折した現代中国の詩人である。この鬼才の名にふさわしい詩人のプロフィルはその命のように短い。

一九六七年八月、黒竜江省蘿北《らほく》県に生まれる。本名は褚福軍。八五年北京大学中文系に入学、八七年本格的に詩作を始める。八九年卒業、外文局『中国文学』雑誌社に勤務。九一年九月、北京西郊の萬泉河に入水自殺。

彼の『詩集』の「訳者あとがき」冒頭である。学歴と就職についていえば、なかなかのエリートというべきか。しかし、わずか四年間に二七〇篇あまりの詩稿と数篇の小説を書き、友人と詩誌を発行していた戈麦は、そうした社会的な経歴を感じさせない。その自殺の理由は明確ではないけれど、恋愛の挫折と政治への不信が背景にあったとの証言がある。だが、その詮索をしてみてもはじまらない。重要なことは、新しい言語の実験に賭けた若者が、そのまま疾駆して命を絶ったという事実だけなのだ。

また『詩集』の冒頭に「戈麦自述」と題する三人称による自画像の試みが訳出されている。

戈麦の二十四年の人生の遍歴は、成長、求学、労働の六文字でくくられる。戈麦は文化人であるとともに、文化を刺し傷つけるひとふりの匕首《あいくち》でもある。

戈麦は剛毅な性格ではあるが、時に軟弱、多大な難儀には耐えられない。彼が語るには、「人の一生は切り倒されてよいのは三度まで、四度目に切り倒されれば、万事休すだ」。戈麦は楽観的なペシミストであり、人生のもっとも痛ましい一面を目撃したことも、彼自身に酷似した死体に触れたこともあるが、なんとか切り抜けてきた。彼はこう語った、「もちこたえられない、耐えきれない時には、一度目を閉じる。そうすればまた生き返った気になるんだ」。

そしてこの文の末尾には、こう書きつけている。

戈麦は友情をたいせつにしたが、人の世が常ならぬこと、背信も起こりうることを見通していた。戈麦の短い二十数年の間にも、きっと多くの災難に遭ったことであろうが、彼はそれについては一切黙して語らなかった。

戈麦はいつも倦怠を顔に出し、時には二十五歳から後の光景は考えたくなかった。

戈麦はあらゆる面で、形容しがたい矛盾に満ちている。ただこうは言える、彼は一個の謙遜なる暴君なのだ。

この書きようからして、死を目前にした時期の記述であるとわかるが(一九九一年五月ころの執筆という)、死の決意をもって書かれたものかどうかは知るところではない。これは北原《ベイ・ユアン》という筆名のもと、「ある複雑な魂」という題で若手作家の文章を収める叢書の一冊に掲載されたものだという。ここには、傷つくことを怖れ、それでいて他者の目の前では強くふるまっていただろう青年の姿が見えてくる。おそらく「人生のもっとも痛ましい一面」とか「死体に触れる」などという記述は、日本の同年代からは湧きあがりにくい経験だろうが、共感を生むはずだ。

それにしても「一個の謙遜なる暴君」とはなにか。なににたいする暴君なのか、他者か自己か。なにより、彼は暴君である、と三人称で書きつける戈麦は、「戈麦」という名称への客観的なまなざしをもってこの形容を書いたはずである。別の筆名をもって書いたのは、そういう注文だったのか自分の発案だったのかはともかくも、もう一人の他者として戈麦を観察することをみずからに課す企てではあったろう。あくまで「形容しがたい矛盾」としてではあるにせよ、たとえば「〈わたし〉とは一個の他者である」と断言してみせた若きランボーのように、おのれを個別の客体として観念することは、その肖像と正面から対峙する決意なしにはなしえないことである。

ちょうど石が外側から剝落するように、老衰は内心から始まる
この古めかしい謎がかつて大勢の人間を欺いた
今日とあるちっぽけな部屋で出くわすことにさせたのだが、さて釈放することができない
陽の光はこんなふうに突然光の輪を一匹のヤギの顔に焼きつける

それゆえわたしは零《ゼロ》を信じられない、零はあまりにも充実している
それは人類のあらゆる思考法を一より小さいものにする

（2001・11）

この一篇は、戈麦の遺稿残欠にあるという。杜甫は知らず、これは近代の暴君たりえない暴君の自己憐憫なのだろうか。考え込んでしまう。

玄奘の見た阿富汗國《アフガニスタン》

ぼくは長年にわたってパキスタンとつきあいつづけ、クエッタという街に拠点を置いてあちこち歩き回っていた。湾岸戦争の火ぶたが切って落とされようという時にも、ぼくはこの街にいた。やがてタリバーンが生まれ、その黒い縞の旗があちこちになびきはじめたのも見ているし、原爆実験がおこなわれたすぐ後にも、この街からその実験場の方へと旅していった。バーミヤンの石仏群はぼくたちの重要なテーマだったから、それが破壊されたときはドイツから人を呼んで講演会を開いたり、写真展を開催しもした。だからニューヨークでテロが起こり、アフガンに問題が関係づけられてゆくのを見たとき、ぼくはすぐにこの街のことを思い出し、タリバーン勢力と対立してアメリカに亡命していったアフガンの友人の身を案じた。そうしてこの文章を書いている現在、テレビにはカーブルやジャララバードへの爆撃の様子やら、反米デモで荒れるクエッタやらが映し出されている。とても文章を書けるような気分ではない。この文章が読者の眼に触れるころには、すでになんらかの決着がついているかもしれないが、テロは終わらないだろうし、アフガニスタンはますます荒廃しているだろう。

もともとパキスタンとつきあいはじめたのも、アレクサンドロス大王の往還した道を探ること、そして玄奘《げんじょう》三蔵の歩んだ道を尋ねることに目的があったが、もとよりそれは旧ソヴィエトの軍事侵攻のためアフガニスタンに入国できなくなったこともあり、ふたたび平和裡に入国できるまで別ルートを調査しようと考えたからである。しかし、それもどうなるだろうか。じつに暗澹とした気分ながら、ここで玄奘の記した『大唐西域記』をひもといてみることにしよう（水谷真成訳、平凡社、東洋文庫。ただし、原著の表記を尊重する訳文を、ここでは読みやすくだいた）。

［現在のウズベキスタン南部から山に入ると］山路はけわしく、谷の径《みち》もあぶない。人の住む里もなく、水草にも乏しい。東南へ山を行くこと三〇〇余里で鉄門に入る。鉄門というのは左右に山を帯びていて、その山はきわめてけわしい。狭い道があるとはいうものの、狭いだけではなくあぶなっかしいものである。両側には石が壁のようにそばだち、その色は鉄のようである。門がしつらえてあり、鉄で扉が作られている。たくさんの鉄の鈴があり、これを扉にかけてある。その険固なことにちなんで［鉄門という］名とした。

訳注には、後の十五世紀にこの地を旅したクラヴィホの文が引かれていて（『チムール帝国紀行』山田信夫訳、桃源社）、それによれば「人々の話では、むかしは実際に鉄でおおわれた大きな関所の戸があり、その絶壁の間の道は閉めきられていて、誰も許可なしには通れなかったという」ことだから、玄奘がここを通過した六三〇年ころには、まさにそのような光景だったのだろう。

鉄門を出てトカラ国に至る。……東はパミールにせまり、西はペルシアに接し、南は大雪山［ヒンドゥークシュ山脈］あり、北は鉄門に拠っている。アム・ダリアの大河が国の中ほどを西へ流れている。ここ数百年来、王族は後継ぎをたち、豪族は力をきそいあい、おのおの君主をほしいままに立てている。川に依り険に拠り、二十七国に分かれ、野を画《かぎ》って区分しているものの、全体としては突厥《とっけつ》に隷属している。気候も温かく、疾病も多い。冬の終わり春の初めには、霖雨《ながあめ》がひき続く。……そこで僧徒たちは、十二月十六日をもって安居《あんご》に入り、三月十五日をもって安居を解くのであるが、それはすなわち多雨のゆえであり、これもまた教えを設けるのに適当な時にしたがったものである。

これがほぼ現在のトゥルクメニスタン、カザフスタンからアフガニスタン北部に当たる地域の記述である。この地にすむ人々はイラン系の原住民であったらしく、その言語もイラン語に属し、文字はギリシア文字を改変したものといわれる。ここにいう「安居」とは、雨季のあいだは行脚托鉢《あんぎゃたくはつ》をやめ、寺院のなかで座禅修学するというインド僧の慣わしのことで、雨安居《うあんご》とか夏安居《げあんご》ともいう。仏教が伝播するとともに、雨季の有無にかかわらずさまざまな国でおこなわれていたが、ここではその時期をトカラ国の気候にあわせたのだろう。

ガチ国は……土地は石が多く痩せていて、大小の丘陵が連なっている。花や果物は少なく、豆・麦が多い。気候は寒烈で、風俗は剛猛である。伽藍は十余ヶ所、僧徒は三百余人いる。みな小乗教の説一切有部を学んでいる。東南して大雪山に入る。山は高く谷は深く、尾根や巌石はあぶなっかしい。風と雪とはあいひき続き、盛夏にも凍ったままである。雪は積もり谷にみち、渓川の細道も渡渉しにくい。山の主や妖怪がたたりをほしいままにしている。行くこと六百余里で、トカラ国の境を出てバーミヤーン国に至る。

ここで玄奘は、名にしおうヒンドゥークシュの山並みを越えたのであろう。この山の名は「インド人殺し」という意味をもつ。多くの人々が山を越えられずに命を落としたのがその名の由来か。後にインドをめざした求法僧のなかにも、ここで消息を絶った者が多い。

バーミヤーン国は……雪山の中にある。人は山や谷を利用し、その地勢のままに住居している。国の大都城は崖に拠り谷に跨っている。長さは六、七里あり、北は高い岩山を背にしている。麦はあるが、花や果物は少ない。牧畜によく羊・馬が多い。気候は寒烈であり、風俗は野蛮である。皮や毛織物を着るものが多いのも、ちょうど合っている。文字・教化と貨幣の用法はトカラ国と同じである。言語は少しく異なるが、儀貌《しなかたち》はおおむね同じである。信仰に諄《あつ》い心はことに隣国より甚だしい。上は三宝より下は百神に至るまで真心をいたさないことはなく、心を尽くして敬っている。商人の往来するものにも、天神は徴祥《しるし》をあらわし、たたりを示し、福徳を求めさせる。伽藍は数十ヶ所、僧徒は数千人で、小乗の説出世部を学習している。

王国の東北の山の阿《くま》に立仏の石像の高さ百四、五十尺のものがある。金色にかがやき、宝飾がきらきらしている。東に伽藍がある。この国の王が建てたものである。……城の東二、三里の伽藍の中に仏の入涅槃《ねはん》の長さ千余尺ある臥像がある。この国の王はここに無遮大会《むしゃだいえ》を設けるごとに、上は妻子より下は国家の珍宝に至るまで喜捨し、役所の倉庫が空になるとさらに自分の身をば布施する。役人の上から下までのものたちは金品を出して僧から買いもどす。このようなことをば自分たちのつとめと考えているのである。

「無遮大会」とは、男女・貴賤・道俗の区別なく平等に布施をおこなう法会《ほうえ》のことで、五年ごとに開かれるが、インドのアショーカ王や梁の武帝などのほか、日本でも東大寺大仏修理ののちの法会として大々的に開かれたなどの記録がある。なお、王が一切を喜捨してしまうので、それを家来が買い戻すという話は、多彩なヴァリエーションをもって各地に類話が広まっている。

ナガラハル国は……山が四辺をめぐり、険阻な山にへだてられている。……命令する大君土はなく、カーピシー国に隷属している。穀物が豊かに花や果《なりもの》が多い。気候は暑熱に、風俗は質実である。勇猛果敢で、財貨を軽んじ学を好む。仏法を篤く敬い、異道を信ずるものは少ない。伽藍は多いけれども、僧徒はわずかである。もろもろのストゥーパ［仏塔］は荒れはてて壊れている。天祠は五ヶ所、異道のもの百余人である。

この地域は、今日のジャララバードにあたる。そして玄奘はここから峠越えをして、ガンダーラ国に入り、大都城プルシャプラに至るのである。「花の都」をあらわすこの名が、現在のペシャワールという地名に反響している。

このように玄奘の記述をとびとびに読んでいると、なんとこの世界は大きく変わってしまったものかと思わずにはいられない。玄奘は帰国のおりにもアフガニスタンを通過し、カーブルからファイザーバードへ抜けているが、彼の見てきたものを、いまこそぼくも見てみたい。

(2001・12)

＊アフガニスタンが戦火にまみれた時期の稿であり、いささか他の同時期の文と重複するが、あえて再録する。

本を焼く

先日、とある会合で話をする機会があり、焚書《ふんしょ》についての報告をした。とはいえ、それは別に学術的にどうしたということではなく、本といえどもモノである以上、たとえば「読む」という行為のほかにも消費する方法が数々あることを確認したかったのである。

現代の通常の考え方からすれば、本というモノは、「書く」「印刷する」「売る」「読む」というラインで流通することになるはずだ。もちろん、ここでいう本とは商品としての本であって、その間にはさらに「編集する」「校正する」とか「製本する」「運送する」「書店の書棚に並べる」などといった過程があるわけだし、細かくいえばきりがない。さらに本を買った読者にしても、ただ読むばかりではない。たとえば「積む」という動詞から連想するなら、ここから「重しにする」とか「壁にする」などの語に思いいたる。あるいは「枕にする」などは誰もが思いつくことだが、これが「階段にする」となると、いささか顰蹙を買うことになるだろう。それは本を「踏む」ことを前提とするからだ。古来、いかなる本であろうとも、それは一種の神聖さを含みこんでいた。どうしても、自覚的に本を踏むことには抵抗があるという感覚が、少なくともある世代にまでは確実に存在するのではないか。

聖書をあらわす英語のBibleの語源は、「書物」をあらわすギリシア語の*biblia*にあり、本来はパピュルスの樹皮をしめす*biblos*から派生している。つまり聖書という語には単純に「本」という意味しかないのだが、それは「本のなかの本」「本と呼びうる唯一の本」という究極性をもしめしている。あるいは英語のScriptureや、フランス語ならÉcritureというように、大文字ではじまる「書かれたもの」という語は、すべて聖書を意味する。書かれたものが本というかたちを取ることがまれであった時代には、やはり本は聖なるものの席を占めていたのだ。本という物質の複数性が「筆写する」から「印刷する」へと移行する過程において（六世紀中国の木版印刷法にはじまり、李氏朝鮮の鋳造活字をへて、グーテンベルクによって完成される過程だが）、小文字ではじまる「書かれたもの」が増殖することになるけれども、どれほど世俗的な本が氾濫しても、書物への毀損をタブーと見る感覚は、しぶとく生き残っていたと思われるのである。

あるいは、本をその立体性から見てみよう。たとえば日本では、自宅の本棚でも本を立てて並べるのが普通だけれども、それはハードカバーにしても文庫本にしても、ある程度の堅さを本の背にもたせる現在の本作りとかかわっている。ところが中国の糸でかがった古い本や和綴じ本などは、立てて並べるとへなってしまい、なんとも困ったことになる。だから本は横に積みあげることになり、毛沢東の書斎を写した写真でも、本は棚に平積みにされていた。そのため、しばしば和綴じ本の天の部分（本を立てたときに天井をなす部分）には、その本の表題が書き込まれる。昔の人は、本の背ではなく本の天で表題を確認していたわけだ。近代の洋書には、天金といい、本の天にだけ金箔をほどこす例がある。これは本を書棚に立てて置くことが理由であり、天にほこりが溜まるので、紙魚《しみ》がここから侵入する可能性がある。だから天を保護するために、ここにだけ高価な金をほどこすのだが、もっと贅沢な場合は三方金と呼んで、背をのぞく三面すべてに金をほどこすわけである。紙魚は、愛書家にとっては最大の敵のひとつだが、かつては曝書《ばくしょ》という習慣があり、本を日干しにして虫を取り除いたものである。いまでも古い図書館には曝書日を設定しているところがあり（たとえば天理図書館など）、ぼくも子どものころ、父の糸綴じ漢本を日にさらす手伝いをした覚えがある。それでも多くの本が虫食いだらけになり、読めなくなった本も多かった。その意味では、本は「食べられる」モノでもあったのである。

自然現象や災害によって本の集積が灰燼に帰すことがある。あるいは過失や戦争によって、経済や社会の変動によって本が消えてゆくこともある。そしてなにより、本は本自身の主張（内容）によって、みずからの存在を危うくすることもある。あるいは政治的に、あるいは風俗壊乱の罪により。その典型的な例こそ「焚書」である。

焚書の基本的な定義を引けば、「政治権力による思想・言論統制策のひとつで、書物にもられた思想を禁圧し、その流通・伝播を防止するために、公開の場で当該の書物を焼き捨てる行為・儀式をいう」（『世界大百科事典』平凡社）とある。なるほど、本が紙と糸とインクとでできた物質ならば、それはしかるべき温度で焼けるわけである。レイ・ブラッドベリの小説にならえば、それは「華氏四五一度」で焼けるという。摂氏に直せば二三三度くらい。意外に低い温度のように思える。しかし、かつて焼けた本の山を見たことがあるが、完璧に焼けているものはなかった。あらかじめばらしておくか、高熱炉で焼くかしないと、なかなか焼けないものだと思った。現代の本はきっちりと製本されているので、密閉性が高いのだろう。和綴じ本の方がよく焼けるような気もするが、とてもぼくには試す度胸がない。

アジアでもっともよく知られる焚書は、秦の始皇帝のおこなった「焚書坑儒《こうじゅ》」だろう。紀元前二一三年、始皇帝は丞相《じょうしょう》（皇帝を補佐する最高長官）であった李斯《りし》の提言を受けて焚書の令を下したが、それは「詩」と「書」（『詩経』および『尚書』）を含む百家の書物をことごとく焼き、これらの書物について語りあったものは死罪とするという令であり、さらには古代の例を引いて現在を批判するものは一族あげて滅ぼしたというから、異様なまでに徹底している（もっとも、実際に焼かれたのは木簡・竹簡の類《たぐい》だったろうか）。焼かれたのは本ばかりでなく、人の命とことばも焼かれたのだ。焚書を免れたのは、博士館の蔵書と秦国史、および医薬・卜筮《ぼくぜい》（占い）・農業に関する書物のみだったといわれる。この焚書の翌年、方士（一種のシャーマン）の盧生《ろせい》と侯生が始皇帝の策を誹謗したうえ官を棄てて逃亡したため、それに激怒した始皇帝は、四六〇人におよぶ方士と儒学者を咸陽《かんよう》の郊外で坑殺（生き埋め）にした。この二つの出来事をもって、後年に「焚書坑儒」の名が生まれたのだが、このため秦以前の史書の多くが失われ、いわゆる歴史の「不明」が生じたのである。もちろん、このとき蔵書を壁に塗りこんだり、本をかかえて地方に逃亡した知識人も多くあったというから、いくばくかの書物は難を逃れたのかもしれないが、その被害ははかりしれない。

しかし、以後の中国文化において焚書という語は深い意味を担うことになる。おそらく「焚書」を語として検索すると、明代の思想家である李贄《りし》の名に行き当たることだろう。一五九〇年に刊行されたその著『焚書』六巻と、つづく『続焚書』五巻が焚書の語をあらためて世に放ったのだけれども、陽明学に深く心酔したこの人物は、激しく儒家の学を糾弾したため獄につながれ、まさにその書は焚書されたのである（邦訳『焚書』増井経夫訳、平凡社）。

李贄は特務機関［近衛軍《このえ》］であった錦衣衛《きんいえい》の獄につながれた。しかし、李贄は尋問されても屈服せず、錦衣衛の責任者も彼が高齢なので拷問は行わずに、尋問の結果を皇帝に報告しただけであった。ほどなく、李贄は獄中で剃刀を用いて喉を切り自殺を図ったが、すぐには死ななかった。こと切れる前に、ある人が痛むかと尋ねると、李贄は指で彼の手に痛くはないと記し、さらにどうして自殺を図ったのかと尋ねると、「七十の老人に何の求めるものがあろうか」と記し、記し終えるとそのままこと切れた。

（章培恒・安平秋『中国の禁書』氷上正・松尾康憲訳、新潮選書）

みずから焚書の名を求めることで、その書は後世に広く知られることとなった。皮肉といえば皮肉だが、その反骨の精神は再確認されるべきだろう。

ところで、焚書は中国の専売特許ではない。たとえば『新約聖書』の「使徒行伝」十九節に「神は、パウロの手をとおしてめざましい奇跡をおこなわれた。……信仰に入った大勢の人が来て、自分たちの悪行をはっきり告白した。また魔術をおこなっていた多くの者も、その書物をもってきて皆の前で焼き捨てた。その値段を見積もってみると、銀貨五万枚にもなった」などとある。これは権力による焚書ではないが、書物を焼くという行為が持論や信仰の廃棄と考えられていたことをしめしている。

ローマ教会が大々的に焚書をおこなったことはよく知られているし、ルネサンス期のフィレンツェでサヴォナローラは熱狂的な焚書の儀式をもって異端の排撃をおこなっている。現実的には、すでに印刷技術や国際的な書物の流通が発達した時代では、焚書による一切の書物の排除は困難であるから、これは権力による象徴的な儀式、著者への精神的な侮蔑であるといえるだろう。なにより記憶されるべきは、一九三三年五月十日、ナチスによっておこなわれた反ナチス的な書物の焚書であるが、これは公的な焚書の最後の例ではない。以後はテロルとしての焚書（たとえば『コーラン』を焼く示威行為など）が連綿として生じている。モノとしての本の受難は、まだ終わらない。

（2001・1）

豚を食べること

『旧約聖書』「レビ記」十一章に、清いものと汚れたものとを区分するくだりがあり、このように記述されている。

地上のあらゆる動物のうちで、あなたたちの食べてよい生き物は、ひづめが分かれ、完全に割れており、しかも反芻するものである。したがって反芻するだけか、あるいは、ひづめが分かれただけの生き物は食べてはならない。らくだは反芻するが、ひづめが分かれていないから、汚れたものである。……いのししはひづめが分かれ、完全に割れているが、まったく反芻しないから、汚れたものである。これらの動物の肉を食べてはならない。死骸に触れてはならない。これらは汚れたものである。

さらに魚類についても、ひれや鱗のないものは汚れたものとされ、鳥類については、理由は判然としないのだが、鷲や鷹などの猛禽類、みみずく、ふくろう、青鷺、こうのとり、こうもりなどが汚れたものとされている。昆虫はすべて汚らわしいが、地面を跳梁するのに適した後ろ肢をもつものは食べてもよいとされる。つまり、イナゴの類は食べてもよいとされていて、こじつけっぽいが、ともかく昆虫はいけない。これが食用としての動物にたいする汚れの規定である。

さらに触れるだけでも汚れるものへの規定があり、たとえば足の裏のふくらみで歩く野生の生き物はすべて汚れているとされるが、これはイヌやネコの類をさしているのだろうか。またすべての爬虫類、地上を腹で這う生き物は、すべて汚れているという。また泉や池に死骸が落ちても水は清いままだが、その死骸に触れたりすると汚れるともある。汚れは水で清められるが、それにも細々とした作法があって、なかなかに面倒くさい。だいたい「レビ記」の記述はくりかえしが多く、いくぶんの混同も見られる。ほぼ同様の記述が「申命記」十四章にも見え、内容も同じだが、こちらは整理されたレジュメのようなものであって、ずっとわかりやすい。しかし、だからこそ「レビ記」には古代ユダヤ人がもっていた初期の律法への考え方が反映されていて、じつに興味ぶかい。

そもそも「レビ記」とは「レビ人に関する」という意味の語の訳であって、レビとは祭祀をつとめる人々のことなのだ。たとえば「民数記」三章は、レビ人を聖別して「すべての初子《ういご》の身代わりとする」と述べている。こうした律法は、多くがシナイ山で神から授けられたものとされるが、エジプトを出て放浪を余儀なくされた時代に、くりかえし追加や説明が書き込まれていったのだろう。反復が目につくのもそのためなのだ。

さて「レビ記」の汚れた食物にたいする記述だが、これは神への供物についての規定、供物をあつかう祭祀の聖別につづくものなので、いわば神との共食につづく人間の食べ物の規定ということができる。「創世記」七章では、神がノアに箱船の建造を命ずるとき、そこに乗せるべき動物として「あなたは清い動物をすべて七つがいずつ取り、また、清くない動物をすべて一つがいずつ取りなさい」といっているから、動物にたいする汚れの観念が古くから存在していたことがわかる。面白いことに、清くない動物（たとえば蛇）も一つがいは残されたことになるのだが、そうでなければ洪水の後にも蛇がいることの説明がつかないだろう。またここで鳥はすべて七つがいを取るようにいわれているから、鳥は清い動物に属していることになる。となると先の食べてはならない鳥の規定がますます不思議に思えてくるのだが、いまは追及すまい。そして「レビ記」はさまざまな汚れを列挙し、また婚姻制度、性的タブー、病気への対処、刑罰、祭暦など、じつにさまざまな律法の細目におよんでいるが、とくに食べ物に関する規定が最初にあげられていることに注目しておきたい。

やがて『新約聖書』では、こうした清い食物と汚れた食物という観念が排除されることになる。『新約聖書』「マルコの福音書」七章で、イエスの弟子たちのなかに手を洗わずに食事するものがいることを人々が見とがめると、イエスが「外から人の身体に入るもので人を汚すことのできるものは何もなく、人の中から出てくるものが、人を汚すのである」と答えたとある。すべての食べ物は「人の心の中に入るのではなく、腹の中に入り、そして外に出される」ことで清められるのであって、汚れというものは、むしろ人の心から湧き出してくる盗みや殺意といったさまざまな悪しき思いのことなのだ、というわけである。イエスは古代の律法をたくみに逆転することで、外的な汚れを内的な汚れへと変換している。うがった見方をすれば、ユダヤの民族宗教から世界宗教へと転換しようとするキリスト教が、ギリシア＝ローマ世界の開放的な食物観に接近していった結果ともいえるだろう。もちろん蛇や昆虫を食べることへの抵抗感は残っているようだが、基本的に食のタブーはここに払拭されたのである。

さて「レビ記」がいのししを食べることを禁じていることが、おそらくは豚食の禁止についての最初の表明だろうと思う。これがイスラームの豚食の禁止につながるわけである。『コーラン』の「牝牛の章」にしたがえば、

これ、信徒の者よ、アッラーが特に汝らのために備えてやったおいしい物をたくさん食べるがよいぞ。そしてアッラーに感謝せよ。……アッラーが汝らに禁じ給うた食物といえば、死肉、血、豚の肉、それから屠《ほふ》るときにアッラー以外の名が唱えられたもののみ。それとても、自分から食い気を起したり、わざと神命にそむこうとの心からではなくて、やむなく食べた場合には、別に罪にはなりはせぬ。まことにアッラーはよく罪を許し給うお方。まことに慈悲の心ふかきお方。

（井筒俊彦訳、岩波文庫）

どのように屠殺されたかを重視するところに特異な点があり、絞め殺したり撲殺したり、あるいは崖から落ちたり家畜同士の争いで死んだ場合なども、その肉は食べてはならないとされる。また、面白いことに賭博で分配された肉も食べることを禁じられる。この点では、衛生の面よりも信仰と倫理が重視されているように思える。

また、ムハンマドの言行録である『ハディース』では食事の集団主義が強調されており、友人の家

などを食事時にいきなり訪問しても、それはまったく非礼にあたらないし、訪問者に勝手についてきたような者でも、ともに当然のように食事に加わることができる。むしろ、そうした場合に食事への誘いを断ったりすることのほうが、はるかに失礼であるとされるのだ。これは、ぼく自身もたびたび経験したことで、ずいぶん見知らぬ人の家で御馳走されたものだ。

ただ豚肉の禁止は厳格である。豚食の禁止は、その起源を明確にしないが、気候が肉の保存に向かないとか、その生態への嫌悪が根底にあるとかさまざまの説がある。また豚が遊牧に向かないこと、飼育にコストがかかりすぎることなどを理由として考える人もいる。有蹄類を重視するのも、セム族の遊牧的な生活様式と合致していると思える。こうしたことを考えるのは、もちろん一方に圧倒的な豚食世界である東アジアのことを考えているからである。

たとえば『礼記《らいき》』の「月令篇」には「春には麦と羊を食し、夏は菽《まめ》と羊を食し、季夏には稷《きび》と牛を食す。秋は麻［の実］と犬とを食し、冬は黍《もちきび》と豚を食す」とある。肉はなんでもありではないか。なお「季夏」とは陰暦六月のことである。また隋の簫吉《しょうきつ》の著した『五行大義』には、腎の病いを得たら豚肉を食え、などとあるらしい。中国の食のタブーを調べてみても、季節や体調に応じて食べないほうがよいものを指示するばかりで、根本から禁止される食物は見あたらない。もちろん民族によって事例はあるのだが、一般的には、ほぼないといっていいだろう。

また日本でも古代にはおおいに豚食が盛んで、「豕《ゐ》」もしくは「ゐのこ」と称され、牛馬や羊、犬、鶏などとともに主要な家畜として認識されていた（『和名抄』）。江戸時代に入っても、元禄十年（一六九七年）に刊行された人見必大《ひとみひつだい》『本朝食鑑』（島田勇雄訳、平凡社、東洋文庫）には猪は各処で畜《か》っている。大抵は溝渠《みぞ》の穢《けがれ》を厭うて、そのために畜っているのである。猪はよく溝渠、庖厨《だいどころ》の穢汁をよろこんで食べ、日毎に肥え太る。食物もいたって少なく、畜いやすい。

などとあり、その肉を食べれば人は肥満し、子どもの痼癪も治る、ともある。またその油を頭に塗ればば髪が生えるとも書くが、さて、それはどうだろう。少なくとも、考古学的には弥生時代から豚の飼育が認められるし、猪飼野《いかいの》の古名が各地に残る。もちろん日本における肉食については簡単に語りきれない問題があり、機会があれば牛食についても考えてみたいと思う。

（2002・2）

＊この問題については、別の視点からの記述が、拙著『奪われぬ声に耳傾けて』（書肆山田）にある。

知の周遊、東への意志

よく専門はなにかと問われるのだが、これにうまく答えられない。学位を取った主題がそうであるのなら、それは十七世紀イタリア美術である。もっとも、それは人々の想像するような美術とはほど遠い。十六世紀末に初版が刊行され、十七世紀に大流行した書物群、「エンブレム・ブック」という寓意図像書が対象であって、その挿し絵のなかにあらわれたオリエンタリズム、ヨーロッパがもっていたある種の古代東方への志向がぼくの主題だったのである。

それに先立つ十五世紀は、いわゆるルネサンスの時代である。この時代をあらわすのに「再生」を意味するフランス語の *re-naissance* が用いられるのは、フランスの歴史家ジュール・ミシュレの採用した語であるからだが、それにしても、なにが再生したというのだろうか。この問いについてはさまざまな回答が考えられるけれども、基本的にいうなら、それは「異教的な古代」である。つまり一神教であるキリスト教から見れば否定されるべき多神教の織りなす古代世界であり、ギリシア＝ローマ世界、またさらにさかのぼった古代オリエント世界のことである。

たとえば二世紀後半ころに書かれたディオゲネス・ラエルティオス『ギリシア哲学者列伝』（加来

彰俊訳、岩波文庫）の冒頭には、哲学はギリシア人以外の異民族（とくに古代インド）によってはじまったとの根強い説があると記され、それはすぐに否定されるのだが、かえって東方の哲学にたいする一種の憧憬のあったことを証拠だてているように思われる。アレクサンドロスがインドを目前にしてから、すでに五〇〇年近くがすぎているのだし、前二世紀ころに西北インドを支配していたギリシア人のメナンドロスが仏僧のナーガセーナとかわした対話も残るのだから（『那先比丘経《なせんびくきょう》』）、さらに多くのアジア情報が西方にもたらされていたことは想像にかたくない。東方に多様な哲学的思考の生きていることは、西方にとっても周知の事実であったのではあるまいか。

おそらく、はるか古代から東西に人々の交流はあっただろうし、北方のステップを駆け抜ける騎馬民族をとおして多様な情報も流れていたことだろう。たとえば前三世紀ころ、モンゴルの草原地帯に遊牧国家を形成していた匈奴にはトルコ系の民族も含まれていたと思われ、その民族名として中国語の「丁零《ていれい》」が残されている。この民族はバイカル湖周辺で活動していたらしく、はじめ匈奴に従属していたが、後一世紀にはいると匈奴の衰退とともに勢力を伸ばしはじめ、やがて四世紀前後にいたって中央アジアに強大な支配権を獲得することになる。そのときこの民族は中国の史料で「丁零勅《ちょく》勒《ろく》」と呼ばれるようになるが、この「勅勒」(*chi-le*) という語は、後代の「鉄勒」や「突厥」とおなじく *türük*（トルコ）の音写なのである。彼らは、やがてカスピ海沿岸から西方へと進みながら政治的・宗教的に変貌しつづけ、ついに千年をかけオスマン・トルコとしてアナトリア半島に侵入するのだ。その間にも、イスラムを受け入れるとともに多様な文化を吸収し、またそれをアジアの各地に伝えてきたはずである。なによりそこには、モンゴル人の疾駆があったし、セルジューク朝という栄華があった。この民族がユーラシアを横断して移動するさまは、歴史の高みから見ればゆったりとした動きと見えるだろうが、その日々は変転と激動に満ちている。すでに東西をつなぐ道は、かすかではあっても確実に存在していたのである。

ギリシアが古代地中海世界の知をその手に収穫し、結晶化させたあと、その知の集華はどこに貯蔵されていたのか。中世のヨーロッパでは、古代ギリシア哲学はもとより文学や美術についても、多くは禁じられた異教の残滓とみなされ、わずかな科学書と実用書をのぞいては見ることもかなわなかった。ウンベルト・エーコの小説『薔薇の名前』(河島英昭訳、東京創元社)でも、奥地の修道院で起きたミステリーの中心は、秘められたアリストテレスの著作だった。もとより、いかにカトリック教会が強大な力を発揮したにせよ、その基盤に古代ギリシア゠ローマの文化が横たわることは否定しようもなく、とりわけ民衆文化のなかには多彩な古代のイメージが生き残っていたが、そうしたイメージの源泉との豊かな再会を求める意識が、徐々に目覚めてきていた。そして人々は古代の知の集華がどこにあるのかを、じつはよく知っていた。それはアラビアにあったのである。

歴史家のいう「アラビア・ルネサンス」という現象があって、八世紀から九世紀にかけてのアッバース朝最盛期をその頂点とする。アッバース朝の成立は、それまでのアラビア人を優位とするイスラーム社会の矛盾を受けてなったものであり、すべてのイスラーム教徒を同等に扱おうとする政策を実施したが、具体的にはイスラーム世界のペルシア化がその背景にあった。この王朝のもと、第五代カリフとなったハールーン・ラシード(在位七八六〜八〇九年)の時代になると、この人物は古代の知が再結集されるべきことを痛感して、小アジアに出兵するごとに各地でギリシア語写本を求め、多くの重要な文献をシリア語やアラビア語に訳させている。こうした古代文献を世に残すことを責務と感じていた君主は、また『千夜一夜物語』の重要な登場人物の一人でもあった。さらに彼の息子で第七代カリフでもあったアル・マームーン（在位八一三〜八三三年）も父の遺志を受け継ぎながら広く学問を奨励し、「知恵の館」（バイト・アルヒクマ）と呼ばれる一種の研究所を設営して世界各地の知識人を求め、多彩なギリシア文献の研究と翻訳を促進しているのである。この館は八一五年ころバグダードに建造され、おそらくは古代アレクサンドリアにあったといわれる伝説の研究施設「ムーセイオン」以降、最大にして最高の学府であった。

ここで重要なことは、さまざまな古代文献の翻訳、たとえばユークリッド『原論』、プトレマイオス『アルマゲスト』、プラトン『ティマイオス』などの翻訳をおこなったのは、かならずしもイスラーム教徒ではなかったということである。むしろ、その多くはキリスト教徒で、しかもカトリックからいえば異端に属するネストリウス派の学者がいたらしい。ネストリウス派の僧侶の残した旅行記についてはすでに本連載で書いたが（「景教徒、巴里《パリ》へ（一・二）」）、彼らは中国では景教徒と呼ばれ、すでに中国にも教会を開いていたことはよく知られているだろう。この知恵の館に中国とのつながりがあるとはいわないまでも、無関係であるともいえまい。いずれにせよ、科学史家ジョージ・サートンのいうとおり、九世紀はイスラーム教徒の時代であり、彼らは圧倒的に卓越した活動力を誇り、また「この時代の文明の真の指導者であった」（『古代中世 科学文化史』平田寛訳、岩波書店）。こうして以後の数世紀にわたり、イスラーム世界の各地にギリシア文献が蓄積されたのである。

やがてヨーロッパの人々は、この古代の知恵の宝庫に少しずつ近づいていった。多くの学者たちがアラビア語を学び、アラビア語をとおしてプラトンやアリストテレスの著作を読み解こうとした。早い時期には教会との軋轢も生じたが、やがてメディチ家が政治の主導権を握り、こうした学者たちを積極的に保護しはじめたことで、古代ギリシアの著作はふたたびヨーロッパに舞い戻ってきたのである。多くの知識人が古代愛好家(アマトゥーア)として各地を探索し、残されていたさまざまなギリシア語写本を探し出し、収集した。とりわけメディチ家は膨大な写本を集めたが、やがてそれは哲学者マルシリオ・フィチーノ(一四三三〜九九年)の手に委ねられ、その研究施設としてメディチ家の別邸が提供された。これが、いわゆる「プラトン・アカデミー」(*academia platonica*)である。そしてフィチーノはプラトンの全著作の刊行に着手し、四〇年あまりを費やして一四八四年に出版されることになった。プラトンの全貌がヨーロッパに知られるのは、まさしくこの時であり、これが「再生」の中核となったのだ。

ところで、こうしたギリシアからアラビアへと旅し、ふたたび地中海世界に舞い戻ってゆく知の流れは、より東へと動き出すことはなかったのだろうか。冒頭に述べたぼくの主題というのが、じつはこの「もっと東へ」向かう隠れた道筋を探索することにあったのである。九世紀から十五世紀にかけてユーラシアの西半分を周回した古代の知のことばは、その内実に東へと向かう意志を隠してはいなかったかというのが問いであり、それを図像的にたどろうというのが、ぼくのもくろみだった。その結果についてはまだなにも語っていないが、なぜぼくが東アジアの文化現象のあれこれについてとびとびに考えつづけているのか、その一端をお見せしたかったというまでである。

(2002・3)

あとがき

本書は、大修館書店で刊行されていた『月刊しにか』において、一九九七年四月から二〇〇二年三月まで五年間にわたって連載された拙文「キタイ周遊」全六〇編をまとめたものである。単行本にするにあたって、掲載時の記述の誤りを正したり、紙幅の関係もあって書きたらなかったところには若干の注記や補足を加えたりもしたが、基本的には初出のままに収めることとした。当然のように前後関係に矛盾が生じたり、生きている「現在」との齟齬を産み出してもいるけれど、その時々の自分なりのリアリティの方を重視したとお考えいただきたい。あえて掲載期日を各編に付しておくのも、そのためである。

また連載の初期には図版を収めることがいくどかあったが、文字情報を多く入れたいとの思いから、だんだんと図版を欠くことになった。具体的イメージを見たいという読者も多かろうとは考えられるものの、多くの図像はインターネットなどでほぼ見られるということを確認したので、本書では基本的に図版を載せないことにした。もとより、本来は美術史を専門とするぼくの立場からいえば、きりがなくなることは目に見えている。ご寛恕いただきたい。またインターネットに言及した文がいくつかあるけれども、この数年でなくなってしまったサイトもあるので、そうした情報（URLなど）は削除するしかなかった。個々に検索していただくほかはないのだが、そこに新たな発見があれば、本書の喜びとするものである。

ここに収められた文章は、ほとんどが締め切りに追われての苦しまぎれの発案ではあったものの、ぼくなりのアジアとその周辺の文化的問題に関する自分の問題系列をなぞるものとなったように思う。これら各編について、それぞれにしかるべき論文なり著作なりを今後に展開しうると考えられないでもないのだが、いかんせん時間がない。こんな視角もあるのだという問題集として受け止めていただきたい。したがって本書では、関連する論文や先行研究については、それほど言及しなかった。なるべく普通に入手しうる一般書の世界で問題を見つめたかったからである。ある意味で本書は一種の読書日記として読めなくもないが、それならそれで結構なことである。読書は重要な人間の行為だ。その一端に自分も参加しているのであれば、本書は読書の読書ということになるだろうか。本書は、じつは、さらなる読書への誘いへの試みなのである。

なぜこのアジア文化にかかわるぼくなりの徘徊を「キタイ」という語でくくったかについては、いくらか説明しておかなければならないだろう。ここにいう「キタイ」とは、チュルク語系に淵源をもつKhitai（複数形Khitan）に由来し、四世紀末に中央アジアにあらわれたモンゴル系の種族の名称であったと思われる。この部族は馬をトーテムとするグループ（耶律《やりつ》）と牛をトーテムとするグループ（審密《しんみつ》）とに分かたれていたが、中国の諸王朝に隷属する時期が長かった（耶律大石・楚材などの名を想起されたい）。やがて八世紀から十世紀にかけて唐王朝と激しく対立し、中国東北部に遼王朝を設立するにいたった。このキタイ族の王国は二百年にわたって中国東北部のモンゴル族、満州族を支配することになり、中央アジアにもカラ＝キタイ王国（西遼）が出現したため、トルコおよびモンゴル民族の世界では「キタイ＝中国」という等式が成立し、Kitai（ロシア語「Китай」）の語が「中国」の別称としてヨーロッパにまで伝播することになったのである。ここから「契丹（Qidan）」という国名が生まれた。契丹語のQitan（鋼鉄）に由来するという。香港の国際航空会社の名称たるCathay（キャセイ）も、この語の末裔にほかならない。とはいえ、この語は中世・ルネサンス期のヨーロッパにとって、幻想のアジア、チンギス・ハーンの爆発的な西方侵攻のもたらした恐怖と期待——一部のヨーロッパ人はチンギス・ハーンを悪魔の化身として見るとともに、キリスト教の救世主であるとも信じていた——を体現するイメージ（Cathaya）だったのである。それまで「中国」をあらわしていたラテン語表現のCinaでもSerica（絹）でもなかった。だから「キタイ」は、夢のアジアの意味でもあった。その周辺をめぐろうとしたのが、本書のもととなった連載のおこりである。本書の表題からは「キタイ」の語を省いたが、この感覚は残しておきたい。器に収まりきれないアジアの何ものかが、ここにはある。

もとよりぼくは、中国の文化・文学にかかわる専門家ではない。西洋美術史・文化史などが本来の専門といえるものであったはずなのだが、さまざまないきさつから「アジア」の名を冠する書を本書肆から続けて上梓することになった（『アジア言遊記』『アジアとはなにか』大修館書店）。

どうして「アジア」なのか。それを説明しきれない自分に困惑してしまうのだが、ひとつには言語、ひとつには文化という視点から、ぼくのまなざしはゆらゆらと西から東へと走ってしまったのである。

そこに見いだしたのが、茫漠とした空間としての「キタイ」だった。かつてあり、いまに響きあう空間。もしそれがさまざまな問いとして生きうるのであれば、それを問いかけつづけたい。

とはいうものの、本書にかぎらずいくたびも「いずれ述べよう」「いま問われるべきである」と書きつらね、エセー（試論）の集積のありどころを「問題集」「補助線」といいながら、いっこうにそのみずからの問いにたいする責務を果たしてこなかった。怠慢といわれればそのとおりなのだが、もとより正解のある問いではない。美術史を学んできた学生ではあったが、学生としての読書の中核はデリダ、クリステヴァなどの現代思想であり、ソシュール、バンヴェニストなどの言語理論であり、レヴィ＝ストロースをはじめとする文化人類学の諸書であった。だからこそヴァールブルク学派の美術史論に引っかかり、イメージの記号論へと傾斜してもいったのだが、いまだにそうした諸書の探索はつづけながらも、まなざしは「アジア」という現場に向かうことになった。たまたまのきっかけからアジア各地のフィールドワークに参加することとなり、現場のリアリティのなかに思想的な問題にかかわるさまざまなトレンチ（考古学でいう「試掘溝」）を見いだしたのである。その蟻の巣のような溝をたどり、迷い、さまよううちに、いくたびも不思議な鉱脈に遭遇し、それを試掘してみた。本書はそうしたさまよいの報告集なのである。たとえば政治的・経済的な問題を正面きって語ることは避け、むしろきわめて個人的なことを書きつらねてもみたが（わが家のネコや冷蔵庫についてなど）、それらはぼくの内なるリゾーム（根系）の里程標なのである。その総体的な航海図については、いずれ述べよう。

本書の表題にある「ラビリンス」(Labyrinth) は、いわずもがなだがギリシア語の「ラビュリントス」(*labyrinthos*)を語源とし、一般的には「迷宮」を意味する。ギリシア、クレタ島に残存するクノッソス宮殿にまつわるミノタウロス神話がこの語の淵源として知られる。牛の怪物であるミノタウロスがクレタの王女アリアドネを迷宮の奥深くに幽閉するが、それをアテナイの王子テーセウスがアリアドネの残した糸をたどって探索し、ミノタウロスを倒して迷宮から帰還するのである。いわゆる「アリアドネの糸」の神話だが、これは苦難や死からのよみがえりをあらわす象徴的な成句としていまに残っているものだ。この神話にたいする解釈にはさまざまなものがあるが、たとえばケレーニィは、一本の糸から織りなされる迷路をヨーロッパ各地に残る伝統的な旋回舞踊に重ねあわせ、中心から外周への旅、死と再生の秘儀を見いだしている(『迷宮と神話』種村季弘・藤川芳朗訳、弘文堂)。ぼくは肝心の「糸」を見いだせないままに「アジア」なるものの外周をくるくる回っているだけのことだが、ここに「迷宮」があることだけは知っている。いくつか「迷宮」への入り口を暗示したことで多少の役割は果たしえたろうか。

本書がなるにあたっては、連載時に編集の労を執っていただいた大修館書店の小笠原周さんをはじめとする編集者の方々、『アジアとはなにか』につづいて今回も周到な編集をしていただいた五十嵐靖彦さんに感謝いたします。また、さまざまな方にご意見・ご批判をいただき、それらはできるだけ本書に反映させていただきました。個々のお名前はあげられませんが、深く感謝いたします。

本書はわが両親に捧げたいと思います。こうした諸問題への関心のありように意味があるとすれば、それらはすべて父母から授けられたものだからです。中国文学者であった父は一九九五年九月に、かつて赤十字の婦長として戦地に赴いていた母は二〇〇七年一月に世を去りましたが、ぼくはこの両親にアジアの意味を身をもって教えられつづけてきたと考えています。

ありがとうございました。

二〇〇七年一月十五日

著　者

＊本書は『月刊しにか』(大修館書店)一九九七年四月号～二〇〇二年三月号に連載された「キタイ周遊」に若干の加筆・修正を施したものである。単行本化にあたりタイトルをあらためた。

[著者紹介]
松枝　到（まつえだ　いたる）
1953年神奈川県生まれ。和光大学表現学部総合文化学科教授。専門は文化史。主な著書に『アジア言遊記』『アジアとはなにか』（以上、大修館書店）、『外のアジアへ、複数のアジアへ』（思潮社）、『密語のゆくえ』（岩波書店）、『奪われぬ声に耳傾けて』（書肆山田）、『笑う人間／笑いの現在』（共著、ポーラ文化研究所）など、また編著に『ヴァールブルク学派』（平凡社）などがある。

アジア文化《ぶんか》のラビリンス

NDC220 / 382p / 20cm

初版第1刷――――2007年4月1日

著　者――――――松枝《まつえだ》　到《いたる》
発行者――――――鈴木一行
発行所――――――株式会社大修館書店
〒101-8466　東京都千代田区神田錦町3-24
電話　03-3295-6231（販売部）/03-3294-2355（編集部）
振替　00190-7-40504
[出版情報] http://www.taishukan.co.jp

装丁者――――――山崎　登
印刷所――――――精興社
製本所――――――牧製本

ISBN978-4-469-21305-8　Printed in Japan